Ármin Vámbéry

Meine Wanderungen und Erlebnisse in Persien

Ármin Vámbéry

Meine Wanderungen und Erlebnisse in Persien

ISBN/EAN: 9783742870896

Hergestellt in Europa, USA, Kanada, Australien, Japan

Cover: Foto ©ninafisch / pixelio.de

Manufactured and distributed by brebook publishing software (www.brebook.com)

Ármin Vámbéry

Meine Wanderungen und Erlebnisse in Persien

Nasr-ed-din Schah, König von Persien.
(Nach einer Photographie.)

Meine

Wanderungen und Erlebnisse

in

Persien

von

Hermann Vámbéry.

Nach der ungarischen Original-Ausgabe.

Pest.

Verlag von Gustav Heckenast.

1867.

Herrn Dr. Joseph Budenz

II. Bibliothekar an der ungarischen Academie in Pest.

Lieber Freund!

Während meines mehrjährigen Aufenthaltes in türkischen Häusern, auf meinen mühsamen Wanderungen im fernen Osten, in vielen düstern Momenten meines hartgeprüften Lebens waren es oft Deine von inniger Freundschaft durchwehten Briefe, die mich ermunterten und trösteten. Du hast geduldig so manch lange Epistel von mir entgegen genommen, nehme nun auch die Dedication *der deutschen Ausgabe* meiner *Wanderungen und Erlebnisse in Persien* als Zeichen meiner Dankbarkeit an von

Deinem aufrichtigen

H. Vámbéry.

Pest, October 1867.

Vorrede.

Neues, Unbekanntes über Persien zu hören, soll der geneigte Leser in diesen Blättern nicht erwarten. Persien, welches vom XVI. Jahrhunderte angefangen bis auf die neueste Zeit von europäischen Reisenden so vielfach besucht und beschrieben wurde, hat beinahe keine Gegend aufzuweisen, die den erfahrenen Blicken eines Chardin, Niebuhr, Malcolm, Christie, Pottinger, Kinneir, Fraser, Rawlinson und Loftus entgangen; keine Ruine, die durch Forschungen der Ouseley, Ker Porter, Texier u. a. m. unseren Archaeologen unbekannt geblieben wäre. Es gibt keine Licht- und Schattenseite im Charakter und Sittengemälde des iranischen Volkes, die von der Meisterfeder Morier's, Gobineau's und Polak's unberührt gelassen worden wäre, keine ethnographische Eigenheit, deren Chanikoff und Duhousset *) in ihren vorzüglichen Arbeiten nicht erwähnt hätten.

Dass ich es dennoch wage mit diesem Buche, welches ursprünglich für die an Reisebüchern minder reiche ungarische Literatur bestimmt war, vors deutsche Publikum zu treten, dem liegen folgende Ursachen zu Grunde: *Erstens* sind meine Wanderungen und Erlebnisse in Persien als ein Seitenstück zu meinen Reisen in Mittelasien, ja ich möchte sagen als Vorbereitungscourse zu meiner Derwischrolle in Turkestan zu betrachten. In Europa, namentlich in solchen Theilen, wo theoretische Wissenschaft der praktischen vorangeht, ist man der Ansicht, dass eine Reise nach Chiwa und Bochara ebenso ex abrupto angetreten werden kann, wie ein Ausflug nach der Türkei, Indien, China oder Japan, wo man unter europäischer Flagge in einer

---

*) Duhousset, ein Offizier in persischem Dienste, hat die physischen Eigenheiten des iranischen Volkes in einer gelehrten Abhandlung: „*Étude sur les populations de la Perse*" in der *Revue orientale et americaine* beschrieben, eine Arbeit, die in solcher Ausführlichkeit vor ihm noch keiner unternommen.

gemächlichen Cabine bei guter Kost und Gesellschaft wirklich in die entferntesten Länder und Regionen sich plötzlich versetzt sieht. Bei grösseren Inlandsreisen ist dies eine reine Unmöglichkeit, man muss langsam und stufenweise vorschreiten, und ich bin genau überzeugt, dass nur aus der Bekanntschaft mit dem Lande, dem Volke und der Sprache Persiens jene Brücke geschaffen werden konnte, auf der ich aus dem uns nahen Westasien zu den fernen Gestaden des Oxus ziehen konnte. *Zweitens* hat der Umstand, dass ich Persien von Ost bis West, vom Nord bis zum Süd im Incognito eines Effendis aus Konstantinopel durchzog, mir genug interessant geschienen, um den Eindruck, welchen das schiitische Iran auf einen an sunnitische Elemente gewöhnten Reisenden ausübte, zu Papier zu bringen. Es ist wahrlich auffallend, wie die separatistischen Ideen, die im geselligen Verkehr der Chinesen, Inder und anderer vorderasiatischer Völker vorherrschend, auch bei den westasiatischen Völkern noch ziemlich anzutreffen sind. Die Perser reisen und wohnen zwar aus commerciellem Interesse in allen Theilen des osmanischen Reiches; Türken jedoch sind nur äusserst seltene Erscheinungen in Iran, und der Gros dieser seit Jahrhunderten in Nachbarschaft lebenden Nationen haben von einander die fabelhaftesten Begriffe. Der Sectenhass, der im schiitischen Iran in praegnanteren Farben anzutreffen ist als in der Türkei, hat eine gewaltigere Kluft im grossen Körper der islamitischen Welt geschaffen, als wir gewöhnlich zu glauben pflegen, und dieses Verhältniss, bis heute nicht genügend beobachtet, verdient unsere volle Aufmerksamkeit.

Im Uebrigen genommen konnte Iran für mich, der nach den Oasenländern Turkestans sich sehnte, nur ein secundäres Interesse haben. Als Tourist durchzog ich es, als solcher schrieb ich auch vorliegende Blätter nieder, ohne durch gelehrte Compilationen ihre Anspruchslosigkeit vermindern zu wollen.

Es sind Reiseeindrücke im schlichten Kleide der familiären Erzählung, und als solche bitte ich sie auch entgegen nehmen zu wollen.

Pest, Oktober 1867. **H. V.**

Inhalt.

	Seite
Vorrede	—
Nach Teheran	1
Der König und sein Hof	106
Mein Ausflug nach Südpersien	119
Merkwürdigkeiten von Isfahan	160
Die Isfahaner	168
Ruinen von Maderi Sulejman	198
Ruinen von Persepolis	209
Schiras	225
Ruinen von Nakschi Rustem	245
Rückkehr	251
Von Teheran bis zum kaspischen Meere	261
Bab und Babi's	286
Durch Chorasan gegen Westen auf meiner Rückreise aus Mittelasien	310

Nach Teheran.

Nach Teheran.

I.

Kanonendonner, Musikklänge und Freudenrufe tönten vom Hafen zu Trapezunt unserem Schiffe entgegen, als dieses im stolzen Marsche dem Ufer sich näherte. Es wird gewiss Niemandem einfallen, dass dieser feierliche Empfang mir galt, mir, dem zukünftigen Derwische, der mit dem Bettelstabe einen grossen Theil des altklassischen Asiens zu durchwandern beabsichtigte. Mir gewiss nicht. Es war Emin Muhlis Pascha, der neuernannte Gouverneur von Trapezunt und unser Reisegefährte von Stambul hieher, dem die Ovation bereitet wurde. Ein neuer Gouverneur in einer türkischen Provinz bringt immer mit sich einen frischen Born von glänzenden Hoffnungen für die betreffenden Einwohner. Der abgetretene pflegt gewöhnlich durch persönliche Tyrannei oder durch Diensteifer sich verhasst zu machen, bei seinem Nachfolger hofft man mehr Gerechtigkeit, mehr Ruhe und Ordnung zu finden. Variatio delectat! und wenn man gleich von Grund aus überzeugt ist, dass das morsche Gebäude des türkischen Staatswesens durch keinen Pfeiler, und wenn es gleich der stärkste wäre, aufrecht gehalten werden kann, wenn man gleich weiss, dass der Neuangekommene in kurzer Zeit dem Weggehenden gleich kommen wird, so gibt man sich doch gerne den süssen Hoffnungen hin.

Trapezunt, der ehemalige Sitz des Mithridates, bietet vom Meere aus durch seine rothen Dächer, die über dem dunkeln Grün der üppigen Vegetation hervortauchen, einen nicht unangenehmen Anblick. Sein Inneres ist auch viel schöner, als vieler anderer Hafenstädte des türkischen Reiches. Muhlis Pascha, dessen Bekanntschaft ich schon in Konstantinopel machte, bot mir während meines Aufenthaltes dahier Gastfreundschaft an. Ich bestieg eines der bereit gehaltenen Pferde und seinem Gefolge mich anschliessend, durchzog ich in feierlichem Einzuge die Stadt zu dem südlich gelegenen Palaste des Gouverneurs. Auf beiden Seiten unseres kleinen Cortége wimmelte eine fröhliche Volksmenge. Der Pascha liess kleine Silbermünzen ausstreuen, man betete, man beglückwünschte und als ich so umher sah, musste ich wirklich von Herzen lachen über die launenhaften Fügungen meines Schicksals. Die Brust mit Wehmuth erfüllt über das Scheiden von dem sehr geliebten Konstantinopel, wo ich vier Jahre lang in orientalischer Gemächlichkeit und Ruhe lebte, hatte ich von Trapezunt, wo meine Wanderungen beginnen sollten, mir nicht die schönsten Bilder gemalt, und nun musste mein erstes Auftreten unter so feierlichem Gepränge stattfinden. Ein gutes Prognostikon, sagen die Orientalen zu derartigen Ereignissen und wie sehr ich es selbst auch so glauben wollte, war es mir doch nicht angenehm, hier aufs Neue drei Tage den Bequemlichkeiten, welchen ich schon einmal Lebewohl gesagt hatte, mich hingeben zu müssen.

Ich benutzte diese kurze Frist, um die nöthigen Reiserequisiten einzukaufen, um ein Pferd zu miethen, schliesslich um mich zu meinem abenteuerlichen Zuge durch die asiatische Türkei und Persien auszurüsten. Dass dieses mir sehr wenig Mühe machte, dass ich mit den Einkäufen bald fertig wurde, wird Jedem einleuchtend sein. Bis Teheran wollte ich die Effendirolle beibehalten, doch nur ein Kiatib, (Schreiber) ein armer Kiatib wollte ich sein, der die Gastfreundschaft der Behörden in Anspruch nimmt, und meine sämmtlichen Reiserequisiten bestanden aus einem Churdschin (Mantelsack), welcher einige Hemden, Bücher und andere Kleinigkeiten verbarg, zwei Teppiche, einer zum Zudecken, der andere zum Unterbreiten, schliesslich einem kleinen Kessel, einer Theekanne und einer Schale. Dieses Alles wurde auf das Reitthier, das mich tragen sollte, geladen und wie sehr auch der Pascha in mich drang, von hier, wenngleich nicht der Sicherheit, so doch des hier zu Lande nöthigen Luxus wegen ein oder zwei Kavasse mitzunehmen, so musste ich doch sein freundliches Anerbieten abschlagen und in den Morgenstunden des 21. Mai 1862 verliess ich in Begleitung des Sürüdschis (Pferdemiether und Treiber) die türkische Hafenstadt, den östlich sich erstreckenden Gebirgen zulenkend.

Da die Sonne schon ziemlich hoch war, so ging ich langsamen Schrittes vorwärts auf der ungefähr eine Stunde weit gebauten Strasse, deren Herstellung, nebenbei gesagt, nicht weniger als 20,000 türkische Pfunde gekostet haben soll. Es war eine jener schon oft projektirten Chausseen, die über die rauhen pontinischen Gebirge nach Erzerum führen sollte. Oft projektirt, sage ich, denn soweit ich mich erinnere, ist man wenigstens schon sechsmal zum Baue geschritten und immer, von den enormen Kosten abgeschreckt, auch bald zurückgewichen. Auf dem Gipfel der Anhöhe, wo diese Chaussee endet, beginnt der primitive orientalische Weg, eine schmale krumme Vertiefung, die die Hufe der dahinziehenden Thiere gegraben haben; eine Strasse nach unsern europäischen Begriffen ist von hier bis zur fernen Grenze des himmlischen Reiches, in ganz Asien nirgends anzutreffen. Uebrigens ist es nicht nur die gebaute Chaussee, von der sich der Reisende hier als letzten Erinnerung an europäisches Leben trennen muss, es ist auch das Meer, welches auf dem weitern Wege in der tiefen Bergschlucht vor seinem Blicke entschwindet. Hadschator, der armenische Sürüdschi, der mich begleitete, machte mich auf das letztere aufmerksam, ich hielt ein wenig stille am Gipfel der Anhöhe, um einige Blicke des Lebewohls auf das wilde, aber in jetziger Jahreszeit gleich einem anmuthigen See ruhende Meer hinzuwerfen. Was ich zu erleiden und zu ertragen haben werde, bis ich das Meer wieder sehe, fiel mir lange nicht ein. Ich hatte blos eine Ahnung von den mir bevorstehenden Beschwerden und Gefahren, eine Ahnung, doch war diese genug um mich aufs Tiefste zu rühren, als ich die dunkeln Wellen des Euxinus in ihrer unabsehbaren Weite anstarrte. Trapezunt lag wie auf einem Abhange mir zu Füssen, nur der Hafen bildete den Vordergrund des Bildes und als ich die Fahne auf dem Hintermaste des österreichischen Schiffes, das mich hieher gebracht, zum letztenmale in den Lüften flattern sah, konnte ich mich einer tiefen Niedergeschlagenheit nicht erwehren. Je mehr ich in die Bergschlucht vorschritt, desto reicher und strotzender war die Vegetation, desto überraschender die Pracht der auf allen Seiten blühenden Blumen. Es war Mitte Mai, und wenn die pontischen Gebirge in der übrigen Jahreszeit schön zu nennen sind, so ist es kein Wunder, dass sie im Lenzmonate einen bezaubernden Anblick gewähren. Der Weg zieht am Ufer eines mit wildem Gebrause hineilenden Waldstromes und ist von beiden Seiten mit hohen, reich bewachsenen Gebirgen begrenzt. Hier und da nur stösst man auf einzelne Chans (Einkehrhäuser), in der Ferne gucken von gelichteten Theilen des Waldes auch Wohnhäuser heraus. Sie sind vom dichten Laube der sie umgebenden Bäume bedeckt und zumeist von Griechen bewohnt, welche Abkömmlinge der alten Einwohner der pontischen Provinz und fast nirgends mit Armeniern und Türken vermischt sind, da letztere nur in der Stadt sich aufhalten.

Nachdem ich sechs Stunden im Sattel gesessen, fühlte ich, trotz der Entzückung, in welche mich die Pracht der mich umgebenden Natur versetzte, doch eine starke Mattigkeit. Das Reisen zu Pferde ist im Anfange schwer, doch viel schwerer noch, wenn man sein Reitthier von einem Sürüdschi miethen muss. Die Thiere dieser Leute werden grösstentheils zum Waarentransporte gebraucht, haben einen scharfen Schritt, der dem Reiter alle Glieder zerrüttelt und sind dabei noch so faul, dass Hände und Füsse vom Antreiben mehr ermüden, als wenn man die Strecke zu Fuss zurückgelegt hätte. Ja, wahrlich, der erste Ritt von sechs Stunden als ein Anfangsstudium meiner grossen Aufgabe war mühsam, noch mühsamer der Abend, an welchem ich am nackten Boden eines Chans bei Köpri das erstemal mein Bett auf Nomadenweise aufschlug. Zum Essen verspürte ich aus Mattigkeit nicht die mindeste Lust, doch auch der Schlaf war mir nicht gegönnt. Die Lokalität wimmelte von Pferden und Maulthiertreibern, der eine putzte die Thiere, der andere war mit Kochen beschäftigt, ein dritter sang, ein vierter plauderte u. s. w. und es schien mir, als wenn der Lärm nur gemacht worden wäre, um mich von meinem Schlafe zu stören. Ich erhob mich auf meinem Lager und dachte mit tiefer Schwermuth an meine bevorstehenden Drangsale.

Als ob ich den Leser schon sagen hörte: das soll der Reisende sein, der in der Rolle eines Derwisches mit dem Bettelstabe in der Hand Asien durchziehen will, der beabsichtigt die wüsten Steppen Turkestans, die fernen Gestade des Oxus zu durchwandern? Wahrlich, dem sieht man es nicht an! Ja, auf der ersten Station von Trapezunt hätte ich selbst nicht geglaubt, alle jene Abenteuer und Gefahren bestehen zu können, die meine Reise von Konstantinopel bis Samarkand mir bereitete. Die Gefahren meines Unternehmens waren mir unbekannt, doch was macht nicht Gewohnheit aus dem Menschen? In stufenweisem Fortschreiten erlernt man Alles ertragen. Im Nachtquartier der ersten Station ekelte mich Umgebung, Lager, Kost, ja Alles an, zwei Jahre darauf hätte eben diese Stelle mir ein prachtvolles Hôtel geschienen. Was würde nicht der Reisende in einer Karavane Mittelasiens für ein solches Obdach, für Brod und Wasser, besonders aber für die Sicherheit geben, die ich den ersten Abend nicht genügend schätzen konnte?

(22. Mai.) Nach einem kurzen Schlafe weckte mich Hadschator bald auf. „Bey Effendi," sprach er zu mir, „ich hoffe, du hast dich von den gestrigen Strapazen erholt, der heutige Weg ist ein viel schlechterer, die Trapezunter Berge erlauben einem nicht im Sattel zu bleiben, es ist daher besser, wenn du, so lange es noch kühl ist, jene Anhöhe links langsam hinaufgehest." Anfangs glaubte ich, es wäre dieses blos Spass, doch als er ein zweites Mal in mich drang, erhob ich mich von meinem

Lager, auf welchem ich angekleidet lag, und zog den steilen Bergweg hinauf. Ich konnte mein Staunen kaum unterdrücken, wie denn Thiere, und noch dazu stark beladene, diesen Weg erklimmen können, da es selbst den Fussgänger unendliche Mühe kostet auf den treppengleichen Vertiefungen hinauf zu klettern, und dennoch begegnete ich einem langen Zuge mit grossen Waarenballen bepackter Maulthiere, die, unter fürchterlichem Geschrei der persischen Treiber ihre Last geschickt balancirend, herab kamen. Es ist wahrlich ein Meisterstück, wie diese auf dem kaum zwei Spannen breiten glatten Felsenstege, an dessen Rande ein tiefer Abgrund mit sicherem Verderben droht, einherziehen. Nur selten ereignet es sich, und dies auch nur im Winter, dass durch Ausgleiten ein oder das andere Thier hinabrollt, und die grösste Gefahr besteht nur im Begegnen eines andern Zuges. Doch zur Beseitigung derselben dienen die grossen Glocken, welche die Heranziehenden zum Ausweichen ermahnen und wehe den armen Thieren, wenn ein halsstarriger Karavanenführer, auf das ferne Geläute nicht achtend, seinen Weg fortsetzt. Der Zank und Streit beginnt erst unter den betreffenden Eigenthümern, im Lärm werden dann die Thiere miteinander handgemein, und dass bei solchen Gelegenheiten der eine sowohl als der andere seine Zanksucht theuer bezahlen muss, ist leicht zu begreifen.

Mehr als vier Stunden dauerte der immerfort steile Bergweg, welcher unstreitig einer der schwierigsten in ganz Asien ist. Und dennoch ist dieses jene Handelsstrasse, auf welcher Armenien, Persien, ja auch Mittelasien mit dem Westen verkehrt! Hunderttausende von Thieren passiren sie während der Sommerszeit, auf ihrem

Hinweg mit den Produkten Asiens beladen, auf ihrem
Rückwege wieder Fabrikationen europäischer Industrie
mitbringend. Auf der Spitze angelangt, wurde eine halbstündige Rast vergönnt und obwohl es von hier immer
höher und höher ging, so war der Weg doch ziemlich leichter. Hie und da war der Boden noch mit Schnee bedeckt,
was aber die in der Umgebung Wohnenden dennoch nicht
hinderte, mit ihren Schafen die Sommerwohnungen zu
beziehen. Diese Berge sind reich an Triften und könnten
für die Viehzucht sehr erspriesslich sein, doch sind die
Einwohner der heutigen Türkei zu arm, um sich des
Segens der Natur bedienen zu können. Einigen dahinziehenden Familien begegnend liess ich mich mit ihnen
in eine Konversation ein und fand einige, die der berühmten Sekte der Dönme angehörten. Dönme heisst
Renegat, doch ist es hier im islamitischen Sinne zu nehmen. Diese Griechen hatten zur Zeit der türkischen Eroberung aus Furcht die Religion ihrer Herren angenommen, doch nur für die Oeffentlichkeit; denn sobald sie
sich von den Städten in ihre einsamen Gebirgswohnungen zurückzogen, kehrten sie bald wieder in den Schoss
ihrer Kirche zurück. Merkwürdiger Weise ist dieses religiöse Maskenspiel mehr als 300 Jahre lang getrieben
worden und die Türken kannten genau den zweideutigen Glauben dieser Rajahwelt, doch, da sie sich öffentlich nichts zu Schulden kommen liessen, wurden sie auch
nicht angefeindet. Nach Promulgirung des Chati Humanjun von 1831 oder besser gesagt, nachdem der russische Einfluss in diesen Gegenden sich mehr zeigte, versuchten die Dönme die Farbe zu wechseln und da der
Hof von St. Petersburg sie unterstützte, war es ihnen
auch bald eine leichte Sache sich als griechisch nicht-

unirte Christen zu entpuppen. Heute leben sie unangefeindet, denn ein solcher Fall ist keine Seltenheit und Leute von räthselhaftem religiösen Bekenntnisse gibt es auch in Salonika und andern Orten der Türkei. Dem Orientalen fällt dieses am allerwenigsten auf, er ist ein Kind und liebt stets das Räthselhafte und Verborgene. Trotz des mühsamen Ersteigens des Berges, trotz des langwierigen Rittes hatte das herrliche Frühlingswetter, die allerreinste Gebirgsluft mich dennoch derartig gestärkt, dass ich die zweite Station schon mit mehr Leichtigkeit erreichte. Diese bestand in einem ziemlich gefüllten Chan und nur meinem Effendititel konnte ich es verdanken, dass ich ein ruhiges Nachtquartier bekam. Bevor ich mich zur Ruhe begab, rieth mir Hadschator ein in Salzwasser getauchtes Leinwandstück auf die vom ungewöhnlichen Reiten stark mitgenommenen Theile des Körpers zu legen. Es hatte eine ätzende Wirkung, doch verschaffte es mir den nächsten Tag mehr Leichtigkeit im Reiten.

Als ich am 23. Mai die dritte Station antrat, schlossen sich mir zwei Armenier an, deren einer mit mir zuerst französisch, dann englisch zu reden anfing. Er war ein Kaufmann aus Tebris, hatte mehrere Jahre in Geschäftsangelegenheiten in England gelebt und kehrte nun nach seiner Vaterstadt zurück. Wir wurden bald vertraut und seine Gesellschaft war mir um so mehr erwünscht, da er, des Weges kundig, mich eine grosse Strecke und zwar eine, die ich als Lehrling im Reisen zu machen hatte, begleiten wollte und obwohl er, wie jeder Asiate, der frisch aus Europa zurückkehrte, den inländischen Sprachen ausweichend, immer gern französisch oder englisch parliren wollte, so fand ich doch an ihm einen treuen und guten Reisegefährten. Ein guter Reisegefährte ist überall, in Asien aber um so mehr, von hohem Werth und das freundschaftliche Verhältniss, in welchem ich mit beiden einige Wochen lang lebte, wird mir stets angenehme Erinnerungen verschaffen.

Es war der dritte Tag, den ich im Sattel zubrachte, die Mattigkeit schwand allmälig und mit ihr auch das Angedenken an die ruhige Lebensweise. Zurück schweiften nie meine Gedanken, es waren immer die einzelnen Städte, die vor mir lagen, welche mich mit Neugierde erfüllten. Karabegoff, so hiess mein europäisirter Armenier, dessen politisches Glaubensbekenntniss aus dem Suffixe *off* klar ersichtlich ist, malte mir jeden Ort, den wir zu berühren hatten, schon vorher aus. Er hatte diese Strasse mehrmals schon zurückgelegt, jedes einzelne Haus war ihm bekannt und als wir am 24. zu Mittag in den Ort Baiburt einzogen, fand ich gar nichts Ueberraschendes mehr. Hier ward nur die Tagesruhe gehalten, wir zogen weiter und erreichten zur Abendstunde einen Chan im reizenden Thale von Masad. Der Weg geht durch dieses immer einem Flusse entlang bis zum Fusse des Berges Choschab Bunar und ist eine der reizendsten Strecken, die ich in diesen Theilen der asiatischen Türkei gefunden habe. Besonders war dies in den Morgenstunden der Frühlingstage der Fall. (25. Mai.) Meine Freunde, mit guten europäischen Waffen versehen, erlegten in einer halben Stunde mehrere Wachteln und wilde Enten, an denen die Gegend überaus reich ist. Die Jagdunterhaltung hatte nie etwas besonders Anziehendes für mich, und während sie rechts und links umherschweiften zog ich es vor, den Meisterklängen der Nachtigallen horchend, auf der grünen Wiese langsam einherzuziehen.

Das Thal ist ein wahres Paradies und das Auge würde nie ermüden seine Reize zu bewundern, wenn nicht die allzugrosse Armuth, die in diesen Gegenden herrscht, mit dem schönen Bild zu stark kontrastiren würde. Trotz der Menge des Wassers und des ergiebigen Bodens sind doch die Felder sehr schlecht bestellt und ich begegnete an mehreren Orten Landleuten, die durch ärmlich kleine Kühe den primitiven Pflug schleppen liessen, ja an manchen Orten sogar sah ich, wie der Bauer neben den Esel sein eigenes Weib anspannte. Ich fragte um die Ursache dieser grossen Armuth und man erwiederte mir: „Ja, Effendi, uns haben die Herren in Konstantinopel zu Grunde gerichtet, die grossen Steuern und die ewig sich erneuernden Kontributionen lähmen unsere Kräfte. Was nützt der Segen, den Gott unserer Gegend verliehen, wenn er unsere Herren ohne Gewissen und Barmherzigkeit erschaffen hat." Ja wahrlich, ich hätte gerne einige hohe Beamte der Pforte, die an den Staatseinkünften sich bereichern, an meiner Seite gehabt. Sie verschwenden schwere Tausende auf unnütze Luxusgegenstände, während hier der Landmann darben muss. Wir erreichten die Spitze des Berges, auf welchem der Fluss Frat entspringt. Der Aufgang ist ein ziemlich beschwerlicher, doch macht die weite Aussicht, welche sich hier darbietet, alle Mühen vergessen und man kann von hier aus nicht nur bis Erzerum, das am Fusse eines vis-à-vis befindlichen Berges liegt, sondern weit bis zu den fernen Gipfeln der kurdistanischen Berge sehen. Ein schönes Panorama, wenn man die so dünn gesäeten Dörfer der Umgebung nicht mit Späheraugen erforschen müsste.

Als wir die an manchen Stellen steilen Abhänge des Berges hinabzogen, begegnete ich einer Karavane von

Schirasern, welche mir durch die konischen Filzhüte auffielen. Sie zogen recht munter neben ihren mit den südlichen Produkten ihrer Heimat beladenen Maulthieren daher und ich hatte eine kindische Freude, als ich den Chef der Karavane einige Lieder Hafis singen hörte, deres jedes Couplet die ihn begleitenden Jungen repetirend im Chor nachsangen. Es waren die ersten Worte iranischer Zunge, die ich von den Eingeborenen hörte und wie sehr ich mich auch bemühte, mich mit ihnen in ein Gespräch einzulassen, so erhielt ich doch keine Antwort. Singend zogen sie den schweren Weg hinauf, denn wie mir mein Begleiter sagte, ist dieses die beste Manier, wie sie ihre Thiere antreiben können. So wie der Araber sein flüchtiges Ross nur durch die Klänge seiner nationalen Lieder in Feuer bringt, so glaubt auch der Perser, dass die Lieder Hafis selbst auf die Thiere begeisternd wirken. Peitschenhiebe und Flüche, meint er, müsste man nur bei türkischen Thieren anwenden.

Die Nacht brachten wir am jenseitigen Fusse des Berges zu in dem Hause Ibrahim Agas, eines biedern Türken, der uns mit einem reichlichen Nachtmahl versah. Während wir dieses verzehrten, sass er, mit Vergnügen seinen Tschibuk schmauchend, uns gegenüber und trotz all unseres Drängens konnten wir ihn nicht bewegen an dem Mahle theilzunehmen. Noch mehr aber staunte ich den nächsten Morgen, als er sich weigerte eine fixe Summe für das Dargereichte zu verlangen. „Effendi," sprach er, „nicht von deinem Beutel, sondern von deinem Herzen will ich bezahlt sein. Das Erzwungene bringt nie Segen und ein Piaster, freiwillig gegeben, ist mehr als zehnmal so viel, das man gefordert hat." Diese Bonhommie ist übrigens sehr oft unter den Einwohnern der asiatischen Türkei anzutreffen. Es ist ein Charakterzug, der die ganze türkische Race von einem Ende Asiens bis zum andern mehr oder weniger kennzeichnet. Diese Leute sind zu Herren geboren, Herren waren sie auch, als ihr Lieblingsgewerbe, der Krieg, sie bereichern konnte, heute aber, wo Materialismus vom Westen nach dem Osten verpflanzt wird, werden sie von den schlauen und gewinnsüchtigen Armeniern und Griechen übervortheilt. Sie sind die Schatten mittelalterlicher Gesellschaft und werden als solche auch nur verschwinden müssen.

(26. Mai.) Obwohl Erzerum, das am Ende der grossen Ebene gelegen ist, sich bei unserm Aufbruche gleich als ganz nahe zeigte, so hatten wir dennoch acht Stunden lang zu reiten, bis wir es erreichen konnten. Es is dieses fast überall bei solchen Orten der Fall, die am Ende einer Ebene liegen. Das optische Gaukelspiel erbittert den Reisenden, man glaubt eine kleine Stunde entfernt zu sein und muss dennoch lange, lange fortgehen. Ein Kurde, so erzählte uns Hadschator, wäre einst von Wuth erbittert zurückgekehrt. Erzerum entflicht vor mir, sagte er, ich werde es ohnehin nicht erreichen können. Als wir nach Ilidscha, das durch seine Mineralbäder berühmt ist, kamen, war schon hoch Mittag, wir nahmen zwei Stunden Rast und in eben soviel Zeit gelangten wir auch nach Erzerum, Hauptort des gleichnamigen Paschaliks und ehemaliger Capitale Armeniens.

II.

Gleich beim Eintritte in die Stadt wird der Reisende überzeugt, dass er in das Innere Asiens gelangt sei. Im Küstenlande haben die Städte durch die mit Stockwerken und Fenstern versehenen Häuser einen halb europäischen Anblick. Diese Orte waren zur Zeit der türkischen Okkupation zumeist von Griechen bewohnt, welche die westliche Lebensweise mehr oder weniger nachahmen. Hier beginnt schon allmälig die orientalische Bauweise der Häuser dem Auge aufzufallen, die krumme bauschige Gestalt der Mauern aus Koth oder Steinen aufgeführt, die immer mehr auf den Hof als auf die Strasse hinausgehenden Fenster, der verborgene Eingang und selbst die innere Einrichtung der Häuser ist mehr den Bauten Persiens, Arabiens und Mittelasiens als den anderer türkischer Städte ähnlich und wenn gleich das Bazarleben, die Kleidung der Bevölkerung stark an Stambul erinnern, so wird es doch der Reisende bald wahrnehmen müssen, dass sich hier ein ungewohntes Bild seinem Auge entrolle.

Als ich das erstemal durch den Bazar ritt, frappirten mich am meisten die hellfarbigen Kleiderstoffe, die hochrothen Stiefel in den Schusterladen und die an mittelalterliche Rüstung stark erinnernden Stich-, Hieb- und Feuerwaffen, die vor den Läden zum Verkaufe ausgehängt sind, und wenn man zuweilen einem Kurden zu

Pferde begegnet, der mit seiner vom Rossschweif bekränzten Lanze, fantastischem Turban und weissem Burnus, welcher von dem stark gebräunten wilden Antlitz absticht, mit Luchsaugen den Bazar durchspähend, einherzieht, so wird man es ahnen müssen, dass man es bald mit Asiaten vom reinsten Typus zu thun haben wird. Der Osmanli, der eine starke Amalgamation griechisch-armenisch-arabischen Blutes in sich hat, ist, was seine Züge betrifft, mehr dem Europäer ähnlich und er sieht auch neben dem Kurden ebenso fremdartig aus, als ein Sohn Galliens oder Britanniens.

Meine Wohnung nahm ich in Erzerum, nicht wie meine armenischen Reisegefährten in dem Chan, sondern im Hause Tscherkes Hussein Daim Paschas, des damaligen Platzkommandanten dieser Stadt. Dieser Offizier, von tscherkessischer Abkunft, wie sein Vorname beweist, war der erste, der mir bei meiner Ankunft in Konstantinopel vor fünf Jahren die Gastfreundschaft anbot. Ich wurde ihm durch einen meiner Landsleute vorgestellt und da er seinen Sohn in der französischen Sprache und andern europäischen Wissenschaften unterrichten lassen wollte, so war ich der zur Mentorstelle Auserkorene. Hussein Pascha, der durch seinen Umgang mit der europäischen Emigration über politische Freiheit ganz andere Ansichten hatte, als die übrigen Türken, hatte schon damals, als ich bei ihm in Konstantinopel war, den Plan zu einer weit ausgebreiteten Verschwörung gesponnen, einer Verschwörung, die nichts anderes zum Zwecke hatte, als die Entthronung Abdul Medschids durch seinen Bruder Abdul Aziz, die Hinrichtung mehrerer damals einflussreicher Minister und die Einführung alttürkischen Regierungswesens anstatt des neuen überall verhassten.

Wie sich Einflüsterungen europäischer Emigranten mit diesen retrograden Ideen vereinigen können, ist wohl auffallend, doch hat der Pascha, ein erhitzter Kopf von Natur, nebst den revolutionären Tendenzen seiner europäischen Waffengefährten auch einem seiner Frömmigkeit halber hoch berühmten Scheich aus Bagdad Gehör gegeben. Ich erinnere mich noch ganz genau, wie dieser stets barfusse und halbnackte Chodscha zum Pascha kam, wie er mit ihm geheim unterhandelte u. s. w. und als ich später zu meinem Staunen erfuhr, dass mein Pascha Chef der berüchtigten Kuleli-Verschwörung sei, dass sein Sohn, mein ehemaliger Schüler, und dieser Scheich, mein ehemaliger Lehrer im Persischen, an der Spitze derselben stand, da wurde mir die ganze Geschichte einleuchtend. Hussein Pascha ist, wie bekannt, erst zum Tode verurtheilt, dann aber von Abdul Meschid zu lebenslänglichem Kerker begnadigt worden. Er sass ungefähr zwei Jahre auf Rhodos und nach der Thronbesteigung des jetzigen Sultans erhielt er mit seiner Freiheit zugleich die hohe Stelle, die er hier bekleidete.

Als ich ihm mein Vorhaben, nach Bochara zu reisen, mittheilte, stutzte er ein wenig, rieth mir erst ab, versprach mir aber später einige Empfehlungsschreiben an hervorragende Scheiche der turkestanischen Hauptstadt. Er gehörte nämlich zu dem in der Türkei geheim gehaltenen Nakischbendi-Orden, was sein näheres Verhältniss zu Bochara mir erklärlich machte. Doch fürchtete ich den argwöhnischen Fanatismus meines Exchefs und lehnte jede Rekommandation ab. Während der drei Tage, die ich in seinem Hause zubrachte, wollte er immer in meinem Reiseplan die geheime Mission irgend einer europäischen Macht entdecken und wie sehr missvergnügt er war, nichts durchblicken zu können, sah ich am besten aus dem kalten Abschied, den er mir gab. Auch unter den übrigen Beamten Erzerums hatte ich von Stambul her einige Bekannte, ich besuchte sie auf ihrem Bureau, nämlich im dortigen Gubernialgebäude, und der Anblick eines türkischen Amtshauses in der Provinz wird mir ewig unvergesslich bleiben. Die Thüre mit einem Haufen Oberschuhen, Stöcken, Flinten, herumliegenden Hunden verrammt, gibt schon einen genügenden Prospekt von den innerlichen Räumlichkeiten. Hier sitzen auf den schmutzigen, halb zerrissenen Divanen einige Schreiber, dort sieht man einen Haufen Weiber zanken, in einem Winkel unterhält ein Possenreisser die Beamtenwelt, in dem andern lässt ein missvergnügter Klient seinen Unwillen durch die gröbsten Worte hören, und man braucht nur in diesen von Rauch erfüllten, geräuschvollen Lokalitäten, dem Zentralpunkte der administrativen Thätigkeit der Provinz, eine Viertelstunde sich aufzuhalten, um zu wissen, wie hier die Angelegenheiten verwaltet werden. Schon auf der hohen Pforte kommt es vor, dass ein diplomatisches Aktenstück vom Pulte des Beamten in den Tabaksack der Diener, von da unter die Schmutzwäsche des Letzteren sich verliert, doch sind die Aemter in Konstantinopel noch ein Muster von Ordnung, im Vergleiche zu dem Bureau eines Gouverneurs in der Provinz.

Trotz meines kurzen Aufenthaltes in dieser Stadt hatte die aus allen Winkeln mit grässlichen Farben hervorguckende Armuth in mir einen eben so unbeschreiblichen Ekel verursacht, als die Aeusserungen, dass diese Stadt im Vergleiche zu persischen Orten noch schön zu nennen sei, mich in höchstem Masse erschreckten.

Die unterirdischen Wohnungen, der Schmutz und Unflath sind unausstehlich; besonders widerlich ist der üble Geruch der Speisen, die an Tezek*) (aus Kuhdünger bereitetes Brennmaterial) gekocht werden und da ich noch hörte, dass dieses zierliche Oertchen obendrein auch noch von Erdbeben heimgesucht werde, so kann man wohl begreifen, wie froh ich war, als meine armenischen Gefährten mir anzeigten, dass sie schon Pferde bis Choi gemiethet hätten und dass wir den nächsten Nachmittag aufbrechen würden.

(29. Mai.) Die Sonne war schon dem Untergange nahe, als wir wirklich die Stadt verliessen. Die Abenddämmerung war eine kurze, und trotzdem wir in der stockfinstern Nacht bei heftigem Winde und starkem Regengusse mehrere Stunden zu reiten hatten, so fiel es mir doch nicht ein den verlassenen Ruheplatz auch nur im mindesten zu beklagen.

Nahe an Mitternacht verrieth uns das starke Bellen der Hunde, dass wir in der Nähe eines bewohnten Platzes seien. Ich ritt voraus über Gräben und Hecken, von dem

---

*) Die Bereitung dieses Brennmateriales ist hier eine vorzüglichste Industrie, die Stallungen werden gewöhnlich nur im Frühjahre gereinigt, der Dünger wird vor dem Hause mit Spreu und kleingehacktem Stroh untermengt und so lange an der Sonne gelassen, bis er trocken ist. Bei einer grössern Masse werden Ziegel gehauen, auf einander gespeichert und so als Wintervorrath sorgfältig aufbewahrt. Es findet sich auf allen holzlosen Niederungen bis inmitten China's vor und wird dort, wie der Abbé Huc berichtet, Argol genannt. Die beste Qualität ist die von Ziegen- und Schafkoth gemachte, welche sogar zum Schmelzen des Eisens gebraucht wird. Nach diesem kommt der von Ochsen- und Kuhmist gemachte Tezek und die schlechteste Gattung geben die Pferde und Esel.

Lichte einer Wohnung geleitet und obwohl hier schon Alles in Schlaf versunken war, so war doch die Effendisprache, deren ich mich bediente, mächtig genug, mir und meinen vom Regen durchnässten Kameraden in aller Eile ein Obdach zu verschaffen. Das Dorf, das wir erreichten, hiess Kurudschuk und das aufs Gerathewohl eingenommene Quartier war die Wohnung des dortigen Kizils oder Dorfrichters. Die Wohnungen hier zu Lande, die aus einem einzigen Stück bestehen, dienen Thieren und Menschen zum gemeinschaftlichen Aufenthalte. Erstere sind an einer zu beiden Seiten des Hauses hinlaufenden Krippe angebunden, letztere bewohnen eine kleine Anhöhe, Saku genannt, die sich in einem Winkel des grossen Gemaches vis-à-vis der Thüre befindet. Man wohnt daher, um deutlicher zu reden, fast überall im Stalle und wie angenehm es sei, in Gesellschaft von 40 oder 50 Büffelochsen, einigen Kälbern, Pferden und sonstigen Thieren in jenen tiefen, ohne Fenster gebauten Wohnungen die Nacht zuzubringen, das habe ich gleich hier auf unserer ersten Station erfahren. Nebst dem unausstehlich üblen Geruche ist die Temperatur eine so warme, dass man sich Schlaf ohne Schweiss gar nicht vorstellen kann. Ja, ärmere und elendere Häuser als die im Distrikte von Erzerum sind vielleicht in ganz Asien kaum anzutreffen. Es ist daher leicht zu ermessen, mit welcher Freude der Reisende das verpestete Innere seines Abendquartiers mit der aromatischen Luft des Frühlingsmorgens im Freien vertauscht und nicht nur Menschen, sondern selbst Thiere werden behender. (30.) Ein 3—4stündiger Ritt brachte uns nach dem an der Spitze eines Vorgebirges gelegenen Hassankale, dessen Befestigung gegen die in der Umgebung wohnenden räuberischen Kurden früher von Nutzen gewesen sein mag. Heute wagen letztere nicht mehr Orte anzugreifen, doch lassen sie ihre Raubsucht kleineren Karavanen oder einzelnen Reisenden noch fühlen und von hier weiter mussten wir auch zwei Kavasse der Sicherheit wegen zur Begleitung mitnehmen. Meinerseits hatte ich wenig vor Plünderung zu fürchten, doch meine armenischen Reisegefährten hatten in ihrem Gepäcke kostbare Schmuckgegenstände aus Europa mitgebracht und um ihnen einen Gefallen zu thun, bediente ich mich des Fermans, den mir, als einem Effendi, der Gouverneur von Erzerum ausgestellt hatte.

Auf unserem Wege von Hassankale nach Baliköj, welches auch Amrakum genannt wird, überschritten wir den hier nordöstlich sich wendenden Araxes auf einer halb verfallenen Steinbrücke. Dazu blies noch ein heftiger Sturmwind, so dass wir das Absteigen für unrathsam hielten. Einige der bepackten Thiere waren durch die Heftigkeit der Windstösse sogar niedergeworfen worden und als wir eben beschäftigt waren sie aufzuheben, kam ein Perser auf mich zugerannt und sagte: „Effendi, nicht wahr, du bist der europäischen Sprachen kundig? Höre, wie der Telegraf spricht und sage uns, was denn der Gegenstand sei." Der gute Perser hatte dem über die Brücke gezogenen Telegrafendraht, welchen der sausende Wind erschütterte, lange zugehört und war höchst verdriesslich, als er Niemanden fand, der durch Erklärung der vermeinten Töne seine Neugierde befriedigen konnte.

Als wir am 31. aufbrachen, veränderte sich die gewöhnliche milde Temperatur des Frühlingsmorgens in einen kalten erstarrenden Wind, der von den rechts befindlichen Gebirgen herwehte. Bei letzteren hört der von Türken bewohnte Distrikt Erzerum auf und es beginnt das eigentliche Kurdistan, dessen Einwohner selbst zu Zeiten Herodots als die frechsten Diebe und Räuber verrufen waren und wohin der Reisende sich nie mit den besten Vorgefühlen begibt. Gegen Nachmittag gelangten wir in den Pass Karabender, dessen anderer Name Kör oglu kapisi ist, d. h. das Thor Kör Oglus, des berühmten Abenteurers und Helden der ostmohamedanischen Volksliteratur. Einer meiner Begleiter zeigte mir sogar von ferne eine hoch hervorragende Felsenklippe als jenen Ort, wo dieser Kavalier seinen Raubsitz hatte. Kör oglu, dessen Geschichte der Orientalist Chodzko veröffentlichte, steht sogar unter Turkomanen und Kirgisen in hohem Ruf. Seine brennende Liebe zu Eivas, seine wundergleichen Heldenthaten, seine ganze bunte Lebenskarrière wird von so vielen asiatischen Völkern auf gleiche Weise angestaunt. Seine Lieder tönen in Schlachten und bei Feierlichkeiten eben so sehr bei den Türken am Ufer des Oxus, als bei Anatoliern am Gestade des mitländischen Meeres und den Rumeliern an der Donau, und der vergötterte Orlando der Türkenwelt, dessen Geschichte bis zur Zeit Timurs hinaufreicht, erfreut sich einer solchen allgemein verbreiteten Berühmtheit, wie sonst keiner im Orient.

Als wir in dem schmalen Gebirgspasse dahinzogen, sah ich meine armenischen Reisegefährten ihre Flinten laden und ihre Waffen in Bereitschaft halten. „Von nun an weiter," sprachen sie, „werden wir keinem Osmanli mehr begegnen, von hier bis zur Grenze der Türkei sind die Einwohner nur Kurden und Armenier und Erstere können nur dann im Zaume gehalten werden, wenn man statt mit Bitten und Empfehlungsschreiben ihnen mit tüchtigen Waffen begegnet. Den Abend kehrten wir im Dorfe Eschek Elias ein und zwar in dem Hause eines kurdischen Chefs und kaum hatte ich mich niedergesetzt, als er mir schon in grosssprecherischer Konversation in der Genealogie seiner edlen Familie Unterricht gab. Weiss der liebe Gott, woher er sich noch abstammen liess, Efrasiab, Dschemschid, Kejchosref und andere im hohen Alterthume berühmte Helden waren mit ihm verwandt, und als er mir mehrere Ausrufungen der Verwunderung und Hochachtung entlockt hatte, fing er an, trotz all seines Grossthuns, von mir einige Pfeifen Tabak und einige Stückchen weissen Zuckers zu erbetteln. Ich gab ihm beides, doch bald erschien auch seine Frau mit 3—4 jungen Prinzen und jeder wollte weissen Zucker haben, denn, wie man mir sagte, wäre dieses ein wirksames Mittel gegen Augenweh in diesem Lande. Auch beim Abendessen liess uns der hohe Aristokrat keine Ruhe, er gaffte so lange unsere Schüssel an, bis wir ihn einluden und als ich ihm einige Maschallah über seinen guten Appetit sagte, bemerkte er lächelnd, dass seine ganze Familie sich dieser Eigenschaft erfreue, was mir leicht glaublich war, denn hätten seine Ahnen nicht so viel gegessen, wäre er auch jetzt nicht so arm! Ja, es ist auffallend, wie das aristokratische Gebahren, das in Europa, Dank dem geistigen Fortschritte unserer sozialen Verhältnisse, schon beinahe für lächerlich gehalten wird, in Asien noch immer in vollster Blüthe steht, was um so mehr zu wundern ist, da dort in Ermanglung der Familiennamen und erblichen Titulaturen dieses kaum zu hoffen wäre.

Da wir zur nächsten Station den seines schwierigen

Weges sowohl als auch der Unsicherheit halber berühmten Dagar-Berg zu überschreiten hatten, so wurde früh aufgestanden. Ich glaubte, dass die edle Nachkommenschaft des hohen Aristokraten bei unserer Abreise noch im Schlafe liegen werde und freute mich schon der zudringlichen Bettelei los zu werden, doch wir hatten uns geirrt. Trotzdem, dass der Morgenanbruch noch ferne war, hatte sich doch schon seine Frau, die selbst bei Nacht die Nasenringe nicht ablegte, mit dem ganzen Tross eingefunden. Jedem musste ein kleines Bachschisch verabfolgt werden und als wir den Werth der gegebenen Geschenke zusammenrechneten, fanden wir, dass Milch und Brod hier in den kurdischen Gebirgen so theuer bezahlt wurde, als vielleicht nicht inmitten der französischen Hauptstadt. — (1. Juni.) Es war ein düsterer trüber Morgen, der Nebel bedeckte die Gipfel der fernen Berge und die Nasskälte machte sich bei dem dünnen Frühlingsanzuge, den ich trug, sehr fühlbar. In solchem Falle hilft das schnelle Reiten am besten und obwohl der armselige Klepper, den ich unter mir hatte, nicht ganz zu einer gymnastischen Uebung bereit war, so musste er doch, durch Spornen und Peitschen aufgemuntert, so rennen, wie er nur konnte. Vom Dorfe hatten wir uns zwei Begleiter mitgenommen. Die Wegelagerer oder sonstige Abenteurer sind grösstentheils aus der Gegend, dachten wir uns, und schickten die mit den Reiserequisiten und Waaren bepackten Thiere voraus, während wir selbst am Fusse des Berges den Morgenthee zu kochen uns anschickten. In den kalten, feuchten Morgenstunden wirkt dieser Trank besonders belebend auf den Menschen und nachdem wir einige Tassen zu uns genommen hatten, bestiegen wir wohlgemuth unsere

Pferde, um die Vorausgeschickten zu erreichen. Wir ritten ungefähr eine halbe Stunde, als wir unsere am Rücken des Berges langsam hinziehenden Packthiere bemerkten. Die Sonnenstrahlen hatten den Schleier des Nebels zerrissen und als sich eben meine Augen an dem zu unseren Füssen sich erstreckenden Hügellande weideten, bemerkte ich, wie einer unserer kurdischen Begleiter gegen die Packthiere hinblickend mit feurigen Augen seinen Kameraden anredete und eine sonderbare Unruhe verrieth. „Was ist es? was ist es?" fragte ich ihn und statt der Antwort zeigte er mir auf die Gegend, wo die Diener meiner armenischen Gefährten mit einigen Maulthiertreibern hinzogen. Wir schauten hin und entdeckten rechts und links von dem Gebirgsrücken hervorkommende bewaffnete Kurden, die theils beritten, theils zu Fusse sich mit einer Hast auf die mit werthvollen Gegenständen beladenen Thiere warfen. „Räuber, Räuber," schrien die Armenier. Karabegoff nahm seine Revolver in die Hand und stürzte voraus, ihm folgte sein Freund und wie sehr ich den Gaul den Berg hinauf trieb, so konnte ich nur als Dritter am Platze erscheinen. Wie bekannt, war meine Kopfbedeckung zu dieser Zeit ein Fez, mit einer Messingplatte versehen, ein Zeichen meiner Effendiwürde. Die Kurden hatten diese von der Ferne kaum bemerkt, als sie einige Schritte vor dem beängstigten Tross stehen blieben „Was wollt ihr hier?" donnerte ich ihnen entgegen. Ein einäugiger Greis, mit Schild, Speer, Flinte und Schwert bewaffnet, trat vor und sprach: „Bey Effendi, wir haben gestern unsere Ochsen verloren, diese suchen wir schon die ganze Nacht. Hast du ihnen nicht auf dem Wege begegnet?" „Ochsen suchst du?" antwortete ich ihm, „du scheinst mir kein so grauer

Esel zu sein, um Ochsen so stark bewaffnet zu suchen.
Schäme dich! Ist dein Bart deswegen weiss geworden,
damit du ihn mit dem Unflathe des Raubes und Diebstahles beschmutzest? Wenn ich nicht deine Jahre
schonen würde, so möchte ich dich gleich mit zum
Kaimakam nach Bajazid nehmen, du unverschämter
Wegelagerer!"

Meine Worte, wie auch die Aufklärungen unserer
kurdischen Begleiter hatten die aus acht Personen
bestehende Bande genügend belehrt, mit wem sie es zu
thun hatten. Armenier und Perser, die vergeblich bei
der Behörde Klage führen, werden wenig gefürchtet,
doch einen Effendi, einen respektiven Offizier des Sultans,
wagt man nicht anzugreifen und so geschah es, dass die
Abenteurer, nachdem ich einige Drohworte zu den
frühern hinzugefügt, nach allen Richtungen zerstäubten.
Wir zogen weiter und die armen Armenier konnten mir
nicht genug danken; denn wäre ich nicht mit ihnen
gewesen, meinten sie, so wären die vielen aus London
gebrachten Kostbarkeiten hier gewiss eine Beute dieser
Kurden geworden. Besonders todtenbleich waren während der ganzen Szene einige persische Kaufleute, die
sich den Tag zuvor uns angeschlossen hatten und sie
brachten mir, als wir Rast hielten, einige Süssigkeiten
zum Geschenke. Ich begriff es wohl, dass mein Effendicharakter unter den Kurden von Werth sei, doch muss
ich gestehen, dass dieses erste Rencontre mich gleich
einem Soldaten, der das erstemal ins Feuer kommt, alle
Farben spielen liess. Beim ersten Anblick der Gefahr
fing ich an zu zittern, später verwandelte sich dieses in
ein Feuer, in eine seltene Aufgeregtheit und als ich dem
Feinde vis-à-vis mich befand, da fühlte ich mich so fest,

so vorbereitet zu Allem, dass ich vielleicht selbst den verwegensten Schritt begangen hätte. Auf meinen fernern Reisen sind mir mehrere derartige Fälle vorgekommen, doch habe ich selten meine Geistesgegenwart verloren. Uebung und Nothwendigkeit macht Alles aus dem Menschen und der grösste Stubenhocker würde sich selbst wundern, was aus ihm geworden, wenn er einige Wochen im Sattel asiatische Länder durchreist hat. Als wir Abends im Dorfe Mollah Suleiman, welches von lauter Armeniern bewohnt wird, ankamen und unser Hausherr unsere kurdische Eskorte erblickte, sprach er ganz leise: „Effendi, du kannst von einem Glücke erzählen, wenn dir heute nichts zugestossen ist. Deine Begleiter sind berüchtigte Räuber und wem immer sie das Geleite gegeben haben, der hat den Dagarberg nicht ohne Unfall passirt." Jetzt wurde mir das ganze Abenteuer einleuchtend. Der kurdische Aristokrat von gestern Abend sowohl, als die zwei Männer, die er uns mitgegeben, waren mit dem projektirten Ueberfall schon einverstanden und hätte der Revolver meines Freundes, meine türkische Kopfbekleidung und Effendisprache ihre Wirkung verfehlt, so hätte mehr als einer von uns den heutigen Tag beklagen können. Das ist übrigens gar nichts neues in diesen Gegenden. Die Beamten sowohl als das Volk sind von den Raubanfällen unterrichtet und wenn man nicht genug Mann für sich selbst ist, die Empfehlungsschreiben frommen hier sehr wenig.

Unser armenischer Gastwirth, der seine Religionsgenossen sowohl, als mich mit besonderer Zuvorkommenheit behandelte, liess uns ein prächtiges Nachtmahl serviren, der Geistliche und der Richter machten ihre Aufwartung und die Erzählungen von den räuberischen

Kurden schienen gar kein Ende zu nehmen. Eine Karavane, aus 40 Lastthieren und ungefähr 15 Reisenden, unter welchen ein Engländer war, bestehend, wurde im vergangenen Herbste nicht weit von diesem Dorfe von einem berüchtigten Chef mit 12 Freibeutern angegriffen. Sobald die Kurden mit ihrem Geschrei Lululu heranstürmten, traten Perser und Türken sogleich zurück und liessen die Plünderer in den Waarenballen herumsuchen. Einige der Thiere wurden schon fortgetrieben, als der Engländer, mit einer stoischen Ruhe dieses zusehend, unbemerkt mit dem Revolver auf den Chef zielte und ihn durch einen glücklichen Schuss auch zu Boden streckte. Dieses verursachte panischen Schrecken unter den Räubern, alle stürmten auf den Engländer, doch er verlor seine Geistesgegenwart nicht, schoss einen zweiten und dritten nieder und ihnen zurufend: „Nähert euch nicht, sonst seid ihr alle des Todes," hatte der entschlossene Britte die grosssprecherischen Kurden mit Schrecken in die Flucht gejagt. Später klagte noch die Familie des getödteten Chefs den Engländer an und wollte Blutgeld haben, behauptend, dass das Oberhaupt nicht auf Raub, sondern nur auf Jagdvergnügen ausgegangen sei. Dieses ist auffallend genug, doch noch mehr ist es der Umstand, dass die Türken mit dem Prozesse Ernst machten und hätte der englische Konsolos (Konsul) ihnen nicht bittere Vorwürfe gemacht, wer weiss, wie es dem tapfern europäischen Reisenden noch ergangen wäre.

(2. Juni.) Trotz eines heftigen Regens musste doch den nächsten Morgen weiter geritten werden. Zur Frühstückstation wollten wir Toprakale erreichen, um gelegentlich dem hier residirenden Kurdenchef Mehemed Bey uns vorstellen zu können. Mehemed Bey, der das

Oberhaupt aller Heideranlu-Kurden der Umgebung ist, steht hier in mehr Achtung, als der Sultan selbst. Von seinem Reichthume und seiner Tapferkeit werden Wunder erzählt, Jeder ist ihm blindlings ergeben und obwohl er, was Ehrlichkeit betrifft, nicht um ein Haar besser ist als jeder andere Kurde, so hat die hohe Pforte seines Einflusses halber ihm den Titel eines Ehren-Kaimakams verliehen mit einem monatlichen Angebinde von 5000 Piastern. Dieser Unterthänigkeits-Ankauf ist übrigens erst ganz neu, denn zur Zeit des letzten russischen Krieges kämpfte Mehemed Bey mit mehr als 15000 Kurden unter russischer Fahne, was eben nicht zu den Seltenheiten hier zu Lande gehört, denn wer zahlt, der ist Herr, während Religions- und Nationalitätsbande Interessen dritten und vierten Ranges sind. Da ich in seiner heutigen Qualität von ihm einen guten Empfang erwartete, brannte ich auch wirklich vor Begierde ihn bald in Toprakalezu sehen. Unglücklicherweise war er abwesend, nur sein Sohn Abdullah Bey, ein 12jähriger Jüngling, der schon zwei Jahre verheirathet ist, war zu Hause. Er machte mit vielem Anstand die Honneurs und die echt orientalischen Züge seines Gesichtes, die mit Hinnah stark rothgefärbten Haare seines Hauptes und die schwarz angestrichenen Augenbrauen wirkten überraschend auf mich. Wie gesagt, fängt in Kurdistan der eigentliche Typus an und Abdullah Bey war wirklich ein schönes Modell der kurdischen Noblesse.

Nach einem reichen Frühstück, welches aus Milch, Rahm, Honig, Früchten und Fleischgattungen bestand, wurden wir verabschiedet. Der junge Bey sagte mir: „Effendi, so lange mein Vater Kaimakam der Umgebung ist, kannst du sicher herumreisen, nichts wird dir geschehen." Ich erzählte ihm unser gestriges Abenteuer, worauf er sagte: „Ja, Dagar ist nicht in unserem Distrikte. Uebrigens arbeitet der einäugige Graubart nicht auf eigene Faust." Während seiner Worte nickte die aus stattlichen kurdischen Reitern bestehende Umgebung mit stummer Ehrfurcht das Haupt. Die Züge dieser Leute haben etwas unbeschreiblich Ernstes und Erhabenes und es ist mir leicht begreiflich, wenn europäische Touristen, die nur den Aeusserlichkeiten nach urtheilen, vom orientalischen Typus so hingerissen sind. Mich konnten die trüglichen Bilder nur wenig ergötzen und wie immer, so war ich auch jetzt froh, als ich Kurdenchef und kurdische Gastfreundschaft im Rücken hatte und zu Pferde mich aufs Neue auf dem Wege nach Diadin befand, nach Diadin, wo wir uns einer grössern Karavane anschliessen wollten, um in deren Gesellschaft den gefährlichen Grenzdistrikt überschreiten zu können.

Diadin jedoch war noch sehr weit entfernt und wir mussten die Nacht in einem aus zehn Häusern bestehenden armenischen Dorfe zubringen, das seiner offenen Lage und geringen Zahl der Einwohner halber eine höchst sonderbare Existenz fristete. Menschen und Thiere, Futter und Brennmaterialien, Alles war unter einem und demselben Dache sorgfältig bewacht und während die Hälfte der Bewohner eines Hauses schlief, pflegte die andere mit gespannten Gewehren die Nacht auf dem Dache zuzubringen. Wahrlich ein hartes Leben. Ich fragte, warum sie beim Gouverneur von Erzerum nicht Hilfe suchten? „Der Gouverneur," antwortete der Armenier, „ist der Chef der Diebe. Hilfe kann uns nur Gott und sein Stellvertreter, der Czar von Russland schicken." Und der arme Mann hatte wirklich Recht. (3. Juni.)

Wir verliessen die traurige Wohnung schon am frühen Morgen unter starkem Regengusse und als wir nach zweistündigem Marsche die Ufer des Eufrat erreichten, hatte uns die Kälte in ein förmliches Schneegestöber eingehüllt. Lange gingen wir dem Ufer entlang, um eine minder tiefe Stelle zu entdecken. Einen Fluss zu durchwaten ist das mühsamste einer Landreise, besonders wenn dieser einen schnellen Lauf hat. Der Reiter muss sich immer in Acht nehmen nicht aufs Wasser zu blicken, denn der schnelle Fluss lässt ihn glauben, dass sein Pferd eine ganz andere Richtung nehme, als er selbst wolle und oft überfällt einen auch ein Schwindel, weshalb viele Unerfahrene das erste Uebersetzen eines Flusses mit einem kalten, hie und da auch gefährlichen Bade bezahlen. Am jenseitigen Ufer war die Ebene auf allen Seiten mit Kieselsteinen bestreut, welches uns den Weg erleichterte, und hinflog es, soweit unsere Miethpferde es nur ertragen konnten, über Stock und Stein. Nur wenigen, aus einzelnen armseligen Hütten bestehenden Dörfern begegneten wir und spät am Nachmittage passirten wir das rechts befindliche Kloster Ütsch Kilisse, welches mehreren armenischen Mönchen zum Aufenthalte dient und bei der Bevölkerung in der Umgebung, Christen sowohl als Mohamedanern, in Achtung steht. Es ist ein auffallender Charakterzug bei den orientalischen Völkern, dass Mönche, Zauberer, Weissager, ja oft auch Heilige ohne Religionsunterschied bei ihnen auf gleiche Weise verehrt werden. Das Ausserordentliche, das Wunderbare ermahnt sie zu gleicher Ehrfurcht, und wenn die Kurden in der Umgebung weit umher wilde Verwüstung ausstreuen, so ist doch dieser einsame Sitz von ihnen verhältnissmässig verschont geblieben „Die schwarze Kutte," sagte mir ein Kurde, „ist die Farbe des Teufels und Schwarzkünstlers, die jede Beleidigung bitter rächt."

Gegen Abend erreichten wir das Grenzdorf Diadin. Als ich, durch die umhergeworfenen Häusermassen reitend, nach des Dorfrichters Wohnung forschte, um ein Quartier zu bekommen, begegnete ich im Winkel einer Scheuer einem amerikanischen Priester mit Frau, Schwester und Kindern, die nach mehrjährigem Aufenthalte in Urumia (Persien) nun nach Filadelfia zurückkehrten. Urumia und Filadelfia, welch' zwei von einander getrennte Stationen! Eines ist in der alten, das andere in der neuen Welt, doch die Mitglieder der Missionsgesellschaft kennen keine Strecken. Westliches Gold und westliche Macht haben ihr apostolisches Wirken weit mehr erleichtert, als im Anfange des Christenthums. Doch ist der jetzige Erfolg bei weitem nicht ein so grosser, als damals. England und Amerika spenden schwere Millionen zur Verbreitung der Bibel und des Christenthums, doch der Mohamedaner staunt und wundert sich, bleibt aber immer nur Mohamedaner.

Endlich traf ich auf die Wohnung des kurdischen Kizils (wie hier der Dorfvorsteher genannt wird) und bevor ich ihm noch mein Anliegen vorgetragen hatte, rief er mir entgegen: „Effendi, sei mir herzlich willkommen! Doch Quartier habe ich keines für dich, wenn du nicht mit einem Militärpascha, der den einzigen leergebliebenen Theil meines Hauses eingenommen, die Nacht in Gesellschaft zubringen willst." „Militärpascha, oder was immer," rief ich ihm zu, „zeige mir nur den Ort! Ein zehnstündiger Ritt kann selbst den Teufel mürbe machen und ich hoffe, wir werden uns gegenseitig sehr gut vertragen". Der Kurde ging voran, führte mich in ein kammerähnliches finsteres Gemach, das mit einer hier zu Lande üblichen dünnen Oellampe beleuchtet war, und als ich um den in einem Winkel zusammengekauert sitzenden Pascha zu begrüssen vorschritt, stelle man sich meine Verwunderung vor, da ich in ihm General Kolmann, alias Fejzi Pascha, meinen Landsmann und dabei noch ein Spezialfreund von mir, erkannte. „Das nenne ich eine sonderbares Zusammentreffen" rief der Pascha, als wir nach einer warmen Umarmung vor dem Feuer des Kamins einander gegenüber sassen. General Kolmann, eines der genialsten und rechtschaffensten Mitglieder der ungarischen Emigration, war mir seit meiner Ankunft in der Türkei besonders zugethan. Er kannte meinen Reiseplan und war hoch erfreut, mir hier auf der Grenze des türkischen Reiches, wo er eben mit der Errichtung von Blockhäusern von Seite der Regierung beschäftigt war, ein freundschaftliches Lebewohl sagen zu können. Wir schwatzten bis tief in die Nacht hinein und es war mir unendlich düster zu Muthe, als ich den nächsten Morgen von meinem Landsmanne und von den Grenzen des Reiches, dem ich respektive angehörte, auf einmal mich trennen sollte.

(4. Juni.) Von hier geht der Weg durch den Pass von Kazli Göl über das Dorf und Quarantaine Kizil Dize nach Ovadschik, welch letzteres schon im persischen Gebiete liegt und da die ganze Strecke, beinahe unbewohnt, nur einigen wilden kurdischen und türkischen Stämmen zum Tummelplatze dient, so ist die Sicherheit unstreitig mehr gefährdet, als anderswo. Die Orientalen jedoch, Freunde der Exageration, wagen diese Strecke nur gut bewaffnet, oder unter starker Eskorte zu passiren,

welche Furcht von einigen Abenteurern auch tüchtig ausgebeutet wird. Diese nämlich, zumeist Vagabunden, schliessen sich jeder Karavane schon zwei Stunden vor der Grenze an, sie erzählen die gräulichsten Raubgeschichten und Mordthaten, die vorgefallen wären und schüchtern derartig die Gemüther aller Welt ein, dass der Fremde sich an sie, als respective Einheimische, zuerst um Hilfe wendet. Nun beginnt der eigentliche Handel, sie verlangen per Kopf oft 50, oft auch 100 Piaster und die Zahl der Begleitung hängt immer entweder von ihrer eigenen Redekunst oder von der Zaghaftigkeit der Reisenden ab. Auch unsere Karavane hatte sechs Stück von diesen Individuen als Schutzwache mitgenommen. Dass dies die eigentlichen Räuber der Gegend sind, braucht kaum gesagt zu werden. Türkische, persische und russische Behörden kennen sie alle genau, doch pflegen sie, falls sie auf türkischem Boden ihr Raubgeschäft ausüben, auf russischen oder persischen zu flüchten, da die Auslieferungsgesetze zwischen den betreffenden Staaten nicht geregelt sind und es den orientalischen Behörden an Eifer fehlt und so bleiben durch die gegenseitige Berührung der drei Grenzen die Freibeuter immer im Vortheil.

Ich konnte mich kaum eines Lachens enthalten, als unsere respektive Schutzwache, mit wachsamen Späheraugen umherblickend, mit bereit gehaltenen Flinten und Pistolen, immer einige Schritte vor der Karavane einherzogen. Bei jeder Biegung des krummen Weges wurden Vedetten ausgeschickt. Man wollte mit Gewalt glauben machen, dass imminente Gefahr drohe, mit einem Worte, die eben so verschmitzten als verwegenen Reiter spielten sehr gut ihre Rolle, denn sie spielen sie schon Jahre lang.

Ein grosser Theil der Reisenden kennt auch ihre Intriguen, doch wagt man es nicht den Schutz abzulehnen, denn man läuft Gefahr von ihnen überfallen und geplündert zu werden. Uebrigens trägt auch der rauhe Weg sehr viel dazu bei die ganze Gegend unheimlich zu machen. Die Strasse ging durch tiefe ausgetrocknete Flussbetten, durch pfadlose, mit grossen Kieselsteinen belegte Ebenen und fing erst dann an allmälig gangbar zu werden, als wir am Fusse des Ararat anlangten. Der Berg Ararat, dessen kegelförmiger Gipfel auch im Sommer mit Schnee bedeckt ist, hatte jetzt noch bis weit in die Hälfte sein Winterkleid an. Die Armenier sowohl, als die übrige Bevölkerung dieser Gegend behauptet, dass auf seiner Spitze die Ueberreste der Arche Noah's wären und viele fromme Vartabets (Priester) rühmen sich die kostbaren Reliquien dieses heiligen Schiffes in dem kristallreinen See auf der Spitze des Berges gesehen zu haben. Andere gehen noch weiter und produziren Splitter zur Verehrung der religiösen Welt, wenden solche gegen Magenübel, Augenweh und andere Krankheiten an und wehe demjenigen, der die Existenz von wenigstens zwei Pfosten, einigen Mastbäumen der Arche Noah's auf der Spitze des Ararat bezweifeln wollte. Sonderbare Einbildungskraft! Auf meinen fernen Reisen in Asien habe ich wenigstens drei oder vier Berge gesehen, auf denen die Fabel die Arche Noah's ruhen lässt, drei oder vier Punkte, wo die Menschen die Spuren des frühern Paradieses entdecken, ja selbst Gräber der Heiligen der Neuzeit lässt man an mehreren Orten erscheinen. Doch kein Wunder! Im Westen rühmen sich die Städte einem oder dem andern Künstler oder grossen Manne als Geburtsort zu dienen, im Osten ist Grösse nur Heiligkeit, daher die Eitelkeit auch zu verzeihen ist. Während das einem Schafstalle ähnliche Haus der Quarantaine links gelassen wurde, ging der Weg immer bergauf, bis zur Spitze einer ziemlich weite Aussicht gewährenden Anhöhe. „Hier endet die Türkei," machten mich meine Begleiter aufmerksam, „den ersten Schritt, den die Pferde bergabwärts thun, ist schon persischer Boden," und in Wirklichkeit ist es so. Die Grenzen dieser zwei grössten mohamedanischen Monarchien des Ostens sind noch heute ohne irgend eine Demarkationslinie, ohne irgend einen Grenzstein. Man hat übrigens Recht, diesen hier für einen Luxusartikel zu halten, da es in dem wilden unwirthbaren Distrikte Niemandem einfällt sich einige Joch mehr anzueignen. Die beinahe vier Meilen weite Strecke ist herrenlos zu nennen und die betreffenden Länder beginnen dort, wo der urbare Boden der ersten Grenzdörfer seinen Anfang nimmt. So unentschieden auch die Grenzlinie der beiden Staaten ist, so konnte ich doch, als wir auf persischem Boden vordrangen, einige Gefühle der Wehmuth über den Abschied von der Türkei nicht unterdrücken. Die Türkei, seit mehr als vier Jahren mein Aufenthaltsort, ist durch Aneignung der Sprachen, Sitten und Gebräuche, durch stete Berührung mit den Türken mir beinahe eine zweite Heimat geworden und so schwer die Trennung von europäischem Leben mir fiel, als ich in die Türkei mich begab, so schwer schien es mir jetzt, als ich bei Betreten eines fernern östlichen Landes dem Nachbarlande meines vaterländischen Bodens Lebewohl sagen musste.

III.

Die Abhänge der niederer gelegenen Theile des Berges waren mit einem Teppich von bunten Blumen bestreut und es schien, als ob die Natur die bombastischen Grosssprechereien der Perser unterstützen wollte. Denn kaum hatten wir den Boden Irans betreten, als diese früher bescheidenen, stillen, enthaltsamen Reisegeführten die kühnsten Positionen annahmen. „Ja, Iran ist ein ganz anderes Land, als das deinige, Effendi, passe auf, du wirst Wunder sehen." Eine unbeschreibliche Freude malte sich auf dem Antlitz dieser Perser von dem Momente an, da sie das erste persische Dorf zu Gesichte bekamen, denn die Armen hatten viel zu leiden auf der Strecke von Erzerum hieher, wo es viele armenische Dörfer gibt, und wo ausserdem noch die Gasthäuser von Armeniern gehalten werden. Nach dem schiitischen Gesetze ist nicht nur der Christ unrein, sondern Alles, worauf er Hand legt, was aus seinem Hause hervorgeht, ist für die Anhänger Ali's ungeniessbar. Die Leute hatten auf sechs Tage Brod bei sich; Eier, Käse, Salz, ja nicht einmal Wasser, mit welchen der Christ in Berührung kam, durften sie anrühren. Ihre Eile war mir daher leicht begreiflich, als wir in das erste persische Dorf Ovadschik einzogen; sie nahmen dort gleich Nachtquartier, wir aber wollten noch den übrigen Theil des Tages benützen, und zogen nach dem $1\frac{1}{2}$ Stunde weit entfernten Dorfe Arabdizeh.

Ich hätte bald vergessen, zu erzählen, dass Ovadschik, das Grenzdorf Irans, einen höhern Offizier, der den Titel Hafizi Serhad (Grenzwächter) führt, beherbergt. Zu unsererZeit bekleidete dieses Amt ein gewisser Chalfa Kuli chan, ein iranischer Türke von gröbstem Kaliber, der vor dem Thore seines Hauses vier ausgestopfte Bären als Zeugen seiner Jagdgeschicklichkeit hielt. Als wir vorbei ritten, stellte er sich als fünfter Bär in die Reihe und obwohl ich ihn recht höflich grüsste, so konnte er doch beim Anblicke meiner türkischen Kopfbedeckung sich einiger Spottausdrücke nicht enthalten. „Mit der Effendiwürde," bemerkte mein armenischer Gefährte, „wird es jetzt nicht sehr bequem sein; denn im Lande der Schiiten ist alles Osmanische verhasst." Und wirklich hatte er, wie spätere Ueberzeugung mich lehrte, auch recht.

Es war der erste Abend, den ich in einem persischen Hause zubrachte und das bizarre Gemälde der Sitten, obwohl die Einwohner Türken sind und den Osmanli aus Nationalitätsrücksichten näher stehen sollten, hat mich sehr frappirt. Das Leben in Azerbajdschan, wie ich hier schon den ersten Abend sah, ist ein Gemisch von Tartarischem und Persischem. Der schlichte Charakter der Türken ist wohl hie und da mit dem Firniss persischer Bildung überzogen, doch scheint die Originalfarbe sehr häufig durch. Persische Höflichkeit und Feinheit steht übrigens den Leuten sehr schlecht; denn so wie ihre Zunge die Sprache Irans nie treu nachahmen kann, so sind sie auch in der Nachahmung persischer Sitten äusserst ungeschickt.

(5. Juni.) Wir brachen sehr früh auf und da wir auf der heutigen Strecke das oft nicht für ganz sicher gehaltene karaainische Gebirge zu durchziehen hatten, so hiel-

ten meine armenischen Gefährten es für rathsam sich
einige bewaffnete Reiter zur Begleitung auszubitten. Die
Strasse war ziemlich öde, doch begegnete uns gar nichts
Ausserordentliches. Karaaine war in den frühen Nachmittagsstunden erreicht und ich war höchst erfreut, als
Musikklänge, Flintenschüsse und freudiges Gejauchze
von einem uns gegenüberliegenden Hause entgegen-
schallten und uns aufmerksam machten, dass hier eine
Festlichkeit begangen werde. Auf die Frage ob ich daran
theilnehmen könne, führte mich der Sohn meines Gast-
wirthes sogleich ins benachbarte Haus. Es war eine
Hochzeit, die gefeiert wurde, und eben als wir eintraten,
langte auch der grosse Tross der Brautführer an, um
die Neuverehelichte von dem väterlichen Hause ihrem
Zukünftigen zuzuführen. Vor der Thüre gaben sie ihre
Ankunft durch mehrere Schüsse kund, die Braut wurde,
in einen rothen Schleier gehüllt, hinausgeführt, und von
zwei der ersten Brautführer mit nicht besonders delika-
ten Handgriffen auf's Pferd gehoben. Obwohl vermummt
und in faltenreiche Kleider gehüllt, sass die junge Dame
recht fest im Steigbügel, eine grosse Menge umtobte sie
und während die Weiber ein Lied im Chore sangen, welches
immer mit dem Refrain endete: „Freunde sollen Freunde
bleiben, der Feinde Augen sollen erblinden, oh Allah,"
ging der Zug in langsamen Schritten der Wohnung des
Bräutigams zu. Ich schloss mich dem Haufen an, erhielt
unter den Gästen an der Tafel auch einen Platz, musste
aber nach Abräumen der Speisen beim üblichen Ge-
schenkesammeln das Genossene theuer bezahlen. Wie ich
sah, ist das Hochzeitceremoniell in Azerbajdschan nicht
nur verschieden von dem der Osmanli, sondern auch von
den derartigen Feierlichkeiten der Perser, es gleicht aber

in Vielem den Hochzeitsitten der Turkomanen, was ein
neuer Beweis ist, dass die Türken Persiens zumeist
Nachkommen jener turkomanischen Freibeuter sind,
welche die Seldschucken-Fürsten auf ihren Eroberungs-
märschen von den tartarischen Steppen nach dem Westen
begleiteten.

Abends erhielt ich mehrere Visiten von den Nachbarn meines Quartierherrn. Obwohl auf der Hauptstrasse
gelegen, wo es an Reisenden nicht fehlt, wird doch der
Fremde hier mit tausend Fragen bestürmt. Die Leute
rühmten im Allgemeinen die Lage des türkischen Bauern
im Vergleiche zu der ihrigen (wahrlich nichts Beneidenswerthes nach dem, was ich gesehen hatte), der Sultan
Abdul Aziz wurde mit den grössten Lobeserhebungen
erwähnt und viele Neugierige fragten mich, ob es denn
wirklich wahr wäre, dass er ein Schiite sei. Gut und
Sunnite zu sein, sind Eigenschaften, die ein Bewohner
Persiens vereint sich nicht vorstellen kann; doch ist
dieses fast überall so. Ein geliebtes Individuum wird
immer von den Asiaten als ihnen verwandt gehalten und
ich habe auch an manchen Orten Irans, wo russische
Politik und Verwaltung geliebt wird, mit voller Ueberzeugung reden gehört, dass Seine Majestät der Czar aller
Reussen ein geheimer Schiite wäre.

(6. Juni.) Als wir von Karaaine nach der nächsten
Station Tschuruk früh vor Sonnenaufgang aufbrachen
und ungefähr zwei Stunden weit von der Station waren,
tönte auf einmal aus der Schlucht der nahen Gebirge ein
sonderbares Gebell und Geheul uns entgegen. Wir waren
eben auf einer Anhöhe, die kleine Reisegesellschaft hielt,
und in einem Nu standen unsere persischen Begleiter mit ihren Waffen schussfertig da, immer ängstlich

gegen die Mündung des Hohlweges hinblickend. Das Gebell wurde immer lauter und plötzlich sahen wir einen wunderschönen Hirsch von zwei Wölfen begleitet sich aus demselben hervorstürzen. Diese Erscheinung elektrisirte die jagdlustigen Perser. Zwei sprangen voraus, Alles war gespannt und obwohl im Galopp zielte doch einer so geschickt, dass das stolzhörnige Wild plötzlich zu Boden stürzte. Der Schuss hatte die Wölfe erschreckt, sie eilten zurück; doch da es allmälig wieder stiller wurde und sie von Hunger gepeinigt den Verlust ihres Raubes nicht vergessen konnten, kam auffallender Weise einer auch bald wieder zurück. Die Jäger liessen ihn langsam vorschreiten und als er schon nahe beim Hirsche war, erhielt auch er die tödtliche Kugel und sank neben seinem Opfer nieder. Dieses verursachte nun allgemeine Freude in unserer kleinen Gesellschaft, man stieg ab, der Hirsch wurde gleich zerschnitten und es gab noch auf der Stelle einen in kleinen Stücken auf Holz aufgespiessten Braten. Nur die Leckerbissen wurden mitgenommen, ein grosser Theil sowohl, als auch der Wolf wurden zurückgelassen.

(7. Juni.) Von Tschuruk aus hatten wir noch 7 Stunden, bis wir Choi, eine bedeutende Stadt in Persien und die erste an der westlichen Grenze, erreichten. Choi ist in einem überaus schönen und reizenden Thale gelegen und wie sehr ich dieses früher rühmen hörte, so hat mich die blühende Kultur, die vom wunderschönsten Grün bedeckte Ebene, besonders aber die beinahe $1\frac{1}{2}$ Stunde dauernde lange Allee wahrhaft ergötzt. Das Bild war um so frappanter für mich, da die mit den reichsten Blüthen bedeckten Bäume, die mit den buntesten Blumen prangenden Wiesen mir den ersten Genuss eines Früh-

lingsbildes im Oriente gab. Selbst die Stadt hatte durch ihren prägnant orientalischen Charakter etwas überaus Neues für mich. In türkischen Städten sind die Spuren der Berührung mit dem Westen mehr oder weniger anzutreffen, hier ist noch Alles rein orientalisch, so wie es vor 1000 Jahren war, so wie wir orientalische Städte in 1001 Mährchen geschildert sehen, ja ganz so wie ich das Städteleben im Osten mir vorstellte. Dass ich unter dieser Ueberraschung, die Choi mir verursachte, den Eindruck des Schönen und Erhabenen nicht verstehe, braucht dem Leser kaum gesagt zu werden. Choi ist rein orientalisch und als solches müssen die Häuser, die Strassen, die verschiedenen Trachten, besonders aber die Bazare dem von der Türkei Kommenden auffallen. Der Bazar ist der Empfangssalon einer orientalischen Stadt, zu dem sich die Privathäuser wie Schlafgemächer verhalten, denn im erstern tummelt sich die Welt während des ganzen Tages herum, in letztere zieht sie sich nur zur nächtlichen Ruhe zurück. Das Bazarleben fängt auch hier an in seinem ganzen antiken Glanze sich zu zeigen, die gleichen Bauten Stambuls sind durch europäischen Zuschnitt wohl bequemer gemacht, aber dem originellen Typus ganz entfremdet. Und wer in Choi in den Vormittagsstunden das Gewühl in den schmalen, kühlen Räumen, das Gebärden der Käufer und Verkäufer, die Verschiedenheit der Stoffe, Waffen und Viktualien, die Trachten der dahinströmenden Menge gesehen hat, der wird es bald einsehen, dass die im Abendlande berühmten Bazare Konstantinopels so blutarm an orientalischen Charakterzügen sind.

Ich war wirklich beim ersten Anblick beinahe verblüfft, meine Augen konnten sich an dem seltenen Schauspiele kaum satt sehen; es war ein Lärmen, ein Toben, ein Schreien, welches ich noch nie gehört hatte und als wir in jenen gewölbten Raum eintraten, wo gegen dreissig Kupferschmiede rüstig an Kesseln arbeiteten, konnte ich mich vor Verwunderung kaum halten, da ich bemerkte, dass eben hier inmitten dieses Höllengetöses zwei Kinderschulen abgehalten wurden, die in einem leeren Gewölbe improvisirt waren. Der Lehrer, mit einer langen dünnen Gerte, wahrscheinlich um auch die in der letzten Reihe Sitzenden treffen zu können, sass in der Mitte der in Form eines Halbmondes gruppirten Zöglinge und obwohl ich mich einige Minuten dicht am Gewölbe hielt, so war es mir doch nicht möglich eine einzige Silbe zu vernehmen. Lehrer sowohl als Schüler hatten vom Schreien aufgeblasene Wangen gleich Truthühnern, die Adern standen heraus, doch behauptet man, sollen erstere die falsche Betonung eines oder des andern arabischen Wortes (denn Lektüre und Studium ist der Koran) unterscheiden können. Wahrlich eine Thatsache, die mir unbegreiflich ist.

Wenn mich der Anblick des Bazars schon freudig überraschte, so war dieses bei einem kleinen, schmucken Karavanserai, den wir bezogen, noch mehr der Fall. In der Türkei und in Arabien sind es überall die schmutzigen Chans, auf die der Reisende stösst; hier in Persien jedoch, wo auf Kommunikation seit undenklichen Zeiten viel verwendet wurde, begegnet man in den Karavanseraien wirklich derartigen Hospices, die, was den Orient betrifft, wenig zu wünschen übrig lassen. Diese Gebäude sind grösstentheils inmitten der Bazare gelegen, bestehen aus einem regelmässigen Viereck, dessen jede Seite i eine gewisse Anzahl von Zellen eingetheilt ist. Die ein-

zige halbrunde Oeffnung, die als Thür sowohl, wie als
Fenster dient, geht auf die um das Gebäude rund herumlaufende terrassenartige Anhöhe, unter welcher sich die
Stallungen befinden, so dass der Reisende, der im ersten
Stocke wohnt, unter sich im Rez de chaussée sein Reitthier aufbewahren kann. Diese Terrasse ist höchstens vier
bis sechs Fuss hoch, führt in den eigentlichen Hof herab,
in dessen Mitte sich ein Bassin, oft von einem kleinen
Blumengarten bekränzt, befindet. So wie die Zellen während des Tages ein kühles Obdach gewähren, so bietet
der Karavanserai im Ganzen genommen bei Tage sowohl,
als bei Nacht den sichersten Aufenthalt für den Fremden. Der unter dem gewölbten Eingange wohnende Dalundar (Portier) ist mit Aufrechthaltung der Ordnung
betraut, er erkennt den zugereisten Fremden schon am
Pferde und Sattelzeug und Jeder erhält eine nach derartiger Schätzung passende Wohnung. Bei Nacht halten
Wächter auf den platten Dächern durch ihr monotones
Rufen die Diebe ferne und sehr selten geschieht es, dass
im Karavanserai ein Diebstahl verübt wird.

Da diese Lokalitäten auch manchmal einheimischen
Kaufleuten als Wohnungsort und Verkaufsladen dienen,
so ist das Leben darin fast immer ein bewegtes zu nennen. Bei Tage tummelt sich die geschäftige Menge in
den Gewölben, in den mit Waarenballen angehäuften
Hofräumen herum, hier kommt ein langer Zug von Kameelen oder Maulthieren an, dort zieht ein anderer aus,
Hausierer, Bettler, Mollahs, Kinder, Weiber kreuzen
sich fortwährend und wenn man inmitten dieses Wirrwarrs den am Fenster der Zelle mit seiner Wasserpfeife
beschäftigten Perser ruhig dasitzend sich vorstellt oder
neben an eine unter wilden Gestikulationen feilschende

Menge, so wird man vom Treiben in den Karavanserjien sich einen schwachen Begriff machen können. Da ich eben vom Feilschen der Perser gesprochen habe, so muss ich hinzufügend bemerken, dass diese heissblütigen Ostländer, was die Kunst der Ueberredung betrifft, selbst die Chinesen übertreffen. Ich hatte gleich am ersten Tage Gelegenheit zu hören, wie ein Wollhändler seine Waare, die ihm der entdeckten Fehler wegen zurückgegeben wurde, auf's Neue demselben Käufer anbot. Die Parabel, mit welcher er die Weisse, die Feinheit, die Zartheit und sonstigen Vorzüge des Artikels anrühmte, würden selbst einem Dichter nicht zur Schande gereichen. Er gerieth in ein Feuer durch seine Argumentation, welche selbst den Hartnäckigsten hätte bekehren können. Der ihm gegenüberstehende Perser hörte Alles geduldig an und sprach: „Freund, du hast vollkommen recht mit dem, was du sagst, deine Worte sind, Gott verzeihe mir meine Sünden, so wahr, als der Koran selbst, aber ich kann es nicht glauben. Ein anderer mag deine Waare so finden, wie du sie beschreibst, für mich aber ist sie fehlerhaft und ich muss sie dir zurückgeben." Die Schwüre, die Betheuerungen, die man gegenseitig auf das eigene Leben, auf das Leben der Familie, auf das Diadem des Königs, auf die Unschuld Fatimas, auf die Heiligkeit Husseins, Alis etc. bei jeder Kleinigkeit verschwendet, sind wahrlich unglaublich und um in Persien ungeschoren aus einem Handel zu kommen, muss man wirklich ein Perser sein.

(8. Juni.) Um von dem am nächsten Tage eintretenden Kurban Bairam-Feste an unserem Aufbruche nicht gehindert zu werden, verliessen wir schon den zweiten Tag gegen Abend Choi und kehrten im Dorfe Seid Had-

schi Aga ein, dessen Einwohner sämmtlich Seids, d. h.
Abkömmlinge des Profeten waren. Diese Herren, die
aus Stolz auf ihre Abkunft die Unverschämtesten in
Persien sind, geberden sich überall besonders den Fremden vis-à-vis mit einer Arroganz, die Jeden aus der
Fassung bringen muss. Wenngleich noch so reich, betteln sie doch überall. Nicht Almosen verlangen sie,
sondern Tribut, den man ihnen als Abkömmlingen des
respektiven Chefs des ganzen Islam schuldig wäre.
Unter dem Mantel der Heiligkeit begehen sie oft die
grössten Verbrechen, dem Volke fällt es jedoch immer
schwer, sie zur Rechenschaft zu ziehen, aber die Behörde
ist nicht so skrupulös und man erzählte mir hier, dass
der Gouverneur von Tebris zum Schrecken aller Welt
einen Seid, der einen Raub begangen hatte, zum Verbrennen verurtheilte. Die Mollahs machten Einwendungen, doch der Gouverneur sprach: „Wenn er ein wahrer
Seid ist, wird er ohnehin nicht verbrennen" und gab
den Schuldigen den Flammen preis.

Da wir spät anlangten, mussten wir in einem leer
gefundenen Schafstalle übernachten. Die wenigen Stunden Ruhe, die wir dort zubrachten, kamen uns übrigens
sehr hoch zu stehen, denn als wir den nächsten Morgen
bei den ersten Lichtstrahlen uns gegenseitig ins Gesicht
sahen, bemerkten wir, dass wir voll von grossen rothen
Flecken waren. Diese bedeckten auch die übrigen Theile
des Körpers und waren Folgen der nächtlichen Besuche,
mit denen uns die Schafzecken, die ältern Insassen unseres Nachtquartiers, beehrten. Sowie ich selbst heute
über den festen Schlaf mich wundere, von dem mich
und meine Gefährten die Bisse der Insekten nicht stören
konnten, so mag es auch der Leser thun; doch ein mehr-

stündiger Ritt wirkt Wunder, was die Einschlummerung betrifft, und den auf der Station angelangten müden Reisenden mögen nur Skorpionen aus der Ruhe stören können. (9. Juni.) Von diesem Dorfe ging der Weg immer bergauf über felsigen Boden und manchmal durch sehr schmale Schluchten, doch die Strassen sind hier schon geebneter und besser besorgt als in der Türkei. Eben diese Strecke bergauf hatte, wie ich hörte, ein reicher Zuckerhändler aus Choi auf eigene Kosten aus Wohlthätigkeit herstellen lassen, und solche Fälle sind nicht selten in Persien. Wohlhabende Menschen, die ein gutes Andenken an sich hinterlassen wollen, spenden oft Tausende zur Ebnung einer Strasse, zur Erbauung eines Karavanserais oder Brunnens, und viele Erleichterungen in der Kommunikation Irans verdanken ihren Ursprung dieser schönen alten Sitte. Die Sonne war noch nicht aufgegangen, als wir die Höhe erreichten. Es war ein plattes, mit Wiesen und Aeckern ziemlich versehenes Stück Land. Am linken Ende hob sich die Sonne aus dem Purpurmeere der Morgenröthe empor; ich ritt langsam, meine Augen an dem schönen Naturspiele weidend und gross war meine Ueberraschung, als ich rechts umherblickend gerade am jenseitigen Fusse des Berges einen reizenden See mit dem schönsten azurblauen Gewässer und einigen phantastischen Inseln sich vor mir erstrecken sah. Es schien mir, als ob das Ganze zauberartig emporgetaucht wäre, und bevor ich noch meine Karte befragen konnte, hörte ich schon von meinen Gefährten, dass dieses der schöne Urumia-See wäre, auch anders Derja-i Schahi (das königliche Meer) genantn. Dieser See, von allen Seiten mit hohen Bergen umgeben, deren Spitzen zu dieser Jahreszeit noch mit Schnee bedeckt waren, war wirklich unbeschreiblich schön und ich muss wiederholend bemerken, dass das tiefe, sehr tiefe Blau der in den Morgenstunden noch schlafenden Oberfläche mir nirgends im Oriente mehr vorkam. Schon drei Wochen hatte ich kein Meer gesehen, kein Wunder daher, wenn mir dieser Anblick den Euxinus und den malerischen Bosporus in Erinnerung brachte.

Der Weg abwärts ist noch steiler als aufwärts und führt bis auf $^{1}/_{2}$ Stunde weit vom Ufer. Von hier lenkten wir links und nachdem wir eine ziemlich gut bebaute Gegend, die aber an vielen Orten mit Soda bedeckt war, durchschritten hatten, hielten wir bei hoher Mittagsstunde im Dorfe Schchva an. Es wurde eben hier das Kurban Bairanfest gefeiert, doch ist die Bevölkerung hier so arm, dass wir nur mit schwerer Mühe Brod zu kaufen bekamen, an Fleisch oder andere Viktualien aber war gar nicht zu denken. Den nächsten Tag (10. Juni) gingen wir nach Dize Halil, durch einen zumeist mit salzigem Boden bedeckten Strich Landes. Rings herum ist die Natur arm und das Auge kann sich nur an dem fernen Urumia-See ergötzen. Den 11. Morgens ging es endlich durch eine sumpfige von Kanälen durchschnittene Strecke Landes über Majin nach Tebris, der Hauptstadt Azerbajdschans, der grössten Handelsstadt Irans und einstweiligem Endziel meiner Reise.

Tebris, die im Mittelalter hochberühmte Stadt Irans, die ehemalige Residenz der Helagiden und anderer tartarischer Fürsten, bot, von der Ferne aus gesehen, eben so wenig Ueberraschendes dar, als Choi. Durch die mit reichen Gärten versehene Umgebung schimmerte nur hie und da die blaue Kuppel einer verfallenen Moschee, die hohe nackte Ruine eines ehemaligen prächtigen Gebäudes und wäre es nicht der qualmartige Dampf, der die Atmosphäre über der Stadt verdichtet, so hätte der Ankommende gar nichts, woran er diese zweite Stadt in Persien aus der Ferne erkennen könnte. Je näher wir derselben kamen, desto schwüler und drückender wurde die Luft und wenn gleich die persischen Reisegefährten mich durch die Ethymologie des Wortes Tebris (Fiebervertilger) vom überaus gesunden Klima der Stadt überzeugen wollten, so wurde es mir doch unendlich bange, als wir zwischen den hohen Lehmmauern der Gärten und Ruinen, wo die Hitze eine unerträglich starke war, beinahe 1½ Stunden hinziehen mussten, bis wir das Innere erreichten.

IV.

Als wir durch die labyrinthartigen schmalen krummen Gassen unsern Weg nach dem Bazare nahmen, konnte ich mir trotz aller Frische der Einbildungskraft in diesem immensen Haufen von Schutt und Ruinen auch nicht das kleinste Bild jenes alten Tebris vorstellen, welches der Sage nach von der Gemalin des berühmten Harun er Raschid gegründet, zu seiner Zeit mit Rhages wetteiferte und zu dessen Verschönerung Gazan Chan so viel beigetragen haben soll. Von der ehemaligen Pracht der mogulischen Residenz konnte ich keine Spur mehr entdecken und nur der Ruf der merkantilen Wichtigkeit dieses Ortes im Alterthume wurde mir ein wenig einleuchtend, als ich durch die noch immer imposanten Bazare langsam hinzog. Was ich in Choi gesehen, ist zu dem Bazarleben von Tebris nur ein kleines Miniaturbild. Hundertfach ist hier der Lärm, das Geschrei und Getöse und nicht umsonst ist es noch heute die grösste Handelsstadt Irans, was die Bazare, verglichen mit andern gleichartigen Gebäuden dieses Landes, am glänzendsten beweisen können. Da man mir vorschlug mein Absteigequartier im Karavanserai Emir, dem schönsten und geräumigsten, zu nehmen, so hatte ich beinahe eine Stunde durch die Bazare zu ziehen, bis ich jenen erreichen konnte. Als Neuling in derartigen Szenen wurde mir vor der an vielen Orten dichten Menge, den hin und herkreuzenden langen Zügen der bepackten Maulthiere beinahe unheimlich zu Muthe, ich glaubte auf jedem Schritte eine gefährliche Kontusion, einen Stoss entweder zu erhalten oder zu versetzen und wenn ich mich erinnere, wie im derartigen Wirrwarr die wildbrüllenden Derwische vor mir hertanzend ihre scharfen Aexte in die Luft schleuderten, um sie wieder aufzufangen, so muss ich es jetzt noch als ein Wunder ansehen, wie ich als Unerfahrener trotz alles Gaffens und Wunderns unversehrt im vorhergenannten schönen Karavanserai ankam.

Meine armenischen Reisegefährten liessen mir eine bescheidene Zelle geben und da sie am Ziele ihrer Bestimmung angelangt waren, trennten sie sich bald von mir mit dem Versprechen, mich am nächsten Tage in ihrer Vaterstadt herumführen zu wollen. Der Abschied fiel mir schwer, denn ein Reisegefährte im Osten wird nach längerem Zusammensein wie ein Verwandter betrachtet und ich musste den Schmerz des Scheidens um so mehr empfinden, da ich in diesen guten Leuten nicht nur Reisegenossen, sondern gutmüthige Mentors auf meiner ersten Strecke in Asien gefunden hatte. Als sie sich entfernten, blieb ich bis spät Abends vor dem Eingange meiner Zelle sitzen, theils von der Mattigkeit zurückgehalten, theils aber in Bewunderung des seltsamen Lebens, das sich um mich herum zeigte. Der Landessitte gemäss umschwärmte mich bald eine Menge der Neugierigen, der Eine hielt mich für einen Kaufmann und bot mir seine Waaren an, der Andere für einen Geldwechsler und fragte, ob ich keine Imperials oder Kopeken zu wechseln hätte, der Dritte, nach meinem Kostüme urtheilend, hielt mich für ein der teheranischen

Gesandtschaft zugetheiltes Mitglied und bot mir seine Dienste an, und es ist wahrlich ermüdend, was der Neuangekommene in einem persischen Karavanserai von diesen ewig regen Spekulanten zu ertragen hat. Erst in den Abendstunden, als es allmälig stille wurde, konnte ich mich der Ruhe erfreuen. Da ich bis jetzt mit Armeniern zusammen menagirt hatte, so war es heute der erste Abend, an dem ich mit Bereitung des Nachtmahles mich selbst beschäftigen musste. Ich wollte mir die Mühe ersparen und versuchte den in ganz Persien berühmten Tebriser Tschilau (Reisspeise) mit einer Portion Lule Kebab (Rohrbraten), d. h. auf einer dünnen Ruthe aufgespiesstes gehacktes Fleisch, welches in Fett gebacken wird, doch fand ich diese Speisen zu schwer und griff schon den zweiten Tag zu meinem mitgebrachten einfachen Küchenapparat, um mir selbst zu kochen, und obwohl die ersten Proben der kulinarischen Kunst nicht besonders glückten, so waren doch die Speisen, die ich mir selbst bereitete, schmackhafter und der Gesundheit vortheilhafter. Drückender war für mich die Einsamkeit während des Abends, doch die Leutseligkeit meiner persischen Nachbarn half mir auch darüber hinweg und die Kenntniss der Sitten und Sprachen des Landes verschaffte mir bald überall Freunde.

In Tebris blieb ich vierzehn Tage, weil ich erstens von den Mühen der zurückgelegten Strecke mich gänzlich erholen wollte, zweitens um mich durch einen längern Aufenthalt in dieser zweiten Hauptstadt Persiens sowohl über die Eigenthümlichkeiten des azerbajdschanischen Dialektes, als auch über die frappirenden Spezialitäten der schiitischen Sekte so viel als möglich zu unterrichten und dass ich hierauf bezüglich viel Neues und Interessantes erfuhr, ist leicht begreiflich. Mehrere Jahre lang ununterbrochen in sunnitischen Kreisen lebend, haben allzuerst die Verschiedenheiten der Religionsverhältnisse, die ich hier antraf, meine Aufmerksamkeit am meisten in Anspruch genommen. Schiiten sind Protestanten des Islams, hörte und las ich oft, der Ruf ihrer Industrie und geistigen Superiorität liess mich wirklich derartiges vermuthen, doch wie gross war meine Ueberraschung, als ich gleich den ersten Tag auf allen Schritten einen wildern Fanatismus, eine grellere Hypokrisie als in der Türkei antraf. Die Verschiedenheit der Interpretation des Korans, der Umstand, dass der Islam Persiens mehr getrennt blieb von westlichen Elementen, als der Islam der Türkei, sind Ursache, dass die schiitische Sekte die am meisten sich widersprechenden Begriffe über Frömmigkeit im Allgemeinen aufbewahrt, Ursache, dass trotz aller zur Schau getragenen Heiligkeit eine innige Religiosität weniger existirt, als bei andern Bekennern des Islams. Sehr frappirte mich zuerst die Enthaltsamkeit der Perser, den Europäern sich zu nähern und das Gesetz, nach welchem sie, falls ein Ende ihres Kleides das Kleid eines Europäers berühren sollte, für nedschis (unrein) sich halten und sogleich ins Bad gehen müssen, sie, von den ich unter anderm z. B. folgenden Zug gleich am ersten Tage sah: In der Mitte des Karavanserais ist hier, wie überall, ein Bassin ursprünglich für die frommen Waschungen bestimmt, und während in einer Ecke des Wasserbeckens einer seine schmutzige Wäsche auswusch, ein anderer halb gegerbte Häute reinigte, ein Dritter ein unmündiges Kind an verschiedenen Theilen des Körpers reinwusch, sah ich auf der andern Seite Leute, die mit grosser Andacht mit demselben Wasser ihre Waschungen vornahmen, ja in einem Winkel hockte sogar ein Durstiger nieder und schlürfte aus beiden Händen das grünlich dunkle Nass in anscheinender Extase. Ich konnte mich nicht enthalten ihm ein mächtiges „Pfui!" zuzurufen, doch der Perser wandte sich um, schalt mich einen Unbelehrten und fragte, ob ich denn nicht wisse, dass nach dem Scheriat (heiliges Gesetz) eine Quantität Wasser, die mehr als 120 Halbe enthalte, blind sei, d. h. unempfänglich für Befleckung und Beschmutzung. Und diese Leute sind der Meinung, dass die Berührung eines, wenn gleich allerreinsten Europäers sie schwer beflecken würde!

Ich rede von Fanatismus und wie sollte ich nicht jenes wunderbaren Derwisches erwähnen, der, zufälligerweise hier durchreisend, in dem Bazar alle Welt zur Bewunderung hinriss und als originelle Erscheinung mir stets unvergesslich bleiben wird. Dieser Mann, durch und durch überzeugt von der Gerechtigkeit der Ansprüche Ali's als ersten Chalifen, hatte vor 30 Jahren schon, wie ich hörte, ein Gelübde gethan, während seines ganzen Lebens seine Sprachorgane zu nichts anderem gebrauchen zu wollen, als zur Ausrufung der Worte „Ali, Ali", indem er, wie er meinte, hiemit als eifrigster Parteigänger des vor mehr als 1000 Jahren verewigten Chalifen sich zeigen werde. In seinem Hause, denn er war verheiratet, sprach er zu Frau und Kindern, zu Freunden und Verwandten nur „Ali, Ali", wenn er essen, trinken oder was immer begehren wollte, rief er „Ali, Ali", wenn er auf dem Bazar etwas erbetteln oder kaufen wollte, rief er „Ali, Ali", wenn man ihn mishandelte oder belohnte, rief er „Ali, Ali" und in neuerer Zeit stieg sein Eifer so hoch, dass er den ganzen Tag zu Pferde wie ein Besessener die Strassen durchrannte, einen Stab hoch in die Lüfte schwang und wild ausrief: „Ali, Ali," dass dieser Mann gleich einem halben Heiligen verehrt wurde, wird man sich wohl einbilden können. In einer Stadt angelangt, ging er in die Stallungen des Reichsten und Grössten und auf ein zweimaliges „Ali Ali"-Rufen bekam er ein wohlgesatteltes schönes Pferd, schnell schwang er sich auf dasselbe, durchritt alle Strassen wild brüllend: Ali, Ali! Sein Kostüm war entweder ganz weiss oder ganz grün, selbst der Stock variirte nach diesen Farben. Und als wenn ich ihn jetzt vor mir sehen möchte, wie er vor dem Thore des Karavanserai Emir stehen blieb und in diesem fürchterlichen Bazargetümmel mit einer Gewalt, die ihm alle Adern an Kopf und Hals anschwellen machte, mit wild feurigen Augen „Ali, Ali" rief. Unbeschreiblich war meine Verwunderung als ich einmal diesem sonderbaren Manne fünf Minuten gegenüber sass. Er schwieg, doch hatte eine dreissigjährige Gewohnheit ihm die Lippen derartig gestaltet, dass man selbst wenn er nicht sprach, die Worte „Ali, Ali" aus seinem Munde hervorkommen zu sehen glaubte.

Nachdem ich einige Tage in Tebris wohnte, fing es mir an klar zu werden, wie sehr ich im orientalischen Elemente lebte und wie das ferne Stambul, dieser buntgemalte Vorhang der östlichen Welt, nur ein trügliches halb europäisirtes Bild des Orientes liefert. Der Orient mit allen seinen Ueberraschungen gefiel mir wohl für den ersten Anblick, doch sehnte ich mich bald nach abendländischem Leben zurück und gross war meine Freude, als ich in demselben Karavensarai in der Person der Herren Würth und Hanhardt biedere Deutsche aus der Schweiz und feingebildete Europäer erkannte. Sie

drangen in mich meine Wohnung bei ihnen zu nehmen,
doch lehnte ich dieses ab, nahm aber dafür die oft angebotene Gastfreundschaft an ihrer Tafel in Anspruch.
Durch sie ward ich auch mit andern hier wohnenden
Europäern bekannt und es that mir unendlich wohl,
wenn ich nach einer langen Konversation in abendländischen Sprachen über abendländische Zivilisation plötzlich wieder in persischer Gesellschaft zum Effendi mich
metamorfisiren konnte. Dieser Uebergang von der
einen Gesellschaft zur andern war mir auch in Stambul
angenehm, hier jedoch bot er mir besondere Reize dar.
Die persische Welt staunte wohl über mein inniges Verhältniss zu den Europäern, doch weiss man, dass Sunniten, für deren respektives Mitglied ich gehalten wurde,
nicht so strenge sind gegen die Berührung mit Anders-
gläubigen, wenigstens machte mir niemand einen Vor-
wurf darüber. Während meine europäischen Freunde
mir gewisse Landesverhältnisse oder Sitten nach ihrer
eigenen Auffassung mittheilten, sah ich dieselben bald
wieder im Lichte der Eingebornen vorgestellt und wenn
gleich der Leser meine zweideutige Rolle mir als Untu-
gend anrechnen sollte, so muss ich doch gestehen, dass
ich gerne diesen Tadel ertrage für den Genuss des wahren Einblickes in Sitten und Leben des Landes, für den
Vorrath an Erfahrungen, den ich über östliche Völker
vom Bosporus bis Samarkand gesammelt habe.

Viel Interessantes hörte ich hier über Bochara und
über einige europäische Reisende, die auf ihrem Wege
dahin diese Stadt passirten. Der damalige englische
Konsul Mr. Abbot, ein Bruder des berühmten Capt.
Abbot, der die Strecke von Herat nach Chiva machte,
erzählte mir manch seltsames Abenteuer, das seinem

Bruder begegnet, und ohne ein besonderes Hehl daraus zu machen, bezweifelte hier Jedermann die Möglichkeit meinen vorgenommenen Plan auszuführen. So gross waren die Schwierigkeiten einer Reise nach Mittelasien nach ihrer Aussage. Auch hörte ich von dem originellen Doktor Josef Wolf, dem Baireuther Pabste, wie ihn ein ironischer Kritiker nannte, gar manche drollige Geschichte. Dieser Josef Wolf hatte, wie meine vaterländischen Leser wissen, nicht nur Bochara zweimal bereist, sondern, wie er behauptete, ein jedesmal mit apostolischem Eifer den dortigen Chan und alle frommen Özbegen zum Christenthum zu bekehren versucht. Dieses letztere, welches nur seinen gottesfürchtigen anglikanischen Freunden glaubwürdig erscheint, will ich durchaus bezweifeln, doch dass er in Bochara zweimal war, ist eine Thatsache und um so mehr Wunder, da er einer der furchtsamsten Menschen und dabei der nöthigen Landessprachen unkundig war. Was ihm in den Augen der fanatischen Mohamedaner am meisten half, das war seine extreme Nonchalance im Anzuge, sein auffallender Hang zum Schmutze, mit einem Worte sein treues Prototyp eines echten Derwisches. Er wurde auch überall der Derwischi frengi (europäischer Derwisch) genannt und da man im Osten sich von der letztgenannten Klasse der Menschen gar vieles sagen lässt, was ein anderer über die Lippen nicht bringen darf, so hörte man auch von Doktor Josef Wolf oder Mollah Jussuf, wie man ihn dort nannte, Alles geduldig an. So soll er den englischen Gesandten Obrist Sh..., der ihn dem Könige von Persien vorstellte, in eine nicht kleine Verlegenheit dadurch gebracht haben, dass er dem Regenten aller Schiiten gleich bei seinem Eintritte in den Audienzsaal, als dieser ihn um sein Befinden fragte, mit einem Bekehrungsversuche zur christlichen Religion antwortete. Ja, sein apostolischer Eifer, dessen er sich überall selbst rühmt, soll ihn sogar damals nicht verlassen haben, als ihn ein Haufen Kurden in Chorassan mitten im Winter ausraubte und, aller Kleider entblösst, auf der freien Steppe à la merci eines wild brausenden Herbstwindes einige Stunden lang stehen liess. Der begeisterte Missionär soll, wie er selbst sagt, zähneklappernd nicht um Nachsicht gefleht haben, sondern halb erfroren predigte er den wilden Kurden (natürlich in englischer Sprache) the holy Gospel (die heilige Bibel). Wunder! sie waren bekehrt und liessen ihn laufen. Nicht minder wirkte er Wunder unter den Turkomanen. Einmal wurde er für eine alte Hose verkauft, ein anderesmal tauschte man ihn für einen lahmen Esel ein, doch er konnte immer seinen Herrn eines Bessern bekehren (ich wiederhole es, ohne der Sprache mächtig gewesen zu sein), er erhielt seine Freiheit und erreichte Bochara. Hier hielt er in vollem kirchlichen Ornate mit offener Bibel seinen Einzug, doch begnügte sich der eben so fanatische als wilddespotische Nasrullah Chan damit, ihm eine gewaltige Furcht einzujagen; seine Offiziere erpressten ihm beträchtliche Summen Geldes und liessen ihn dann laufen. Wie mir meine Freunde in Tebris erzählten, hatte eine fromme Damengesellschaft (denn bei den Damen Englands stand er in besonderer Protektion) ihm hieher eine ganze Kiste mit feinster Wäsche zugeschickt, deren er auch wirklich bedurfte. Demungeachtet konnte man ihn von den zahlreichen Thierchen, die er aus Mittelasien mitbrachte, nur schwer befreien. Auch die Geschichte seiner drolligen Zerstreutheiten ist wirklich höchst komisch. Wenn man ihn nach vieler Ueberredung in sein Zimmer zurückschickte, damit er die Wäsche wechsle, kam er eine halbe Stunde später in dem frühern Zustande zurück und man entdeckte bald, dass er das Hemd aus Vergessenheit in den Sack gesteckt habe und es später anstatt eines Schnupftuches gebrauchte. Ein anderesmal bestieg er Sonntags in frommer Kongregation die Kanzel und hatte aus Vergessenheit anstatt seines Rockes einen Damenmantel umgehängt. Ja, vieles ist über ihn geschrieben worden, aber noch mehr liesse sich erzählen, denn Dr. Wolf war eine seltene und bewunderungswürdige Erscheinung in jeder Hinsicht.

Die ersten Tage meines Aufenthaltes in dieser grossen persischen Handelsstadt vergingen mir recht schnell und angenehm und der stete Wechsel zwischen europäischer und asiatischer Gesellschaft bot mir genug der Zerstreuung dar. Hiezu kamen noch zwei andere Umstände, nämlich ausserordentliche Festlichkeiten, die während meines Aufenthaltes hier abgehalten wurden und denen ich als Theilnehmer beiwohnen konnte. Die erste feierliche Installirung des neuernannten Veli Ahds (Thronfolgers) zeigte mir in vollem Masse die persische Etiquette und Prunksucht. Muzaffar-ed-din Mirza, der neunjährige Sohn des Königs, der der Landessitte gemäss schon in frühester Jugend zum Thronfolger bestimmt und als solcher als Gouverneur dieser reichen Provinz fungirte, sollte eben dieser Tage mit dem königlichen Ehrenkleide Chalat auf feierliche Weise öffentlich dazu installirt werden. Die ganze Stadt war in grosser Bewegung. Die Festlichkeiten sollten mehrere Tage hindurch dauern und ich war wirklich höchst gespannt, als ich am ersten Tage durch die von einer grossen Menge umstandenen Thore des Ala Konak (hohe Residenz oder fürstliche Wohnung) in die innern Höfe eindrang, wo das eigentliche Zeremoniell stattfinden sollte. Welch' bunte Masse, welch' Schmutz und Reichthum, welch' Stolz und Elend bietet sich nicht dem Auge hier auf einen Anblick dar! In der gedeckten Halle vis-à-vis dem Eingange sassen die Hohen: der Prinz, die Priester und ersten Offiziere der prinzlichen Haushaltung. In dem Antlitze eines Jeden malte sich ein unaussprechlicher Ernst, die Körperhaltung in den faltenreichen Kleidern, das wichtige Gebaren mit den Händen, die stolze Bewegung des Hauptes, ja Alles zeigte mir hier, dass die Osmanli nicht die einzigen sind im Oriente, die zu Feierlichkeiten sich anschicken können. Rings um den Hof herum war ein doppeltes Spalier von Serbaz (Soldaten) aufgestellt, lauter armselige Gestalten in europäischen Uniformen und persischen Pelzmützen. Es schien, als ob man die Kleider mit Heugabeln auf sie geworfen hätte, am lächerlichsten aber nahmen sich die Halsbinden aus; der eine hatte sie vorn, der andere auf der Seite, der dritte sogar rücklings gebunden und die Knöpfe, lieber Herrgott! Einer hatte drei unten vergessen, der andere drei oben! Nichts Komischeres als ein Haufe persischer Soldaten in europäischem Kostüm! Und erst, wenn sie präsentirten. Der Ruf geschah zwar auf einmal, doch hört man eine halbe Stunde nach einander immer die Waffen klirren, denn wenn der in der letzten Reihe Stehende beim Kommandoruf zufällig in ein Gespräch vertieft war, so ist er doch so gewissenhaft, wenn gleich eine Viertelstunde nach dem Ausrufe „präsentirt" sich seiner Pflicht zu entledigen. Eine ganze Seite des Gartens war mit Zuckerhüten, verschiedenen persischen Zuckerbäckereien und Süssigkeiten angefüllt, welche auf Riesen-Kondschas (Holztassen) aufgestellt sind und bei Festlichkeiten in Persien nirgends fehlen dürfen. In der Mitte erhob sich der Thron, auf welchem der neunjährige schwache, bleich aussehende Prinz mit einer ernsten, schwer wichtigen Miene Platz nahm, während sein reiches Gefolge um ihn herum sich schaarte. Als er sich niedersetzte, ertönte ein mächtiger Kanonendonner, die Soldaten-Musikbande gab einen dreimaligen Tusch und es erschien der königliche Bote mit dem Ehrenkleide, um ihm solches als ein Zeichen seiner neuen Würde öffentlich anzulegen. Nach dem Akte der Umhängung folgte die Anheftung des Brillantordens Schir-ü Chorschid und sodann wurde aus einem kostbaren Teppich das auf Leinwand gemalte königliche Portrait enthüllt. Bei diesem erhob sich die ganze Gesellschaft, der Prinz küsste es ehrfurchtsvoll, und nachdem es wieder zugedeckt worden war, setzte er sich nieder. Auf's Neue starker Kanonendonner, auf's Neue betäubende Fanfare der Militärmusik. Nun erschien ein hoher Priester, der Gottes Segen erflehte, hierauf wurde der königliche Befehl laut vorgelesen und es erschien ein Dichter, der dem Throne gegenüber gestellt wurde und ein Lobgedicht (Kaside) zur Verherrlichung des Neuernannten vorlas. Die Art des Deklamirens war mir neu und überraschte mich mehr als der bombastische Inhalt des Gedichtes selbst. Der junge Prinz wurde bald einer zarten Rose, bald einer strahlenden Sonne verglichen, bald einer theuern Perle, die, aus dem Meere der königlichen Familie gefischt, nun als Solitaire der Krone Irans verkündet wurde, bald hingegen nannte er ihn einen mächtigen Helden, der Armeen mit einem Schlage vertilgt, vor dessen

Blick Berge zittern, vor dessen Zornesgluth Flüsse versiegen, ja mit einem Worte solche Metaphern wurden angewendet, die das arme Kind, wenn es sie ganz verstanden hätte, vor sich selbst hätten zittern machen müssen. Nachdem der neu ernannte Thronfolger zu den unter der Halle versammelten Grossen sich begab, wurden die kolossalen Holztassen mit Süssigkeiten mit verschwenderischer Freigebigkeit unter die Gäste vertheilt. Der Zeremonienmeister drückte hierauf jedem der Gäste persönlich den Dank aus für die Ehre des Besuches und die Feierlichkeit war zu Ende.

Die zweite der vorerwähnten Festlichkeiten war der Empfang des italienischen Gesandten Cerutti, der mit einer aus fünfundzwanzig Personen bestehenden Mission hier durch nach Teheran passirte. Die Italiener, deren Absicht es war mit Persien Handelsverträge zu schliessen, hatten Konstantinopel lange vor meiner Abreise verlassen, sie wählten den Weg über Poti und Tiflis, da einige der Kavaliere es vorzogen lieber auf einer russischen Droschke sich in Stücke rütteln zu lassen, als sich den Beschwerden einer Reise im Sattel auszusetzen. Wenn die Nachricht ihrer Ankunft daher den hiesigen Gouverneur oder dessen respektiven Stellvertreter Serdar Aziz Chan, so wie auch die ganze persische Beamtenwelt in freudige Spannung versetzte, sich der leidenschaftlichen Prunksucht bald hingeben zu können, so war es besonders die kleine europäische Kolonie, der das Erscheinen der Stellvertreter des neuen Königreiches eine wahre Freude verursachte. Um an dem Empfange Antheil zu nehmen, schloss ich mich daher auch letzteren an. Am frühen Morgen eines heissen Junitages wurde zwei Stunden vor der Stadt entgegen geritten und als wir ankamen, fanden wir die ganze Mission eben mit der Umkleidung beschäftigt. Man wollte sich den Persern in vollem Kostüme zeigen und es dauerte ziemlich lange, bis die grosse Galatoilette von 25 Europäern, die der Diplomatie, dem Militär-, Kaufmann- und Gelehrtenstande angehörten, zum Einzuge in die Stadt fertig werden konnte. Die Sonne war schon hoch und die Hitze wahrlich unerträglich, als die Herren in ihren reichverzierten Uniformen, die Brust mit Orden geschmückt, gefiederten Helmen und prächtigen Schwertern die Thore der Stadt erreichten. Mir war der Anblick europäischen Lebens im fernen Asien ein besonders angenehmer, ich mischte mich unter die persischen Zuschauer, um ihr Urtheil zu hören und war nicht im mindesten verwundert, dass der ganze Aufzug nur einige Bemerkungen des Hohnes und Spottes hervorrief. Was wir prachtvoll nennen, ist den Orientalen lächerlich und eben so umgekehrt. Am meisten unästhetisch scheinen den Morgenländern unsere kurzen, am Körper eng anliegenden Kleider; nach ihren Begriffen ist alles Voluminöse, Faltenreiche, stark Dünkende eben so schön, als das Dünne, Unansehnliche nur einen armseligen Eindruck machen kann. Nach ihren auf Prüderie und falsche Keuschheit basirten Grundsätzen müsste man gewisse Theile des Körpers wie möglich verbergen und verhüllen, bei den Europäern treten eben diese in klaren Konturen hervor und werden nothgedrungen nur den Widerwillen des Orientalen erregen. Auch die gezwungene militärische Haltung zu Pferde missfällt ihnen, welchem ich auch beistimme, denn ein seine Brust wild hervorstreckender europäischer Reiter ist eine wahrhafte Karrikatur gegenüber dem mit Anstand und doch stolz sitzenden Reiter im Osten.

Uebrigens war es eine Höllentour, die die neu angekommenen Europäer am Tage ihres Empfanges zu bestehen hatten. Um die Schaulust des Volkes zu befriedigen, wurden sie auf entsetzlichen Umwegen beinahe zwei Stunden in der Stadt herumgeführt, bis sie zu ihrer Wohnung gelangten. Auch hier hatten sie keine Ruhe, denn die Schwärme der Gratulanten, die Haufen der Diener, die Geschenke überbrachten, um dafür noch fettere zu erhalten, peinigten sie während der ersten drei Tage hindurch. Ich glaube nicht zu irren, wenn ich sage, dass keiner der heissblütigen Italiener, die sonst dem Gepränge nicht abhold sind, sich während der Sommermonate in Persien andern feierlichen Aufzügen gerne angeschlossen hat. Da mitten in diesen Festlichkeiten das ewige Besuchabstatten und Besuchannehmen, Gastmähler, Ausflüge und Soiréen gar nicht enden wollten, beschlich mich langsam die Lust meiner Weiterreise nach Teheran. Tebris mag für den, der die Handelsverhältnisse Irans studirt, von hohem Interesse sein, denn obwohl am westlichen Ende gelegen, so fliessen dennoch die Handelsstrassen von Jezd, Schiras, Ispahan, von Mittelasien, Chorassan, Irak, als auch von Bagdad und Kirmanschah hier zusammen. Kaufleute, die nicht genug Mittel haben, um den Einkauf westlicher Erzeugnisse in Konstantinopel zu besorgen, betrachten Tebris als Stapelplatz der abendländischen Kommunikation, von wo aus die eigentlichen Strassen über Erivan, Tiflis oder über Erzerum zum schwarzen Meere gehen. Heute ist in Folge der alten Sitte der Verkehr durch türkisches Territorium, trotz aller Beschwerden, trotz aller Unsicherheit trotz aller jämmerlichen Nachlässigkeit der türkischen Behörden dennoch grösser, als durch das russische Gebiet. Doch wird dies nicht lange dauern. Russland, das durch seine projektirten Eisenbahnen zwischen dem schwarzen Meere und kaspischen See Persien Europa näher bringen wird, wird seinem alten Rivalen hiedurch einen gefährlichen Streich versetzen. So wie überall, ist auch im Oriente eine Handelsstrasse die mächtigste Lebensader und während die schläfrigen Effendis am Bosporus nur im aufsteigenden Tschibukqualme die Bilder einer schönern Zukunft zu entdecken sich bemühen, arbeitet der eiserne Arm des nordischen Kolosses mit historisch berühmter Unermüdlichkeit in jeder Richtung zum Verderben seines südlichen Nachbars, zum Verderben, das früher oder später, aber gewiss eintreffen wird.

Da der Weg vom Innern Persiens nach Tebris von einer ununterbrochenen Reihe Karavanen und kleinerer Reisegesellschaften wimmelt, so wollte ich von hier der Landessitte gemäss allein, nur in Begleitung des Tscharvadars, wie die Miether der Reit- und Lastthiere hier genannt werden, meinen Weg nach der Hauptstadt fortsetzen. Ich miethete daher für ein bescheidenes Sümmchen einen noch bescheidnern Klepper, auf dem sowohl ich als meine Reiseeffekten geladen wurden und Lebewohl sagend der gastfreundlichen europäischen Kolonie, verliess ich Tebris am 25. Juni einige Stunden nach Sonnenaufgang. Die zwei Wochen, die ich hier verlebte, hatten wohl einerseits mich tiefer in den Orient hineingebracht, anderseits aber durch Berührung mit Abendländern in mir die Erinnerung an europäisches Leben wieder aufgefrischt. Die Trennung war daher ziemlich schwer, doch macht die Idee eines festen Vorhabens die eingetretenen Episoden bald vergessen und als ich zwei Tage in Gesellschaft des Tscharvadars, der auch auf einem bepackten Thiere ritt, auf der ziemlich belebten Strasse dahinzog, verschwanden auch bald diese letzten Vorposten der abendländischen Welt im Nebel der Vergessenheit. Hinsichtlich Tebris hatte ich meine Neugierde befriedigt und meine Phantasie fing nun an mit dem fernen Bilde der Hauptstadt zu spielen. Die Hauptstadt, die Residenz des Hofes, der Sammelplatz der Grossen, Reichen und Gelehrten dieses merkwürdigen Landes, musste im völligen Bewusstsein einer Täuschung doch noch Reize genug haben und wenngleich die immer unerträglicher werdende Hitze der vorgerückten Jahreszeit, das Monotone der Szenerie, die ärmliche Art, in der ich reisen musste, mich zu keiner besondern Entzückung berechtigten, so waren es dennoch der Reiz der Neuheit, die ewig frische Lust des Reisens und Vorwärtskommens, die mich geistig und körperlich kräftigten und die ungewohnte Lebensweise mir so angenehm machte, wie sonst nie zuvor. Ja, ich war höchst vergnügt, höchst zufrieden mit all den Eventualitäten, die einem Reisenden mit sehr beschränkten Mitteln zustossen, vergnügt, weil ich gleich am Anfange bemerkte, dass zum Reisen in dem Oriente, wenn man Charakter und Sitten des Landes studiren will, nichts vortheilhafter sei, als eben Beschränktheit in Mitteln, nichts sicherer gegen alle Gefahren, als ein kleiner Ranzen und ärmliche Kleider.

Unsere europäischen Touristen, unsere Gesandtschaftssekretäre und Attachés, die bei ihrer Rückkehr nach Europa mit dem Berichte ihrer Erlebnisse entweder im Kreise der glänzenden Salons oder sogar in der Literatur auftreten, werden lachen über diese meine Behauptung, sie mögen mir die Fabel der Katze mit dem Fleische vorwerfen, doch muss ich gestehen, dass ihre Bemerkungen über Sitten und Leben der orientalischen Völker und ihre Anschauungsweise mich mehr zum Lachen bewegen. Im Oriente, wo Alles, selbst im zartesten Kindesalter nur auf Verstellung gegründet ist, wo alle Wahrheit als langweilig, als geschmacklos, als unvortheilhaft vermieden wird, kann man umsonst sein Auge mit dem Glase der schärfsten Einsicht bewaffnen, denn man wird der Täuschung nur schwerlich entgehen. Um etwas zu sehen und zu lernen, muss man in dem Volke und mit dem Volke leben, ob seine Existenz gut oder nicht gut, muss man sich ihm in Allem anpassen und anschmiegen, denn nur vor einem Unbedeutenden und Unangesehenen wird sich der Orientale im wahren Lichte zeigen.

V.

Ich habe meine Leser von Trapezunt angefangen bis nach Tebris mit genauen Berichten meiner Reise von Station zu Station gelangweilt, ich wollte blos ein Echantillon jener Arbeit liefern, nach welcher so manche Reisende aus dem trockenen Inhalte ihrer Tagebücher die zurückgelegten Strecken mittheilen. Doch weiss ich, dass dieses, selbst wenn man über die gewandteste Feder verfügt, dem Leser alles, nur nicht angenehm ist. Kleinliche Erlebnisse mögen dem erhitzten Gemüthe eines Touristen wohl gefallen, der Leser im Allgemeinen jedoch zieht die verkürzte und verdichtete Erzählung vor, daher wir auch auf der weitern Strecke bis Teheran nur die nennenswerthen Orte, die bedeutenden Abenteuer registriren wollen.

Wenngleich ich beim Aufbruche mich nur in Gesellschaft des Tscharvadars befand, so fehlte es mir, Dank der Belebtheit der Strassen, doch selten an einigen oder mehreren Begleitern. Bald schloss ich mich einer Truppe auf einer Strecke von einigen Stunden, bald einigen Reisenden für mehrere Tage an, hie und da machte mich das wilde Aussehen eines unbekannten Reisegefährten wohl argwöhnisch, doch war die Armuth mein sicherstes Geleite und die zum Schutze der allernöthigsten Effekten oder, wie meine Freunde in Tebris mir sagten, zur Vermehrung des Ansehens mitgenommenen Pistolen und

Flinte flössten mir stets genügenden Muth ein. Perser, Türken und Araber, oder Angehörige welcher Nationalität oder Religion immer, wurden gleichfalls in kurzer Zeit mit mir innig vertraut. Auf der Station suchte ich stets das bescheidenste Nachtquartier auf und nach der Uebung von einigen Tagen hatte ich mich in die Manier des allein Reisenden so hineingelebt, dass ich die früher unentbehrlich gehaltene Gesellschaft gar nicht vermisste.

Zwei Tage, nachdem ich Tebris verlassen hatte, übernachtete ich im Dorfe Turkmantschaj. Dieser Ort ist historisch berühmt wegen des Friedensschlusses, welcher dem letzten persisch-russischen Kriege von 1826—1828 ein Ende machte, in welchem der russische General Paskievitz den begabten persischen Prinzen und Thronfolger Abbas Mirza mehreremal auf's Haupt schlug und von Iran die zwei nördlichsten Provinzen Nachtschevan und Erivan wegnahm, welche heute als die indischen Vorposten der russischen Macht dem Distrikte Transkaukasien einverleibt sind. Man zeigte mir das Haus, ja selbst das Zimmer, wo dieser berühmte Akt unterzeichnet wurde, dessen wesentliche Punkte folgende sind: a) Persien überlässt an Russland die beiden Chanate von Erivan und Nachtschevan und zahlt noch darüber 20 Millionen Rubel an Kriegskosten. b) Das kaspische Meer, welches die Perser als das ihrige betrachteten, darf in der Zukunft nur von russischen Fahrzeugen befahren werden und die persische Flagge darf sich dort nirgends zeigen. c) Der Schah erlässt eine allgemeine Amnestie zu Gunsten Aller (und ihre Zahl war eine ziemlich beträchtliche), die während des Krieges Russland Hilfe geleistet haben und garantirt ihnen das Recht der Auswanderung während der Dauer eines Jahres. d) Russische

Unterthanen können in Persien Grundeigenthum erwerben, ohne dabei der lokalen Behörde subordinirt zu sein. (Dieses ist bisher von keinem mohamedanischen Reiche gestattet und in der Türkei können es unsere Vertreter trotz überwiegender Macht des Westens noch nicht erwirken.) e) Russische Gesandte können in der Zukunft am persischen Hofe nach der eigenen Landessitte gestiefelt und gespornt erscheinen und müssen nicht die Schuhe ablegen, wie dies die persische Etikette früher erforderte. f) Die im Frieden von Gulistan an Russland abgetretenen Orte am westlichen Ufer des kaspischen Meeres, die die Perser wieder zurückgenommen haben, sollen wieder an Russland zurückgegeben werden.

Es war ein schmählicher und erniedrigender Friede für Persien und der Hof von St. Petersburg rächte genügend die Gewaltsamkeiten, die Nadir Schah an ihm verübte. Uebrigens war der moralische Sieg dieses glücklich geendeten Feldzuges noch weit erspriesslicher, als die praktischen Vortheile desselben. Jeder Bauer, Zeitgenosse dieses Krieges, pflegt, sobald man darüber zu sprechen anfängt, nur mit grösster Achtung und Lobeserhebungen der russischen Disziplin und Gerechtigkeitsliebe zu erwähnen und wenngleich seine schiitische Majestät als Beschützer der geliebten Sekte sich geltend machen will, so pflegt man doch immer, wenn von individueller Glückseligkeit die Rede ist, jeden Perser zu beneiden, der seit dieser Zeit unter russischer Herrschaft steht. Von Turkmantschaj bis nach Miane ereignete sich mir nichts Besonderes, mit Ausnahme eines kleinen Schwankes, der mir während der Mittagsraststunde in einem vereinzelten Karavanserai zukam. Ich habe schon erzählt, dass die Schiiten überall, wo ich als Sunnite auftrat, von mir Nuschas (Talismane) verlangten. Auch hier präsentirte sich unter Andern ein sunnitischer Seid, der, nachdem ich ihm einige Sätze aus dem Koran auf ein Stückchen Papier geschrieben, auch noch eine Pfeife Tabak von der starken Sorte, die mir meine Freunde in Tebris gegeben, zum Geschenke verlangte. „Seid, du bist den schwachen Kurdistaner gewöhnt, sagte ich ihm, mein Tabak wird dir nicht wohl thun!" Doch der grünhäuptige Zelot fuhr immer fort und ich gab seinen Bitten Gehör. Doch kaum hatte er seine kurze Pfeife gestopft und einige Züge more patria getrunken, als ihn ein mächtiger Schwindel überfiel. Er wurde todtenblass, bekam starke Erbrechungen und hinaus eilend in den Hof schrie er: „der Sunni, der Sunni hat mich vergiftet, o Schiiten eilet zu Hilfe. Ich rannte ihm nach. Hier lag er auf dem Boden von einigen Persern umgeben und ich muss mir wirklich noch jetzt Glück wünschen, dass meine beredsamen Entschuldigungen mich vor einem Unfalle sicherten

In Miane selbst, welches im 10. Jahrhundert noch eine bedeutende Stadt war, heute aber ein elender Flecken ist, brachte ich eine Nacht in nicht besonders angenehmem Zustande zu. Wie ich hörte, ist dieser Ort die Heimat jener giftigen Wanzen, Meleh genannt, die den Fremden durch ihren Biss sehr häufig tödtliche Wunden beibringen. Sie sollen meistens in alten verfallenen Gebäuden zu finden sein und der von ihnen Gestochene kann sich nur dadurch retten, dass er drei Monate lang weder Fleisch noch Salzspeisen, sondern nur Süssigkeiten geniesst. Später habe ich wohl das Lügenhafte dieser ganzen Fabel erfahren und bin auch davon überzeugt, damals hatte mich das Gespenst der Meleh doch die ganze

Nacht verfolgt und ich konnte kein Auge schliessen. Ausser diesem Insekte ist Miane noch wegen der zahlreichen feilen Dirnen berühmt, die von allen Seiten des Landes hieher strömen und den durchpassirenden Reisenden ihre Reize anbieten. Zwei meiner Reisegefährten, mit denen ich zusammen einkehrte, konnten den Versuchungen nicht widerstehen und ich war höchst erstaunt, als gegen Abend zwei harpienartige Gestalten, grotesk bemalt und bekleidet, erschienen und bald darauf auch der Priester folgte, der die Siga (provisorischer Ehekontrakt) las, denn, wunderbar genug, wird dieser schmähliche Verkehr hier noch für gesetzlich gehalten. Priester und Hetären theilen den Erwerb. In Gesellschaft von Zechern und Musikanten wurden nicht ferne von meinem Lager die schändlichsten Orgien begangen und wie mir, der von Melchs und Zechgelage auf einmal gepeinigt wurde, zu Muthe war, wird man sich leicht denken.

Mit Ungeduld den heranbrechenden Tag erwartend, zog ich den nächsten Morgen über den Berg Kaflankuh ohne alle Begleitung weiter. Der Weg war ein ziemlich steiler und beschwerlicher, ebenso auch der jenseitige Abhang, an dessen Fuss der schöne Fluss Kizil uzun vorüberzieht, über den eine gute Steinbrücke führt. Die Gegend schien mir durch Verschiedenheit der Szenerie, besonders aber durch den Anblick des Flusses, den der Reisende in Persien so sehr vermisst, eine besonders liebliche und ich konnte nicht widerstehen mich in dem Schatten einer nahegelegenen Ruine, Kalc-i Duchter (Jungfernburg) genannt, niederzulassen und mein bescheidenes Frühstück in Begleitung eines guten Trunkes Flusswassers zu geniessen. Als ich eben so ganz allein daliegend die Ankunft meines zurückgebliebenen Tscharvadar abwartete, wurde ich durch das plötzliche Erscheinen einer alten Matrone überrascht, die mit leutseliger Miene sich mir näherte und mich in solch vertraulichem Gespräche über das Ziel meiner Reise, über meinen Stand befragte, als wenn eine jahrelange Bekanntschaft sie dazu berechtigt hätte. Nachdem sie merkte, dass ich ein schrift- und koranbewandertes Individuum sei, zog sie den Leinwandschleier von ihrem stark gerunzelten Gesichte weg, und erzählte mir eine gar sonderbare Geschichte über das wunderbare Dämchen, die diese Festung gegründet, über ihr Liebesverhältniss und tragisches Ende, ein europäischer Romanschreiber hätte hier ein prächtiges Sujet finden können, doch ich bin auf meiner fernern Reise mit vielen derartigen Episoden regalirt worden und weil sie alle auffallende Aehnlichkeit mit einander haben, so habe ich auch keine einzige mir tief in den Sinn eingeprägt.

Bald darauf kam auch mein Begleiter an und bemerkte mir, dass wir nun die Grenze Azerbajdschans verlassen haben und in Chamse eingetreten wären, ein Distrikt Irans, welches den arabischen Namen Pentapolis, von fünf nahe aneinander liegenden Städten erhalten hat. Chamse ist nach Azerbajdschan meist berühmt wegen Fruchtbarkeit seines Bodens, welcher Vorzug aber in den ersten zwei Tagen mir keinesfalls ins Auge fiel, denn sowohl die Station Zendschan als die nächste Nikbeh sind armselige Dörfer, die nur von den durchziehenden Karavanen leben und von Agrikultur und blühenden Gärten ist nirgends eine Spur, wenigstens nicht von den Strassen aus zu bemerken. In Nikbeh hatte ich Gelegenheit zuerst einem Tazie oder Schebih, wie es hier genannt wird, d. h. jener religiös-theatrali-

schen Vorstellung beizuwohnen, in denen die Schiiten zum
Arger ihrer sunnitischen Brüder sich so sehr ergötzen.
Es gibt zahlreiche Gesellschaften dieser Künstler. Die
grössern und geschicktern debutiren in den Städten,
die minder berühmten auf dem Lande und so war auch
das Personale, das ich heute sah, eine von der letztern
Kategorie. Sie erhielt en compagnie 25 Dukaten von
einem reichen Einwohner von Nikbeh, der zur Erbauung seiner Religionsgenossen sich zu diesen Kosten
herbeiliess. Sie repräsentirten die beliebte Tragödie
Husseins und da wir über die Tazies bald ausführlich
reden werden, so genüge hier zu bemerken, dass der
erste Eindruck dieser, mit tief kläglicher Stimme gesungenen schönen Lieder, die nicht ganz zu verachtende
Kunst der Tragiker, die tiefe Bewegtheit der ganzen
Menge, das Schluchzen der Weiber, ja selbst das Weinen
der Kinder mich beinahe selbst zu Thränen gerührt
hatte.

Da ich von hier nur noch sechs Stunden nach Zendschan, der Hauptstadt des letzterwähnten Distriktes
hatte, so machte ich mich noch vor Tagesanbruch auf
den Weg, um in kühler Morgenstunde die Stadt zu erreichen. Langsam dahinreitend schloss sich mir bald
ein, seinem Aeussern nach zu urtheilen, dem Gelehrtenstande angehöriger Perser an. Ich war sehr erstaunt,
dass er ohne irgend eine frühere Bekanntschaft mich
gleich mit dem Titel Effendi anredete. Gesprächig, wie
alle Perser sind, hatte er in einer halbstündigen Konversation der Gegenstände gar viele berührt; er erzählte mir,
dass er Arzt wäre, also kein Mollah, und auf der Rückkehr vom Besuche einiger Patienten, die er in der Umgebung habe. Bald darauf folgte auch sein Diener mit

einem reichbepackten Maulthiere, dessen Last, bestehend aus gedörrten Früchten, Getreide und andern in Naturalibus bezahlten Honorarien, als Ertrag seiner ärztlichen Kunst nun heimgeführt wurde. Auf der ganzen Strecke erzählte mir der beredte Aeskulap von nichts Anderem, als von seinen Wunderkuren, immer sein Erstaunen ausdrückend, dass die Frengis sich erkühnen hier in Persien mit ihrer medizinischen Kunst aufzutreten, in Persien, der Heimat Ali Ben Sinas (Avicenna), wo es noch heute so viele gelehrte Schüler des grossen Bokrats (Hipokrates) gebe. Er bemerkte ganz naiv, dass es ihm gelungen wäre, durch seine Amulets und Talismane seltene Wunderkuren zu produziren und wenn ich den sonst belesenen und rationellen Mann sprechen hörte, wie er Teufel verjagte, unfruchtbare Frauen fruchtbar machte, Stummen, Blinden und Tauben Stimme, Gesicht und Gehör zurück gab, und dieses Alles durch einige kabbalistische Worte, konnte ich mich wirklich des Staunens nicht enthalten und hatte die Gewissheit, dass er selbst überzeugt sei von dem, was er sprach.

Von Medizin gelangte er zur Beschreibung der Stadt Zendschans, deren Merkwürdigkeiten und letzte Begebenheiten, von welchen das meine Aufmerksamkeit am meisten fesselte, was er mir als Augenzeuge von der Revolution und dem Strassenkampfe der fanatischen Sekte der Babis erzählte, einer Sekte, von der wir in unserer Reise von Mazendschan ausführlich sprechen werden, und die hier eine bedeutende Rolle spielte. Als wir von dem mit Ruinen dicht bedeckten Aeussern der Stadt Zendschan ins Innere uns begaben, wurde mir jeder Punkt als ein Schauplatz der Heldenthaten jener Wildbegeisterten gezeigt. Hier soll Einer gegen 40 ge-

kämpft, dort soll eine übernatürliche Gestalt sich gezeigt
haben; es war des Ausserordentlichen gar viel, das er
über die Babis wusste, doch so viel schien mir gewiss,
dass der Kampf hier ein harter war, denn obwohl schon
mehrere Jahre seit den Wirren vergangen, so trägt Zendschan doch noch starke Spuren derselben. Auf meinem
Wege zum Karavanserai fielen mir am meisten die in
der Stadt an vielen Orten erhobenen langen Stangen
mit schwarzen Flaggen auf. Es war die ersten zehn Tage
des Monats Moharrems, während welchen man im ganzen Islam sich besonderer Festlichkeiten enthält, hier
aber in der Schiitenwelt hält man sich schon einen Monat früher in Trauer und beschäftigt sich blos mit Fasten,
Elegienrezitirung und Tazie-Beiwohnung. Die Stangen
bezeichneten jene öffentlichen Orte, wo letztgenannte
theatralische Vorstellung gegeben werden soll und sind
auch in den Nachmittagsstunden von einer grossen Masse
der Frommen umgeben. Alle Welt sprach von einem
berühmten Sänger, der in der Rolle Ali Ekbers sich aus-
zeichnend, heute bei der Tazie des Gouverneurs debutiren sollte und man kann sich leicht denken, dass ich,
kaum im Karavanserai angekommen, nichts sehnlicher
wünschte, als derselben beizuwohnen, da die Zeremonie,
welche ich im kleinen Nikbeh gesehen, meine Neugierde
im höchsten Grade erweck'e.

Der Menge mich anschliessend, gelangte ich bald in
den Hof des Gouverneurs, in dessen Mitte sich eine 6 Fuss
hohe viereckige Terrasse, hier Saku genannt, erhob, um
welche herum auf hohen langen Stangen Tiger- und Pan-
terhäute, stählerne und lederne Schilde, schwarze Fah-
nen und nackte Schwerter aufgehängt sind, mitunter auch
einige Lampen zur Beleuchtung der nächtlichen Vorstel-

lung. Dies ist die eigentliche Bühne. Während auf der linken Seite den geräumigen Hof entlang die Frauenwelt Platz nahm, wurde die andere Seite von den Männern eingenommen. Der Taziegeber aber selbst, nämlich der Gouverneur mit seiner Familie und den Vornehmen der Stadt, sah dem Schauspiel vom ersten Stocke aus zu. Alles war in tiefe Trauer gehüllt, Alles machte eine düstere, unbeschreiblich trübe Miene.

T a z i e.

Bevor das eigentliche Stück beginnen sollte, stellte sich ein Derwisch von verwirrtem Aussehen, welches wahrscheinlich dem unmässigen Genusse von Opium zuzuschreiben ist, auf die Bühne mit einem gewaltigen Rufe: Ja Mu menin! (oh, ihr Rechtgläubigen) und es war augenblicklich stille. Er fing ein langes Gebet zu rezitiren an, in welchem er die Tugenden, Heldenthaten der schiitischen Grossen hervorhob und in eben solch hyperbolischen Ausdrücken die Laster und die Bosheit der sunnitischen Welt schilderte. Als er zu den hervorragendsten Männern der letztern Sekte kam, rief er: „Brüder, diesen wolltet ihr nicht fluchen, diese nicht verdammen? Ich sage Fluch den drei Hunden, den Usurpatoren Abu Beke, Omar und Osman!" Er blieb stehen und die ganze Versammlung hob an einstimmig mit bischbad, bischbad (noch mehr sei es, noch mehr sei es) seine Flüche und Verwünschungen zu betheuern. Er ging weiter, er fluchte Ajeschah, der Frau des Propheten, er fluchte Moavie, dessen Nachfolger Jezid, Schamr und allen notorischen Feinden des Schiismus. Bei jedem Namen blieb er stehen und bei jedem Namen donnerte von der Menge ein gewaltiges bischbad entgegen. Darauf fing er an in einer schwulstigen Lobrede den Schah, die jetzigen Ulemas Persiens und den Gouverneur zu preisen und als er geendet, verliess er in höchster Aufregung die Plattform, schnell der Menge zueilend, um sein Honorar für den dargethanen Eifer zu erhalten. Dies war der Prolog. Es erschienen bald auf der Bühne mehrere mit Tüchern vermummte Gestalten, die theils im Chor, theils abwechselnd eine Elegie sangen, um die Menge zu erweichen und zum erhabenen Spiel vorzubereiten. Dieses begann mit dem Auftreten Imam Husseins, der, von seinen Weibern und Kindern umgeben, jene Szene repräsentirte, als er auf seinem Wege nach Kufa, wohin ihn eine kleine Zahl der treuen Anhänger berief, von den Truppen Jezids umgeben, von Durst gepeinigt, die Qualen seiner lechzenden Familie mit Trostesworten besänftigen will. Im Hintergrunde erhebt sich indessen der Thron des Chalifen Jezids, der, im vollen Ornate dasitzend, seiner gepanzerten Umgebung die grausamsten Befehle gegen Hussein und die Seinigen ertheilte. Ali Ekber, der jüngste Sohn Husseins, gerührt von den Qualen des Durstes, die seine Aeltern und Geschwister auszustehen haben, schlägt vor trotz der sie umringenden Feinde an das nahe Ufer des Tigris sich zu begeben um Wasser zu holen. Eltern und Angehörige widerlegen ihn in den zärtlichsten Ausdrücken und den wärmsten Liebkosungen. Die Bitten der schreienden Mutter, das Flehen des Vaters sind höchst rührend und man kann sich vorstellen, wie das Schluchzen der unglücklichen Schaar von der Zuschauermenge beantwortet wird. Besonders waren es die Weiber, die so bitterlich weinten und schrien, dass mir mehrere Worte des wirklich schönen Dialogs entgingen. Ali Ekber lässt nicht nach, die

Mutter fällt in Ohnmacht, doch ermannt sie sich bald, sie will ihren Sohn als Helden sehen und betet für sein Heil. Der Vater gürtet ihm selbst das Schwert um, er besteigt das Ross und kaum war er einige Schritte um den Saku herumgeritten, als von der Schaar Jezids ein gewaltiger Reiter sich aufs Pferd schwingt und ihn unter den bittersten Invektiven verfolgt. Der Kampf wird heftig, die Szene interessant, die Spannung vermehrt sich immer mehr; endlich erreicht der Reiter den heldenmüthigen Jüngling, Hiebe regnen auf Hiebe, das Blut (eigens dazu bereit gehalte rothe Farbe) strömt Ali Ekber von allen Seiten herab und ein Zetergeschrei ertönt aus der Mitte der mit zerknirschtem Gemüthe den Ausgang abwartenden Familie. Ali Ekber sinkt zusammen, er wird als halbe Leiche vom Pferde auf die Bühne getragen und als Mutter, Vater und Geschwister über seine klaffenden Wunden herfallen, als sie elterliche Thränen statt Balsam in dieselbe träufeln, da hat das Auditorium den Gipfel seines Klagens erreicht. Die Weiber fangen an die Brust zu schlagen, man streut sich Sand und gehacktes Stroh (anstatt Asche) als Zeichen der Trauer aufs Haupt und man ist wirklich in solcher Ekstase, in welche ein Publikum durch den grössten Tragiker europäischer Kunst nie versetzt werden kann. Durch den Anblick des sterbenden Sohnes wird das Feuer Husseins entflammt. Auch er begibt sich zu Pferde, er will den Tod seines Kindes rächen, wird aber bald von Schamr, einem Reiter, der jezidischen Truppe angehörig, verfolgt und tödtlich verwundet. Das Erscheinen seiner Leiche macht das Weinen und Klagen noch heftiger. Sie wird neben die seines Sohnes gelegt und mit schwarzen Tüchern zugedeckt. Es folgt bald darauf ein

grosses Gemetzel, in welchem die übrigen Mitglieder des
sehr geliebten Hauses fallen. Alle liegen der Reihe nach
ausgestreckt auf der Bühne, und während die frommen
Zuschauer in Thränen gebadet vor Grauen und Widerwillen kaum auf die Bühne hinzublicken wagen, entfernen sich die Schauspieler und die Tragödie ist zu Ende.
    Dieses war ein Stück. Das zweite, das darauf folgte,
sollte die Aufopferung Isaks durch Abraham vorstellen
und wurde auch ziemlich treu gegeben. Der alte Pa-
triarch, der nach erhaltenem Gottesbefehl sein Kind
liebkoste und küsste, hatte Geistesstärke genug, um es
bald darauf zu binden und auf den Altar niederzulegen.
Er zieht das Schwert, legt die Schärfe auf den nackten
Hals und als er eben schneiden will, erscheint ein Engel
mit zwei Schafen. Das Kind springt auf, die Thiere werden anstatt seiner geschlachtet, aus denen die Schauspieler sich dann ein gutes Nachtmahl bereiten. Sowie beim
ersten Stücke fiel mir auch hier die Geschicklichkeit und
der Ernst der mitspielenden Kinder auf. Man findet
unter ihnen solche, die kaum das sechste Jahr erreicht
haben und dennoch können sie ihre beinahe auf einige
hundert Verse sich belaufende Rolle gut auswendig.
Auch Mimik und Gestikulation ist eine derartige,
die selbst bei uns in Europa nicht getadelt werden
könnte. Das Wunderlichste von Allem ist aber, dass
sämmtliche Rezitate gesungen werden müssen und oft
finden sich Leute mit guter Stimme vor, die besonders,
was klägliche und schwer düstere Töne betrifft, auf
jedwelche Gesellschaft eine tiefe Wirkung ausüben
würde.
    Die Tazies, denen zumeist derartige Stoffe zu Grunde
liegen, werden sehr verschieden repräsentirt. Sie varii-

ren meistens in Auffassung und Reichhaltigkeit der Episoden, als auch in äussern Luxus, je nachdem die Künstlergesellschaft in ihren Rollen besser eingeübt ist oder je nachdem die Veranstalter der Tazie zur Austattung mehr oder weniger Luxus spenden können. Die schönsten Tazies sind unstreitig, die in Teheran am Hofe gegeben werden, wozu von den Gesandtschaften nur die türkische als die einzig mohamedanische geladen wird. Als Gast der letztern war es auch mir vergönnt einer solchen beizuwohnen und die Pracht, die bei einer derartigen Vorstellung zur Schau getragen wurde, ist mir wahrlich unvergesslich. Die Schauspieler waren Alle in die feinsten und theuersten Schawls gehüllt, ihre Waffen waren mit echten Diamanten und andern Edelsteinen geziert. Gefässe waren aus Gold und Silber und wenn wir noch hinzufügen, dass die Repräsentation hier die treueste ist, *) so wird sich Niemand wundern, wenn ich sage, dass beim Anblick eines derartigen Schauspiels in Teheran man sich wirklich in die Zeit des Chalifen Jezid und zwar in seine nächste Umgebung versetzt zu sehen glaubte. So täuschend ist das Ganze.

Ich blieb drei Tage in Zendschan und da Jedermann in dieser frommen Zeit nichts als Religion und religiöse Gefühle zur Schau trug, so hatte ich hier, als ich mich einem eben über religiöse Gebräuche diskuti-

---

*) Was die Täuschung aber bedeutend beeinträchtigt ist, dass Personen beiderlei Geschlechts nur durch männliche Akteure vorgestellt werden, da das öffentliche Erscheinen der Frauen nach dem islamitischen Gesetze verboten ist.

renden Kreise anschloss, die erste Feuerprobe meines sunnitischen Inkognito's zu bestehen. Ein eifriger Taziesänger nämlich warf mir, dem respektiven Osmanli, vor, dass wir zu Hause den Tod Husseins und das Unglück der Aliiten im Allgemeinen nicht nur gleichgiltig auf nähmen, sondern sogar Parteigänger Jezids, Moavies und anderer schiitischen Feinde wären. Ich führte wohl zur Entschuldigung an, dass der zehnte Tag Muharrems als Sterbetag genannten Martirers in der ganzen Sunnitenwelt als Trauertag gelte, hindeutend auf gewisse Wohlthätigkeitsgebräuche, die an jenem Tage in Konstantinopel sowohl, als überall üblich sind; doch der fromme Opernsänger liess sich nicht bekehren. Er holte die schärfsten Argumente hervor und da er ziemlich bewandert in der fraglichen Periode der islamitischen Geschichte war, überdies noch eine Menge Episoden und Anekdoten zur Unterstützung seiner Aussage verwendete, so hatte ich wirklich unendliche Mühe, um mich ihm gegenüber vor einer gänzlichen Niederlage zu bewahren. Uebrigens muss ich bemerken, dass mich hier gleich das erstemal die auffallende Geduld des Persers, in welchem Dispute immer es war, überraschte. Der Türke, welcher Zone und welchen Landes immer, wird es nie erlauben über irgend einen Punkt seines Glaubensartikels einen Disput zu führen, und man würde sich gewiss der grössten Misshandlung aussetzen. Doch der Perser ist hierin ganz anders. Selbst die meist vergötterten Individuen seines Glaubens darf man angreifen, man darf ihre Heiligkeit bezweifeln, man darf ihnen Schmach nachsagen, doch muss man Beweise und Gründe anführen, denn was er behauptet, pflegt selten ohne gewisse Logik und Konsequenz zu sein. Hier hatte mich in

meinem Dispute auffallender Weise noch ein schiitischer
Mollah unterstützt, denn, wie bekannt, sind die Mollahs
sehr aufgebracht gegen alle Taziespiele und wenn sie
gleich, um der öffentlichen Meinung zu huldigen, solchen
beiwohnen, so fahren sie dennoch fort, sie als ketzerische Gebräuche zu verdammen. Es ist die Konkurrenz,
die sie von den der Laienwelt angehörigen Sängern befürchten und da die Kirche überall ihr Scherflein ungestört geniessen will, so musste dieser religiöse Eifer als
Sünde erklärt werden.

Nach einem Ritte von sechs Stunden gelangte ich
von dieser Stadt in das im Mittelalter als eine grosse
Stadt berühmte Sultanie, welches mehreren Fürsten aus
dem Hause Dschingis ein beliebter Aufenthaltsort war,
besonders aber dem Schah Chuda Bende, der sich hier
begraben liess und dessen stolzes Mausoleum auf der
Strasse nach Teheran noch heute den Reisenden in Verwunderung setzt. Die erhabene Kuppel, die Kapelle, die
meisterhaften Arabesken, besonders aber die exemplarisch schöne Sulusschrift, die auf azurblauen Ziegeln
weiss geschrieben an der Wand rund herumläuft, ist von
einer solchen Korrektheit, wie ich keine zweite in ganz
Asien gesehen habe, und wenn gleich die Baudenkmäler
von Herat und Samarkand mich auf meinen fernern
Reisen entzückten, so muss ich doch gestehen, dass Sultanie einzig und allein in seiner Art, in seiner bescheidenen Pracht mir eben so wenig aus dem Gedächtnisse
schwindet. Chuda Bende's Name lebt übrigens auch noch
unter dem Volke. Als ich nämlich Abends von dem Besuche der Ruinen heimkehrte, sagte mir mein türkischer
Gastherr: „Ja, Chuda Bende, das war ein ganz anderer
Fürst, als die jetzigen Kadschars" und im Nu hatte er

Ruinen von Sultanie.

eine Anzahl von Anekdoten zur Bestätigung der grossen Gerechtigkeitsliebe seines Helden. Heute ist Sultanie dadurch berühmt, dass auf der hochgelegenen Ebene seiner Umgebung im Sommer ein weit kühleres Klima herrscht, als anderswo in Iran, und wenn der Schah grössere militärische Revuen abhalten will, so pflegt er sich immer hieher zu begeben. Die angrenzenden Berge versehen die Niederungen reichlich mit Wasser, auch gibt es Gras genug für die Pferde. Doch wenn es auch im Sommer hier angenehm ist, so ist der Winter desto gefährlicher für die Reisenden. Wilde Orkane tummeln sich auf dem Plateau herum, und viele Reisende, ja auch ganze Karavanen haben dort im Schneegestöber ihr Grab gefunden.

Den nächsten Tag ging es von hier nach Churremdere (reizendes Thal), welches, seiner Benennung entsprechend, nur so viel Naturschönheiten hat, dass die Umgebung des Dorfes mit reichern und üppigern Gärten bepflanzt ist als sonst und dass ein breiter Waldstrom, sich mitten durch das Labyrinth der Häuser hinstürzend, auch für Bewässerung der Felder von bedeutendem Nutzen ist. Trotz der erwähnten Vorzüge ist das Holz hier fabelhaft theuer; ich ersuchte nämlich Abends, in der Absicht ein gutes Nachtmahl zu verzehren, meinen Wirth, er möge mir ein Huhn und zwar ein junges zubereiten, erstaunte aber sehr, den nächsten Morgen als Preis des Holzes dreimal so viel zahlen zu müssen, als für das Huhn selbst. „Dein Huhn muss recht alt gewesen sein," bemerkte ich dem Perser. „Ja, du hast recht, Mirza," sagte mir dieser, „leider war es zu alt und das Holz zu jung, nämlich grün, daher die dir auffallende Ungleichheit des Verhältnisses."

Als ich von genanntem Orte über die angurische Gebirgskette nach Kazvin ging, traf ich in den Thälern einige Nomadenstämme, Keikuvan- und Schah-Sevend-Türken, die mit ihren Heerden hier so lange verweilen, so lange das Gras der Wiesen es ihnen gestattet. „Nomaden sind Diebe," sagte mir mein persischer Begleiter, „selbst das Kleinste erregt ihre Habsucht und es wäre besser, wenn wir hier auf eine Begleitung warten würden." Ich achtete dennoch auf seine Vorsichtsmassregeln nicht und hatte auch wirklich statt der gefürchteten Beleidigungen in einigen Zelten Milch und Käse bekommen. Denselben Tag begegneten wir auch zwei persischen Regimentern, die der italienischen Gesandtschaft als Ehreneskorte entgegengeschickt wurden. Ehreneskorte, sage ich, und dennoch hatte der Anblick dieser fürchterlich entstellten Truppe mich derartig überrascht, als wenn ich einige Tausend Lumpen, Vagabunden und Bettler, die man erst vor wenigen Stunden aus dem Gefängnisse entlassen, dahinrennen gesehen hätte. Die Infanterie Irans ist die erbärmlichste, die man sich nur vorstellen kann. Das Alter der Soldaten variirt von 10—60. Oft findet man Vater, Grossvater, Kinder und Enkel unter demselben Regimente stehen und wer diese halb ausgehungerten schmutzigen Leute in den entweder zu kurzen oder zu langen blauen leinwandenen Uniformen, mit oder ohne Schuhe, überall aber mit Strupfen, die oft bis zum Knie hinaufreichen, mit der abgeschabten Mütze, mit dem alten verrosteten Gewehr, von dem entweder der Hahn oder der Ladestock fehlt, neben ihren mit Kleinwaaren (denn Soldaten sind zumeist Kleinhändler und Hausierer) bepackten Eseln einherschreiten nicht gesehen hat, der wird sich schwerlich einen Begriff machen kön-

nen, was die grosse unbesiegbare Armee seiner iranischen
Majestät ist. Als ich mich in ihrer Mitte befand, war mir
wirklich mehr bange, als bei den räuberisch geschilderten Nomaden und ich war höchst froh, als ich auf dem
Abhange eines Berges sie aus dem Gesicht verlor, und
am nächsten Tag das am Anfange der Ebene gelegene
Kazvin erreichte.

Kazvin war auch schon einmal Hauptstadt des Reiches.
Es ist ein im Alterthume berühmter Ort, dem selbst die
Ruinen seiner vergangenen Grösse fehlen. Als ich durch
die reichen wohlgebauten Gärten der Vorstädte ins
Innere der Stadt und zwar ins Karavanserai gelangte,
war es schon ziemlich dunkel und man stelle sich meine
Verwunderung vor, als ich, um nöthigen Proviant einzukaufen, eine gute Viertelstunde umherrannte und keinen einzigen Laden offen fand. „Morgen ist der Todestag
Husseins," rief man mir von allen Seiten zu, „Schiiten
sind gute Muselmanen und zu fromm, um an dem heutigen Tage, an dem Hussein und diese Heiligen so viel
litten, ihr Gewerbe betreiben zu wollen." Nicht wahr,
mein geehrter Leser ist schon beinahe müde vor lauter
Husseinsgeschichten und Trauerfesten; ja auch mir fing
die Geschichte schon an überdrüssig zu werden und
besonders unangenehm war es mir, als ich des Abends
nach einem starken Tagemarsche ohne Brod in meine
Zelle mich zurückziehen musste. Es blieb nichts anderes
übrig als zu betteln, doch ist die Gabe der Perser zu
karg, um den riesigen Appetit eines Reisenden zu stillen
und ich musste diesen Abend mit leerem Magen mich
zur Ruhe begeben. Den nächsten Morgen gelang es mir
endlich sehr heimlich von einem Privatmanne etwas Brod
und gekochten Reis zu kaufen. Ich ging schnell in den

Karavanserai zurück, drang in meinen Gefährten aufzubrechen und als wir unsern Weg durch den Bazar zum Stadtthor nehmen wollten, begegneten wir zu unserm Unglück eben der Prozession der Trauer- und Bussethuer, die an demselben Tage nach herkömmlicher Sitte überall in Persien die Strassen durchziehen, um durch ihr Zetergeschrei und barbarischen Fanatismus die Welt zur Andacht zu bewegen. Andacht, sage ich, doch mag dieses nur im Oriente möglich sein; denn wer diese gleich Besessenen wild umherspringenden Kerle ansieht, von denen einige sich so gewaltig die Brust klopfen, dass sie Blut zu speien anfangen, andere hingegen in der Ekstase sich an vielen Stellen des Körpers verwunden, um durch das reichlich hinströmende Blut die Menge zu bewegen, der wird eingestehen müssen, dass jeder besonnene Mensch eher einen tiefen Abschen als religiöse Erbauung hierin finden wird. Mir wenigstens war so zu Muthe, als ich, in einen Winkel des Bazars zurückgezogen, die tobende Menge, deren Zetergeschrei in den gewölbten Räumen widerhallte, vorbeiziehen sah. Mein Begleiter erzählte mir, dass Kazvin, das fromme Kazvin, sagte er, sich dadurch auszeichne, jedes Jahr an diesem Tage zwei Menschen aus Liebe zu Hussein sterben zu sehen, was mir ganz einleuchtend schien, denn was hier am zehnten Tag Muharrems vorgeht, ist nichts anderes, als eine Episode zu der Selbstverstümmlungslust der Indier oder zum religiösen Eifer der Egypter, die sich am Bairamtage vor der Moschee auf den Bauch niederlegen, damit der hohe Priester mit seinem fetten Pferde über sie hinreite.

Als die Prozession vorbei war, eilte ich, um etwaigen Hindernissen vorzubeugen, schnell durch die Stadt ins Freie. Doch kaum war ich eine Stunde geritten, als die unerträglich brennende Hitze, die in Mark und Bein eindrang, mich in ein nur eine Stunde weit entferntes Dorf einzukehren zwang, in welchem ich während des Tages blieb. Nach Sonnenuntergang musste die versäumte Station nachgeholt werden und wenngleich einerseits Schlaflosigkeit mich peinigte, so war doch der kühle Abendmarsch ein bedeutender Vortheil und es wurde beschlossen die noch übrigen zwei Tagesstrecken auch bei Nacht zurückzulegen. Da eben heller Mondschein war, konnte das Vorhaben desto leichter ausgeführt werden und unbehaglich fand ich nur die nächtliche Stille, die weit umher herrschte, denn obwohl wir hie und da einzelnen Reisenden und kleineren Karavanen, die von Teheran kamen, begegneten, so hatten wir auf unserer Reise dahin dennoch keine passende Gesellschaft gefunden und mussten allein bleiben. Wie schon oft gesagt, hatte ich in Folge meiner beschränkten Mittel und ärmlichen Reiserequisiten gar nichts zu fürchten, doch wird Behutsamkeit beinahe instinktmässig. Die kleinste Bewegung machte mich aufmerksam und da mein Begleiter fest schnarchend hinter mir einherritt, so war diese meine Vorsicht auch nicht überflüssig. Dieses fand ich am besten den nächsten Abend bestätigt, als wir, von der Hauptstadt entfernt, auf einem Feldwege dahinritten. Es war ungefähr Mitternacht, als ich von weiter Ferne erst ein Gerede, bald darauf Galoppschritte immer näher kommen hörte. Meine Flinte am Sattelknopf gestützt, bog ich mich vor, um besser zu sehen und zu lauschen. Es waren drei Reiter, die ihre Gewehre in den Lüften schwingend uns überrumpeln wollten. Ob Spass oder Ernst kann ich selbst heute noch nicht sagen, doch liess ich sie nicht nahe kommen und meine Waffen schussbereit ihnen entgegenhaltend, schrie ich: „Weg aus meinem Wege oder ich feuere euch nieder!" War es die Stimme des fremden Dialektes, oder der nicht persische Anzug, der sie erschreckte, genug, sie zerstreuten sich nach allen Seiten und wenngleich mein Begleiter mir die ganze Affaire als einen Schwank auslegen wollte, so hatte mich doch der Vorfall ziemlich beunruhigt und ich war froh, den nächstfolgenden Abend nur noch eine, nämlich die letzte Station vor Teheran vor mir zu haben.

Das Gefühl, dass ich die persische Hauptstadt erreicht, und an das Ziel meiner ersten Strecke gelangt bin, machte mein Inneres immer mehr bewegt. Ich war immer besorgt über den Eindruck, den ich auf den türkischen Gesandten machen und über den Empfang, der mir von Seite dieses zu Theil werden würde. Da ich in dem Charakter eines Effendi meine Wanderungen antrat, so braucht es kaum gesagt zu werden, dass ich hier in Teheran mein Quartier auch nur beim türkischen Gesandten aufschlagen musste. Ich hatte in Absicht auf diese Gastfreundschaft mir ein warm geschriebenes Empfehlungsschreiben von den Freunden des türkischen Gesandten in Konstantinopel verschafft und da Haider Effendi (dies war sein Name) mir schon früher als ein Mann von leutseligem, redlichem und gutherzigem Charakter bekannt war, so hätte ich wohl gleich am Anfange nur das Beste hoffen können. Ueberdies hatten mich die Effendi's und Pascha's in Konstantinopel als Kuriosum, als einen Sonderling empfohlen, der des ruhigen Aufenthaltes in dem edengleichen Konstantinopel müde, in den Wüsteneien Persiens seine Rekreation suche. Man hatte im Briefe noch ausserdem angeführt, dass mich die bizarre Idee, das Studium der osttürkischen Sprache, nach dem fernen Orient führt, mit einem Worte Alles gethan, um den biedern Haider Fffendi zu überzeugen, dass ich ein Individuum ohne alle politische Wichtigkeit sei und als unschuldiger Fantast seine Protektion verdiene. Wie gesagt, hätte ich des guten Empfanges sicher sein können, doch weil das ganze Gelingen meines Reiseplanes einzig und allein von der Person des Stellvertreters des Sultans abhing, so kann ich heute noch das bange Entgegensehen auf die ersten Stunden mir verzeihen.

Anderseits war ich nicht minder ergriffen von der Idee, dass ich nach einer beinahe zwei Monate langen Tour von Trapezunt bis Teheran, wo ich alle erdenklichen Mühseligkeiten der langwierigen Karavanenreisen mitmachte, nun endlich einige Monate Ruhe mir vergönnen könne. Ja, zwei Monate lang dauerte die Lehrlingsperiode des Reisehandwerks und wenn ich gleich abgemagert, das Gesicht verbrannt und mit Flecken bedeckt hatte, so konnte ich doch, ohne mich dem Laster der Selbstbewunderung hinzugeben, mein Staunen nicht unterdrücken, dass trotz der ruhigen Lebensweise, die ich früher führte, ich nun so lange, ohne meiner Gesundheit geschadet zu haben, im Sattel und noch dazu auf so schlechten Thieren zubringen konnte. Ja, dieser Gedanke erfreute mich sehr. Ich sah hierin die Möglichkeit auch mein ferneres Vorhaben auszuführen und ich kann alle Jene, die über meine Forcetour in Mittelasien sich verwundern, versichern, dass es nur die stufenweise Theilnahme an den Beschwerden und Widerwärtigkeiten eines armen Reisenden, nur die stufenweise Assimilirung mit orientalischem Leben, Sprache und Sitten waren, welche mir zum Gelingen meiner Derwischrolle verhalfen.

In solche Gedanken vertieft langten wir am Ufer des

kleinen Baches von Keretsch an. Ich hatte hier schon einer Menge anderer Reisenden begegnet, die theils noch schliefen, theils ihre Waschungen vornahmen, theils dem Ufer entlang ihre Gebete verrichteten. Es war ein kühler, sehr kühler Sommermorgen, was auf eine um so grössere Hitze des Tages hindeutete. Mir hatte die Neugierde, die Hauptstadt zu sehen, keinen längern Halt vergönnt. Ich wusch mich schnell in den klaren Wellen des Baches, bestieg das Pferd und nahm zum Verdrusse meines Begleiters, der hier wenigstens eine halbe Stunde rasten wollte, meinen Weg zur Hauptstadt Dreimal fragte ich „wo ist Teheran?" denn ich konnte noch keine Spur entdecken. Ich erhielt immer zur Antwort: „Dort!" Und wie sehr ich auch lange, lange auf den gezeigten Punkt meine Augen heftete, so konnte ich doch erst, als wir eine halbe Stunde nahe waren, die an dem Fusse eines Gebirges sich hinstreckende Stadt an der über derselben sich erhebenden gräulichen Nebelwolke entdecken. Mit dem Steigen der Sonne hob sich dieser Schleier, es zeigten sich einige mit grün lackirten Ziegeln bedeckte, bald darauf einige vergoldete Kuppeln und ich sah die Residenz des Königs der Könige, wie sich der Schah zu nennen pflegt, in ihrer nackten Armseligkeit vor mir liegen.

Perser und Perserin.
(Nach einem persischen Originalbilde.)

VI.

Nach dem, was ich über den äussern Anblick der Residenz als auch über die Städte Irans im Allgemeinen gesagt, wird keiner der Leser wohl neugierig sein zu wissen, welchen Eindruck das Innere Teherans auf den Neuankommenden ausübt. Wenn man durch das schmale Thor des aus gestampftem Lehm errichteten Erdwalles, den die Perser für eine eiserne Mauer ansehen, gelangt ist und durch die schmalen, unregelmässigen, winkligen Gassen, deren Mitte von einem Kanal durchschnitten ist, auf dem unebenen, von tiefen Gruben durchlöcherten Trottoir, inmitten der bunten Menge von Fussgängern, Reitern, bepackten Maulthieren und Kameelen seinen Weg sich bahnen muss, wird man trotz des besten Willens von der heutigen Hauptstadt Irans nur ein sehr trauriges Bild entwerfen müssen. Ich habe mir jenen Moment vergegenwärtigt, als ich das erstemal Konstantinopel sah. Welch' gewaltiger Riesenunterschied. Am Bosporus ist wohl auch zwischen Perspektive und Wirklichkeit eine tiefe Kluft. Europäische Reisende können nicht genug ihren Abscheu ausdrücken über das Innere des alten Stambul und dennoch möchte ich es als Paris neben Teheran hinstellen. Die stockhohen Häuser, wenngleich aus Holz, die Fenster, wenngleich vergittert, das Trottoir, wenngleich aus spitzigen Steinen, erinnern dennoch an europäische Städte; hier, wo nur bauschige, aus grauem Lehm geformte Mauern dem Reisenden entgegenstarren, ist es schwer, selbst die Form der Häuser zu entdecken, geschweige sich gar die Idee einer Strasse zu vergegenwärtigen und ich muss wirklich staunen über den österreichischen Geniehauptmann Krezic, der trotz dieser exemplarischen Regellosigkeit dennoch einen Plan der Stadt Teheran entworfen hat. Angenehm war ich daher durchaus nicht überrascht und mit einem Gefühle der Verwunderung und des Widerwillens konnte ich nach mehrmaligem Nachfragen endlich das türkische Gesandtschaftshôtel erreichen. Ich fand es leer. Die anwesenden Soldaten sagten mir, dass der Gesandte sowohl, als auch alle seine diplomatischen Kollegen, so wie überhaupt die vornehme Welt auf das Land gezogen wäre und zwar nach Dschizer, einem kleinen Dorfe am Fusse der nahen Gebirge, die, kühler als die Hauptstadt, unter dem Sammelnamen Schimranat als Sommerwohnungen dienen. Diese Nachricht freute mich sehr, denn dass Teheran während der Sommermonate wirklich unbewohnbar sei, konnte ich gleich am ersten Tage erfahren. Es war eine drückende Schwüle, eine unerträgliche Hitze, wie ich noch keine in meinem Leben empfunden, dazu schien noch die Luft von hunderttausend Miasmen derartig verpestet, dass ich während des ganzen Tages kaum etwas zu geniessen im Stande war, so niederschlagend wirkt dieses Klima auf den Neuangekommenen. Gegen Abend wurde es ein wenig kühler und da ich meinen Begleiter aus Tebris schon verabschiedet hatte, musste ich hier zur Reise nach dem zwei Stunden entfernten Dschizer einen Esel miethen. Als ich anlangte, war es schon Abend. Ich fand einen beträchtlichen Unterschied in der Temperatur. Die Kräfte fingen auf's Neue sich zu beleben an und da ich eben das Gesandtschaftspersonal beim Abendmahl unter einem prächtigen, im Garten aufgeschlagenen seidenen Zelte fand, kann man sich leicht vorstellen, wie wohlthätig auf mich der herzliche Empfang der Effendis und ihre freundliche Einladung zur Theilnahme an ihrem Nachtmahle wirkte. Haider Effendi sowohl, als seine Sekretäre, denen ich, wie schon bemerkt, nicht ganz unbekannt war, betrachteten mich wie einen aus dem Himmel Gefallenen. Hört doch ein Jeder im Herzen des wüsten Iran gerne von der reizenden Stadt am Bosporus sprechen, wie denn erst Türken und noch dazu Konstantinopolitaner. Die Fragen schienen gar nicht enden zu wollen, bis nach Mitternacht musste ich von den neuen Umstaltungen der türkischen Hauptstadt, von dem Anfange der Regierung des Sultans Abdul Aziz, von den paradiesischen Schönheiten des Bosporus, ja von so vielen Eigenschaften des türkischen Lebens sprechen. Ueber den nähern Zweck meiner Reise konnte man mich erst den nächsten Morgen befragen und grosse Augen machten die gastfreundlichen Osmanlis, als sie hörten, dass ich von hier noch weiter und zwar nach Mittelasien zu reisen gedenke, einem Lande, das in ganz Persien als der fürchterlichste Sitz der Rohheit, als die schrecklichste Einöde geschildert wird. Besonders drollig kam mein Vorhaben dem Gesandten selbst vor. Haider Effendi, ein seelenguter Mensch, pflegte mir immer zu sagen: „Von deinen fernern Reiseplänen werden wir noch ausführlicher reden, einstweilen aber bleibe einige Monate hier, besich' Persien und dann kannst du weiter gehen." So sprach er, innerlich aber war er fest überzeugt, dass mir die Lust zum Weiterreisen vergehen und dass ich von meinem abenteuerlichen Vorhaben abstehen werde.

Um von den erlittenen Reisestrapazen mich herzustellen, hatten auch die guten Osmanlis mir alle Bequemlichkeiten zu Gebote gestellt, ich bekam ein eigenes Zelt, einen Diener, ein Pferd und wurde mit einem Worte plötzlich vom armen Reisenden in einen Gentleman umgestaltet. Man stellte mich den übrigen dort anwesenden Gesandtschaften vor, von welchen mir ebenfalls eine warme Aufnahme zu Theil ward. Derartige Güte und Zuvorkommenheit habe ich mir wirklich nicht vorgestellt und ich konnte daher den glücklichen Zufall benützen, um Teheran, die Hauptstadt Irans, mit Musse zu studiren. Bei Reisen in Asien oder im Allgemeinen auf dem Festlande ist es von hoher Wichtigkeit mit Ländern sowohl als Gesellschaften stufenweise sich bekannt zu machen. Wer Mittelasien besucht, thut weit besser, wenn er seinen Weg durch Iran als durch Russland nimmt. Auf letzterer Strecke gelangt man von der russischen Civilisation zu plötzlich inmitten der turkestanischen Welt, auf ersterer hingegen wird man Schritt für Schritt vorbereitet und wer mit Sitten, Lebensweise und Sprache der Perser vertraut ist, wird in Centralasien nur als halber Fremder erscheinen.

Dass mir, der den Orient bis jetzt nur aus Stambul, aus türkischem Leben in der Türkei kannte, hier im Hauptsitze der persischen Civilisation gar Vieles auffiel, wird sich der vaterländische Leser wohl vorstellen können. Den Unterschied zwischen den zwei Nationalitäten, nämlich Türken und Persern, haben wir gelegentlich auf unserer Reise schon mehrmals erwähnt, wir wollen es nun versuchen unsere Beobachtungen in Verschiedenheit des Städtelebens zu skizziren, denn so wie im Orient, mitunter auch im Occident, das Volk die Sitten seines

Herrschers annimmt, wie dies das arabische Sprichwort: „En nas ala dini Mulukuhum" (das Volk bekennt die Religion seines Fürsten) ganz richtig illustrirt, so bietet das Leben in der Residenz ein treues Bild von der Lebensweise des ganzen Landes. Wir wollen beim häuslichen Leben beginnen.

Da werden wir zuerst hinsichtlich der Reinlichkeit frappirt, die in türkischen Häusern ersten und zweiten Ranges fast durchgängig anzutreffen ist, hier aber gänzlich vermisst wird. Der Osmanli verwendet viel Sorge sowohl auf seine innere Haushaltung als auch auf die innern Kleidungsstücke und Hausgeräthe, wozu namentlich Wäsche und Bettzeug gehören. Hier finden wir überall das Gegentheil. Wenn gleich der Perser seine von allen Möbeln entblössten Gemächer mit reichen Teppichen auslegt, wenn er gleich die Wände mit kostbaren Verzierungen versieht, so ist Küche, Speisekammer und der Enderun (wie hier der Harem genannt wird) sehr oft in grösster Vernachlässigung, und so ist es auch mit seinen Kleidern. Leute, die 50, oft 100 Dukaten auf ihre Dschubbe (Oberkleid) verwenden, haben kaum mehr als zwei oder drei Hemden zum Wechseln und Ungeziefer, welches in der Türkei selbst bei der Mittelklasse als verächtlich angesehen wird, pflegt man in Persien in den höchsten Kreisen anzutreffen. Die Toilette des vornehmen Stambulers ist auch weit gesuchter und besser gepflegt, als die des Persers. Erstere können ohne Seife, schneeweisse Handtücher, in deren Fabrikation die Türkei selbst England übertrifft, das Leben sich gar nicht vorstellen, während bei letzteren Seife als überflüssiger Luxusartikel wenig vorkommt und oft habe ich einen hochgebildeten Chan das Schnupftuch seines Dieners als Handtuch gebrauchen sehen, in welchem, nebstbei sei es gesagt, auch die Fleischration des nächsten Frühstücks eingepackt ist. So auch ist das Bad in Konstantinopel und in der ganzen Türkei eine weit bessere Reinigungsanstalt, als unter den Persern. Die mit weissem Marmor getäfelten Amams am Bosporus, das klare Wasser, die reine Badewäsche sind für Jedermann anlockend; hier in Persien haben diese Anstalten einen unausstehlich üblen Geruch, statt mit Wasser sich zu übergiessen, wie in der Türkei, stellen sich die Perser in einem kleinen viereckigen Bassin, oft 20 an der Zahl, so nahe an einander, dass kaum „ein Floh durchspringen könnte," wie mir mein türkischer Freund einmal sagte und obwohl ich es mehrmal selbst versuchte, ein persisches Bad zu nehmen, so hat der heftige Widerwille mir immer mein Vorhaben vereitelt. Was den persischen Gentleman aber trotz aller seiner Prunksucht und luxuriösen Anzüge verächtlich macht, das ist die Färbung mit Hennah, einem gelblichen Pulver, welches aus der Pflanze Lausonia inermis bereitet und in Wasser aufgelöst gebraucht wird. Man stelle sich einen Menschen vor, der seinen schönen schwarzen Bart ziegelroth gefärbt, und zwar so, dass auch die Wangen bis nahe an die Augen angestrichen werden, Hände und Nägel beschmiert, um sich fashionabel zu machen! Diese Mode hat auch noch eine andere schlechte Seite, denn die Farbe verbirgt den Schmutz und ein solch' bemalter Herr oder Dame kann auf einige Tage des Waschens entbehren.

So sind auch die Speisen und die Art des Geniessens derselben in der Türkei weit appetitlicher, als in Persien. Speise ist Geschmacksache und dass man in Iran mit Zucker und Zimmt gekochtes Fleisch und andere höchst bizarre Gerichte isst, wäre nicht als Fehler aufzuzählen, doch bei der Tafel fehlen im Allgemeinen die schneeweissen Haulis (Servietten) der türkischen Häuser und wenn in letztern Gabel und Messer noch fremdartig betrachtet werden, so ist hier in Persien selbst der Löffel noch überflüssig. Die feine Manier, mit welcher der Hausherr das gekochte Huhn mit seinen Fingern zerbröckelt und mit einer gewissen Grazie ein Stück vor seinen Gast niederlegt, die Politesse, mit welcher die Sorbetschale, in der ein Duzend Menschen schon den wild gefärbten Schnurbart gebadet haben, umhergereicht wird, empört selbst die türkische Anschauung von Tafeletiquette und mein Leser soll es nicht für übertrieben halten, wenn ich sage, dass selbst ein Effendi dritten Ranges in jeder Hinsicht viel reinlicher ist, als der an Feinheit der Sitten sich für unübertrefflich haltende persische Fürst und Prinz.

Sittenfeinheit ist, wie der Leser dieses Buches oft erfahren wird, nur in äusserlichen Gestikulationen, in Redensarten, in Umgangsmanieren anzutreffen, hierin übertreffen die Perser wirklich alle Orientalen und ich möchte sagen auch Occidentalen, und die Hauptstadt gibt das non plus ultra Bild dieser Vollkommenheit. Ueber Etiquette in gegenseitigen Besuchen, Korrespondenzen und Konversationen könnte man Bände vollschreiben, Einer will den Andern übertreffen und die hyberbolischen Ausdrücke der Zartheit und Höflichkeit sind um so mehr lächerlich, wenn wir den höchst ungewaschenen Zustand der innern Verhältnisse des persischen Hauslebens kennen. So stehen auch die vornehmen Damen der persischen Hauptstadt, was Grazie und Reinlichkeit betrifft, weit, ja sehr weit hinter den Konstantinopolitanerinen. Beide erscheinen an öffentlichen Orten im vermummten Anzuge, doch ganz anders ist der Eindruck, welchen eine Türkin mit dem halbverschleierten Antlitze, den rauschenden seidenen Hosen, faltenreichen Feredsche (Mantel), schmucken gelben Pantoffelchen neben der förmlich in einen blauen Sack gesteckten, mit zwei bis an die Brust reichenden langen Strümpfen bekleideten, das Gesicht mit einem Leinwand-Vortuch bedeckte Perserin ausübt. Was den Hausanzug betrifft, so sind die Türkinen vornehmen Ranges in den Bildern, welche das Innere des Harems vorstellen, schon oft ein Gegenstand der Verwunderung unserer europäischen Maler gewesen. Der Negligé-Anzug der Perserinen ist weniger bekannt in Europa, doch wird niemand etwas Malerisches darin finden, wenn man eine Dame in Iran bei sich zu Hause barfuss, mit einem kurzen, oft aus zwanzig Ellen bereiteten Kittel, der weit von den Hüften herabhängt, mit einem kurzen bis über die Brust reichenden Hemde, welches den Bauch unbedeckt lassen muss, umherschreiten sieht. Dieses freche Kostüm wird von Jung und Alt getragen und wer an diesen Anblick nicht gewöhnt ist, kann seinen Abscheu nicht verbergen.

Auch das Leben in den Strassen gibt uns einen grellern Kontrast der schroff sich gegenüberstehenden Pracht und Armuth, als an den Ufern des Bosporus. Hier geht selbst der Grossvezier nur in Begleitung von sechs Personen auf die Pforte, andere hochgestellte Offiziere haben höchstens zwei Diener und einen Tschibuktschi, ja man sieht bisweilen auch Minister zu Fuss auf ihr Amt sich begeben; in Teheran ist Alles anders. Während sich in den Gassenwinkeln einige halbnackte Derwische oder

Bettler herumbalgen, reitet plötzlich aus einer andern Ecke der Gasse ein Chan mit seinem immensen Gefolge hervor. Diener mit langen Stäben bewaffnet bilden zwei lange Reihen, oft 40—60 an der Zahl, in deren Mitte der Chan auf einem reich verzierten Pferde mit einer, seltene Wichtigkeit beurkundenden Miene, Kopf und Bart graziös schüttelnd, einherzieht. Das lärmende Auftreten dieser Begleiter, ihr unverschämtes Betragen gegen Alle, die in den Weg kommen, könnte glauben machen, dass ihr Herr einer der ersten Minister wäre. Doch nein! oft ist es blos ein bis über die Ohren verschuldeter Chan, der Monate lang um irgend ein Amt in der Hauptstadt gebettelt hat, und die Begleiter selbst gehören nicht zu seiner Haushaltung, sondern in der Hoffnung des zu erhaltenden Amtes gesellten sich schon früher eine Menge brodloser Leute zu ihm, die auf blosses Risiko, um seinen Staat zu vermehren, beim öffentlichen Erscheinen ihm voraus eilen. Nichts als grässlicher Schwindel und Speichelleckerei!

Ebenso hat mich auch der gänzliche Mangel an Loyalitätsgefühl der Perser frappirt, der Perser sage ich, die ihren Fürsten eine derartige übertriebene Ehrfurcht beweisen, dass einst ein Höfling, als ihm der Schah winkte, näher zu treten, sich plötzlich mit den Händen die Augen zuhielt und rief: „O Herr, schone meiner, ich kann nicht näher treten, das Strahlenmeer deiner majestätischen Pracht verblendet mich." In den Provinzen wird, wie bekannt, der Befehl des Schah immer desto weniger befolgt, seine Bitten und Drohungen desto weniger beachtet, je weiter diese Provinz von der Hauptstadt, dem Zentrum der eigentlichen Macht fällt, aber selbst in der nächsten Umgebung des Regenten, selbst seine vertrautesten Diener und Beamten, die er bereichert hat, selbst diese fürchten ihn, aber lieben ihn nicht. In ihren Häusern zirkuliren die schändlichsten Gerüchte über das Privatleben des Monarchen, über verbotene Verhältnisse seiner Frauen, ja über alle seine Thaten, sie mögen gut oder schlecht sein. Diese Gerüchte werden dann unter das Volk gestreut, Volksdichter machen solche zum Stoffe ihrer Satyre und dass die Achtungslosigkeit vor dem Monarchen wirklich den höchsten Grad erreicht hat, beweist am besten der Umstand, dass dieser, im Falle er öffentlich erscheint, die Menge durch seine zahlreichen Diener, die wie eine verheerende Fluth „berin! berin!" (geht fort! geht fort!) schreien, auf die Seite drängen lässt, um das königliche Auge vor der Schmach der Gleichgiltigkeit zu verschonen. In der türkischen Hauptstadt geht es ganz anders zu. Hier pflegt selbst der lange ausser Dienst gelassene Beamte das Wort Effendimiz (unser Herr) nicht ohne einen gewissen Grad von Ehrerbietung auszusprechen. Von der Person des Sultans (Zati Schahanie) wird in Stambul sowohl als in allen türkischen Provinzen nur mit der grössten Reverenz gesprochen und von den Verhältnissen des kaiserlichen Harems, die mitunter, wie z. B. zur Zeit Abdul Medschids recht viel zu wünschen übrig lassen, pflegt man unter dem grössten Siegel der Verschwiegenheit sich heimlich etwas in die Ohren zu raunen. Es ist wohl wahr, dass die Herrscher der ottomanischen Dynastie auch oft ihre Diener mit schwärzestem Undanke belohnt haben, doch ist Loyalitätsgefühl ein Hauptzug im Charakter des Türken, beim Osmanli sowohl, als beim Özbegen und die Willkür des Herrschers kann sich dort nie so viel Feinde schaffen als hier.

Obwohl die Perser mehr den Fröhlichkeiten des Lebens ergeben sind als die Türken, obwohl die Bande des Haremlebens hier weit lockerer sind als dort, so habe ich dennoch sowohl in Teheran als in andern Hauptstädten Irans das schöne Bild der öffentlichen Rekreation und Belustigungen gänzlich vermisst, welches den abendländischen Reisenden in der Türkei so freudig überrascht. In Promenaden (Sejrjeri) von Kiatchane, Kandilli, Tschamlidschia, Fener und Modaburnu, wo die türkische beau monde beiderlei Geschlechtes in stiller Harmonie unter einander vermischt, höchstens mit Zeichendeuterei verkehrt, die kleinen Gruppen auf den Anhöhen des Bosporus, von wo der Türke oder die Türkin unter dem aufsteigenden blauen Qualm seines Tschibuks die noch blauern Wellen des dahinrollenden Meeres stundenlang in süssem Kejf bewundert, diese melancholische und doch fröhliche Stimmung der Vergnügtheit, die ist in Persien nirgends anzutreffen. Die öffentlichen Rekreationen bestehen hier aus Cavalcaden zum Grabe des Heiligen, Schah Abdul Azin. Man will weltlich sein und treibt Religionsschwindel. Auf der breiten dahinführenden Strasse habe ich so manchem jungen Mirza begegnet, der seine dahinreitende Schöne an den Agraffen ihres Leinwandschleiers erkennt und ihr einige Galanterien sagt, selbst im Sanktuaire macht man sich Komplimente, auch nimmt man hie und da auf der Strasse, natürlich im Sattel, eine Tasse Thee zur Rekreirung, doch ist dieses Alles weit entfernt von dem Bilde der türkischen Unterhaltungen.

So ist auch das Bild der häuslichen Unterhaltungen in Konstantinopel ein weit sittlicheres, als bei den Persern. Die Effendiklasse, die an den Abendstunden mit wenigen Ausnahmen dem Gläschen Raki (Branntwein) huldigt, pflegt auch in kleinern oder grössern Gesellschaften zum Zechgelage sich zu versammeln. Lange, sehr lange müssen die kleinen Gläser ihre Runde machen, bis die Gesellschaft den traditionellen Bonton verliert und auch dann arten die im Rausche Ueberseligen nur so weit aus, dass man die Etikettevorschriften des Sitzens, Aufstehens u. s. w. weniger beachtet, dass man statt des leisen Redens ungeniert zu konversiren anfängt oder, von den Klängen der in einem Winkel zurückgezogenen Musiker ergriffen, entweder auf den Knieen mit sichtbarer Bewegtheit den Takt schlägt oder, was seltener vorkömmt, eine oder die andere Arie singt. Zechgelage in der Türkei sind bekanntlich vor dem Abendessen und nur Wenige habe ich gesehen, die der berauschte Zustand verhindern konnte, an der Tafel theilzunehmen. In der persischen Hauptstadt sind diese Art Unterhaltungen weit geräuschvoller, weit lärmender, überschreiten nicht nur die Grenzen des Anstandes, sondern können eher Orgien verglichen werden; bei den Zechgelagen fehlt es hier selten an Tänzerinnen, deren Kunst, wie wir noch späterhin erzählen werden, nur auf grellster Unsittlichkeit basirt. Nicht nur, dass Alt und Jung zusammen diesen Schwelgereien beiwohnen, ja selbst die Frauen, was in Konstantinopel unerhört ist, nehmen oft an diesen Belustigungen Antheil. Diese sittlichen Zustände können uns um so mehr Wunder nehmen, da die Perser seit ihrer Jugend mit der Lektüre der ersten Moralisten der islamitischen Kulturwelt sich beschäftigen und in allen ihren Handlungen eine besondere Feinheit zur Schau tragen wollen.

Wenn wir nun nach einigen schwachen Aufzeichnungen über die Verschiedenheit des geselligen Lebens auch zwischen den architektonischen Schönheiten dieser beiden Hauptstädte eine Parallele ziehen wollen, so wird es Niemanden überraschen, wenn wir sagen, dass Stambul, dieser alte Sitz bizantinischer Kaiser, sich beinahe beleidigt fühlen darf, dass wir es mit dem auf den Ruinen des alten Rhages erst seit neuer Zeit sich erhobenen armseligen Teheran vergleichen wollen. Rhages, die alte Stadt des grauen Voralters und noch des Mittelalters, war wirklich gigantisch in seinem Umfange und in der Zahl seiner prächtigen Gebäude, doch ist ausser einigen Ruinen (und selbst diese gehören nur dem arabischen Zeitalter an) gar nichts übrig geblieben, und was das heutige Teheran besitzt, ist nur ein Werk der Kadscharen der kriegerischen Turkdynastie, denen die Liebe zu den schönen Künsten nur sehr schwer einige Heller entlockte. Der königliche Palast im Innern der Stadt, durch dessen Gemächer der Wind ganz lustig pfeift, trotzdem die Wände mit Arabesken, Vergoldungen etc. reichlich verziert sind, macht einen sehr traurigen Eindruck auf den Besucher und selbst die von den Persern hochgerühmten Theile, wo die aus Europa angelangten Kunst- und Luxusgegenstände aller Art bunt durcheinander aufgestellt sind, erinnern eher an eine Galanteriewaaren-Handlung, als an einen königlichen Palast. Dass dieser nicht nur mit Dolma Bagtsche, das sich feeartig am Ufer des Bosporus erhebt, nicht nur mit Begler-bey Serail, der obwohl aus Holz gebaut, doch von innen sehr geschmackvoll ausgestattet ist, nicht nur mit den kleinsten Landsitzen des Sultans, sondern selbst mit den Jalis (Sommerwohnungen) der ersten Würdenträger in der Türkei nicht konkurriren könnte, braucht kaum gesagt zu werden. Wenn der Perser die Paläste Nizamieh, Nigaristan oder das Kasri Kadschar (der kadscharische Kiosk), das auf einem Hügel eine kleine halbe Stunde weit von der Stadt liegt, mit gewohnter Grosssprecherei beschreiben, so würde man wirklich glauben, dass dieses in der That mit echt orientalischer Pracht ausgestattete Sommersitze wären, doch nein! man täuscht sich sehr, die neupersische Bauart steht unter aller Kritik, die Dekorationen sind schreiend, auffallend, aber nicht schön, die Gärten überall in höchst primitivem Zustande oder vernachlässigt, die Wasserspiele nur sehr kleinlich und nach altem Zuschnitte, mit einem Worte, ein königliches Prachtgebäude in Persien wird nur deswegen so sehr gerühmt, weil die Aufführung einen, seinen reellen Werth weit übertreffenden Preis gekostet hatte, von dem natürlich mehr als die Hälfte in den Sack des Entrepreneurs und höherer Beamten spaziert ist.

Uebrigens kennen die Perser selbst den enormen Vorzug der sunnitischen Hauptstadt an, und es wird dies am besten illustrirt durch folgende Fabel: „Ein persischer Fürst, dem man die Schönheiten des kaiserlichen Palastes am Bosporus anrühmte, liess seinen Hauptarchitekten rufen und befahl ihm sogleich nach Stambul zu reisen, die dortigen Bauten in Augenschein zu nehmen, um nach seiner Heimkehr in Iran ein gleichartiges Werk aufzuführen. Der Architekt reiste ab. Nach einiger Zeit kehrte er heim, erschien vor dem Fürsten und sprach: „Herr, ich lege mein Haupt auf die Stufen deines Thrones nieder, denn die Vollführung deines Befehles ist mir unmöglich, den kaiserlichen Palast von Kon-

Kasri Kadschar,
ein Sommerpalast des Schah in der Nähe von Teheran.

stantinopel nachzuahmen, vermögen nicht meine Kräfte."
„Warum denn nicht?" donnerte ihm der Fürst mit Zorn entgegen. „Herr, seine innern Schönheiten wären wohl nicht so schwer, doch am Fusse seiner Mauern reiben sich täglich zwei Weltfürsten die Stirne der Unterthänigkeit und dieses ist unnachahmbar." Der persische Künstler deutete bekanntlich auf die unter den Mauern des Serails strömenden Fluthen des schwarzen und Marmora-Meeres hin. Er nennt sie Fürsten, die dem Sultansitze huldigen und er hat auch ziemlich recht, denn diese Eigenschaft Konstantinopels hat selbst die Natur nirgends anderswo aufzuweisen.

Eben so enorm ist auch der klimatische Unterschied der beiden Residenzen. Stambul hat wohl auch Kälte, die in den Holzhäusern recht unbehaglich empfunden, Hitze, die während der Sommermonate in gewissen Stadttheilen, wie z. B. Akseraj, ziemlich drückend wird. Doch hat es zwei mächtige Regulatoren, nämlich den Südwind im Winter, den Nordwind im Sommer, welche die klimatischen Beschwerden ziemlich mildern. In Teheran ist der Winter wohl mild, doch desto schrecklicher die Schwüle, die drückende Hitze des Sommers und wenn gleich die Häuser mit Ventilationen versehen sind, so sind im Innern der Stadt selbst die Keller zur heissen Jahreszeit unerträglich.

VII.

Der König und sein Hof.

Nasr-ed-din Schah, der jetzige Regent Irans, war nur 16 Jahre alt, als er am 6. September 1848 die Nachricht von dem Tode seines Vaters Mohammed Schah's erhielt. Ohne sich der besondern Liebe desselben zu erfreuen, wurde er aus Mangel an einem Rivalen zum Veli Ahd (Thronfolger) ernannt und als solcher der Landessitte gemäss mit der Leitung der Angelegenheiten der Provinz Azerbaidschan betraut. Der Thronwechsel in Iran ist, wie bekannt, immer mit Wirren, Kämpfen und oft mit blutigen Bürgerkriegen begleitet. Der neue Regent muss vor Allem mit guter Kasse versehen sein, um die gefährlichen Prätendenten aus dem Wege zu räumen, doch eben hierin fehlte es Nasr-ed-din Schah. Der schmutzig karge Hadschi Mirza Agasi, Vezier seines Vaters, liess ihn nie zu Gelde kommen und als er jetzt nach Teheran, um den Thron einzunehmen, sich begeben wollte, fehlte es ihm an den nöthigen, ja unentbehrlichen Mitteln. Er suchte bei den Kaufleuten von Tebris Anlehen zu machen; doch Perser wagten ihm keine Summe vorzustrecken, nur dem griechischen Handlungshause Ralli & Comp. kann er es verdanken, dass er nach Herbeischaffung einiger Tausend Dukaten aufbrechen konnte. Diese Gefälligkeit hatte Nasr-ed-din Schah auch nicht vergessen, denn nach einem halben Jahre sendete er seine Schuld in Begleitung eines reichen Geschenkes zurück. Auf ersterem Paquet war geschrieben: „Dieses schickt Nasr-ed-din der Prinz", auf dem zweiten: „Dieses Nasr-ed-din der König".

Als 18jähriger Herrscher und dabei noch als ein früher in Zurückgezogenheit und in Furcht lebender Prinz, hätte der junge König die Zügel der Regierung nicht ergreifen und später mit Erfolg handhaben können, wenn ihm nicht ein Mann zur Seite gestanden wäre, wie Mirza Taki Chan, dessen Bekanntschaft er in Tebris gemacht und der ihn mit dem Charakter eines Veziers nach Teheran begleitete. Dieser Mann, der in Redlichkeit, wahrer Liebe zu seinem Lande, seltener Einsicht und Staatsklugheit nicht nur in der Geschichte Persiens, sondern in der neuern Periode des ganzen Ostens unvergleichlich dasteht, hat mit eiserner Hand zum kolossalen Werke der Regeneration Irans gegriffen. Was er zur Hebung des Ackerbaues und des Handels, zur Erleichterung der Bürden, die den Landmann zu Grunde richteten, zur Vermehrung des persischen Einflusses und Ansehens ausser den Grenzen des Landes in kurzer Zeit that, ist wahrlich staunenswerth. Selbst eingewurzelte Uebel, als Bestechlichkeit, Prunksucht und schädliche Prärogative gewisser Klassen wollte er vernichten und mit dem Beispiele der Bescheidenheit vorangehend, lehnte er den Titel Grossvezier ab und nahm an dessen Stelle Emiri Nizan, d. h. Oberaufseher der Ordnung an und nur später, als seine Thaten die Welt zur Bewunderung hinrissen, verlieh ihm das Volk den Namen Emiri Kebir (grosser Emir). Kein Wunder daher, wenn dieser Mann im verworfenen und verdorbenen Kreise der Grossen sich viele und mächtige Feinde geschaffen hat. An der Spitze dieser stand die Mutter des Königs selbst. Der junge Nasr-ed-din Schah hatte lange den Einflüsterungen sein Ohr verstopft, als man diesen Mann am meisten anfeindete, gab er ihm seine eigene Schwester zur Frau, doch hatte schliesslich Charakterschwäche ihn dennoch bekehrt. Der tüchtige Vezier fiel in Ungnade, wurde aus der Stadt verbannt und später zum Tode verurtheilt. Im Schlosse Fin, nahe an Kaschan, hatte der grosse Mann, dem die Wahl des Todes selbst überlassen war, im Bade sich die Hauptader geöffnet. Er verblutete und die Spuren seines Blutes sind noch heute im Gemache zu sehen, doch die Folgen seines frühen Todes werden noch länger im ganzen Lande bleiben; denn hätte der Emiri Kebir noch eine Reihe von Jahren an der Spitze der Regierung stehen können, so wäre Iran heute gewiss ein bedeutendes Reich im Osten. Wie uns Polak erzählt und wie ich selbst in Teheran hörte, hat der König seinen übereilten Befehl später sehr bereut. Seit dem Hinscheiden seines geschickten Veziers hatte das Land viel Unglück zu bestehen und ausser den steten Kämpfen mit den Turkomanen war Iran mehrmals durch russische Einflüsterungen in Kriege mit Herat verwickelt, was zu längern Kämpfen mit den Afganen und auch mit den Engländern Anlass gab. Der König, nicht beachtend die zerrüttete Lage seines Landes, hatte sich am meisten den Eroberungsplänen, seinen Lieblings ideen, hingegeben und da die habsüchtigen Minister bei Feldzügen sich am meisten bereichern können, so wurden die eitlen Wünsche dieses jugendlichen Fürsten auch am meisten unterstützt. Schwere Tausende von Dukaten und noch mehr Blut seiner Unterthanen wurden nutzlos verschwendet, ja in den steten Angriffsversuchen, die der Hof von St. Petersburg gegen die britische Herrschaft in Indien und Mittelasien richtete, ist Persien ganz zum gewöhnlichen Werkzeug der Russen geworden, unter deren unbedingtem Einflusse es noch heute steht.

So viel von der Politik des Königs. Was seine Person betrifft, ist Nasr-ed-din Schah, der viel jugendlicher aussieht, als er ist, ein Mann von mittlerer Statur, sehr angenehmen Aeussern, mit regelmässigen Gesichtszügen, schönen Augen, einem lieblichen Lächeln um den Mund, einem schönen Schnurbart und einem sehr kurz geschnittenen Backenbart. Seine Haltung ist majestätisch, so auch seine Manieren, doch seine Sprache ist ein wenig zu schnell und wer mit ihm das erstemal spricht, wird viele Mühe haben ihn gleich zu verstehen. Was seine geistige Bildung betrifft, so ist er ohne irgend eine Schmeichelei wirklich der gebildetste Mann in ganz Iran. Ziemlich bewandert im Arabischen und in der Literatur seines Landes, hat er einen fliessenden guten Styl, eine kalligraphische Schrift, zeichnet auch ziemlich,[*]) ist dabei auch noch ein wenig im Französischen bewandert und hat besonders staunenswerthe Kenntnisse in der Geopraphie, von welchen ich mich selbst überzeugte. Keinen Mann in ganz Iran habe ich so genau über Mittelasien reden gehört, als ihn, er kennt aber noch ausserdem die Geographie der übrigen Welt genau und es ist dies seine spezielle Lieblingswissenschaft.

Da er in Folge der Superiorität seiner geistigen Bildung an seinem Hofe sowohl als unter seinen Ministern nur wenige findet, mit denen er sich auf eine nützliche Weise unterhalten könnte, so ist es auch kein Wunder,

---

*) So hat er auch das Porträt seines einst beliebten Arztes Dr. Polak gemalt und darunter geschrieben: »Croqui de Nasr-ed-din Chah.«

dass er die Hofumgebung mit ihrer faden Etiquette nicht besonders liebt und lieber seine Zeit mit Ausflügen in der Umgebung Teherans zubringt und, wenn es ihm nur gestattet ist, den Jagdvergnügungen nachgeht. Mit dieser Leidenschaft verbringt er auch beinahe drei Viertel des Jahres, was ihn zu einem vorzüglichen Schützen gemacht hat und da er allen Widerwärtigkeiten der Jahreszeiten trotzen gelernt hat, so ist er physisch mehr abgehärtet, als viele seiner Grossen, denen es als peinlichste Pflicht wird, ihren Fürsten bei Kälte und Hitze im Freien zu begleiten. So angenehm sich daher der König auf seinen Ausflügen fühlt, so unbehaglich scheint ihm das Innere seines Palastes, die Intriguen seiner Grossen, die Ränke seiner Frauen, das Kriecherische der ihn umgebenden Offiziere, in welche er übrigens auch am wenigsten Zutrauen setzt, weshalb er oft seinen Privatschatz auf Reisen und Jagdausflügen mit sich nimmt.

Im Allgemeinen hat mich der bedeutende Unterschied überrascht, der sowohl zwischen der Person, als auch dem Hofleben der beiden Regenten, der Türkei und Persien existirt. Der Nimbus der Glorie und Achtung, welcher die alte Dynastie Osmans am Ufer des Bosporus noch heute umschwebt, wäre beim häufigen Regentenwechsel, der in Iran stattgefunden hat, umsonst zu suchen. So ist die Hofetiquette, wenn gleich dem äussern Anscheine nach modernisirt, im Innern doch immer nur die alte, was in Persien unmöglich war. In der Türkei wird nicht nur der Person des Regenten, sondern selbst seinen Anverwandten eine hohe Achtung gezollt. Sie leben ganz abgeschlossen von der Aussenwelt und während meines mehrjährigen Aufenthaltes in Konstantinopel habe ich nur selten einen oder den andern Pascha gekannt, der mit den Geschwistern des Herrschers verkehren konnte. In der Kadscharen-Dynastie treffen wir gerade das Gegentheil an. Da die Fürsten hier aus der Mitte ihrer Unterthanen heiraten dürfen, so hat die königliche Verwandtschaft sich unverhältnissmässig weit verbreitet. Besonders war es Fethali Schah, der als grosser Verehrer des schönen Geschlechtes, wie man behauptet, mehr als 100 legitime Kinder hinterliess. Eine nicht minder bedeutende Anzahl stammt von seinen Geschwistern ab und es ist kein Wunder, dass die Mitglieder des königlichen Hauses sich dermassen vermehrt haben, dass der regierende Fürst sein Augenmerk nur auf die nächsten Verwandten richten kann und im Falle er seinen Staatsschatz nicht zu stark in Anspruch nehmen will, was übrigens in Iran auch Niemandem einfällt, eine grosse Anzahl der königlichen Prinzen ganz ausser Acht lassen muss. Diese müssen sich daher in Ermanglung eines Nahrungszweiges oft unter alle Stände mischen, in alle Lebensverhältnisse eingehen und man stelle sich das Staunen vor, mit welchem ein längere Zeit in Konstantinopel lebender Reisender auf einen Tischler, Koch oder Stallknecht hinsicht, der seinem Namen den Titel Mirza nachsetzt, welches in diesem Falle Prinz bedeutet, und trotz seiner niedrigen Stellung auf das in seinen Adern fliessende königliche Blut hinweist.

Natürlich ist auch das Privatvermögen der königlichen Familie in Iran bei weitem nicht so gross, als das der osmanischen Dynastie in der Türkei, wo jedes Mitglied, ausser den schönen und reichen Besitzungen, ausser den Mauth- und Zollgebühren, gewisser Städte und Provinzen, die es als Apanage schon nach der Geburt erhält, noch von der Staatskasse einen fetten Monatsgehalt bekömmt. Der Reichthum der Kadscharen besteht zumeist aus dem Privatschatze des Königs, welcher zu guten Zeiten in Geld nie mehr, als fünf oder sechs Millionen Dukaten ausmacht, an werthvollen Kostbarkeiten aber bedeutend reich ist. Ich war so glücklich, in Begleitung des türkischen Sekretärs einmal denselben besichtigen zu können und will auch nach den kurzen Notizen, welche ich davon nehmen konnte, Folgendes mittheilen. Das erste und schönste Stück ist der grosse Diamant, Derjai-nur (das Meer des Lichtes), welchen Nadir Schah aus Indien mitbrachte und der heute als einzigen Rivalen nur den im englischen Schatze befindlichen Kuhinur (der Berg des Lichtes) hat. Als ich ihn sah, war er in einen Gürtel gefasst und der grosse, längliche, in der Mitte erhabene Edelstein schien mir wirklich nichts anderes, als ein gewöhnlicher Kristall. Diesem zunächst steht ein werthvoller Rubin, welchen der berühmte, französische Reisende Tavernier verkauft hat, wie auch andere zahlreiche Brillanten und drei grosse Smaragde, die Nadir Schah aus Indien mitbrachte. Von grossem Werthe sollen jene Perlen sein, die der König, zwischen je einem Smaragd aufgefasst, bei feierlichen Gelegenheiten auf der Brust trägt. Und von den Diamanten werden, nach dem erwähnten grossen, noch jene zehn am meisten gerühmt, die der König anstatt Knöpfen, zu fünf und fünf auf einer Seite, an einem seiner Prachtanzüge trägt. Es gibt ausser diesem noch eine beträchtliche Anzahl von Kleidungsstücken, welche mit den theuersten Edelsteinen ganz besäet sind, so z. B. ein Küledsche (Oberrock) aus vorzüglich schönem Schawl, dessen Kragen, Aufschläge und Brust ganz voll mit Diamanten sind. So auch Tadschi Kejvan (eine kronförmige Mütze), an deren Spitze ein Smaragd in der Grösse eines kleinen Eies sich befindet, viele runde Polster, Teppiche und sonstige Kleidungsstücke, die alle durch den Reichthum ihrer Verzierungen beinahe das Auge blenden. Es gibt ausser diesen sechs bis acht Szepter, mehrere Kamas mit reichverzierten Heften, eine grosse Anzahl von Gürteln und viele andere massive Gold- und Silbergegenstände. Dieses Privatvermögen der Dynastie verwaltet auch stets nur der Regent auf unumschränkte Weise, während die übrigen Mitglieder der Familie, als auch seine eigenen Frauen sich mit dem zufriedenstellen müssen, was die Grossmuth des Erstern ihnen zufallen lässt. Die Prinzen sind daher nur dann reich, wenn sie durch Fleiss oder durch fette Aemter sich etwas erwerben können, und von den Frauen des Königs ist es bekannt, dass ihre Apanage oft so klein ist, dass sie kaum das Nöthige ihrer Toilette bestreiten können. Schon letzterer Umstand ist eine genügende Ursache, dass die vornehmen Töchter Irans sich es nicht als ein besonderes Glück anrechnen von der königlichen Huld beehrt zu werden, ja viele Eltern betrachten es sogar als ein Unglück, wenn der König mit ihnen in Schwägerschaft treten will, da sie ihre Kinder nicht gerne den Hofintriguen und der zu leicht wechselnden königlichen Laune aussetzen wollen.

Es wird daher Niemanden auffallen, wenn wir sagen, dass der königliche Harem in Teheran sich bedeutend unterscheidet von der kaiserlichen Gynécée am Ufer des Bosporus. Obwohl die Mitglieder des letztern durchschnittlich aus gekauften zirkassischen Mädchen bestehen (denn die Sultane dürfen nicht Töchter ihrer Untergebenen heiraten), so haben diese dennoch, was Freiheit,

Pracht, Luxus und Einfluss betrifft, eine weit glänzendere Stellung, als ihre Schicksalsgenossinen in Iran. Ich erinnere mich zur Zeit Abdul Medschids mehrerer Kadins, die, obwohl für Geld gekauft, dennoch in einer unglaublichen Weise den Sultan sowohl, als das Land beherrschten. Unter diesen will ich nur Serfiraz Hanim nennen, die ihrem königlichen Herrn eine derartige Furcht einflösste, dass er auf ihr eigenes Verlangen in ihre Vereinigung mit Tewfik Bey, ihren geheimen Geliebten, einwilligen musste, nachdem der Sultan sich gesetzlich von ihr geschieden hatte. In Persien wäre dieses etwas Unerhörtes. Der König verfügt ganz willkürlich über Herz und Hand seiner Schwestern, Tanten und Töchter, und eine seiner Schwestern musste sich bereitwillig erklären, drei solchen höhern Beamten nach einander die Hand zu reichen, die der König für diese Auszeichnung würdig gefunden. Vieles mag wohl auch heute dem Umstand zugeschrieben werden, dass Nasr-eddin Schah, was bei Orientalen übrigens selten der Fall ist, als kein besonderer Weiberfreund, den Harem sehr vernachlässigt. Sehr unstät in seiner Liebe pflegt der König wohl dann und wann Alles anzuwenden, um eine schöne Iranierin, deren Blick zufälligerweise sein königliches Herz verwundet, in seinen Besitz zu bekommen. Ohne die mindeste Skrupel scheidet er sich von der einen, um die andere zu heiraten, doch strahlt der Glücksstern seiner Favoritinen nur auf sehr kurze Zeit; denn mit Leidenschaft der Jagd und dem Soldatenwesen ergeben, wird er des Harems und der reizenden Einwohner bald überdrüssig und freut sich, wenn er ferne von ihnen sein kann.

Man wird daher im Kreise der königlichen Familie

zu Teheran jenes Band der Innigkeit und Vertraulichkeit, welches in Konstantinopel die Favoritinen sowohl, als ex-Kadine, ja alle Mitglieder des kaiserlichen Hauses um die Person ihres Herrn vereinigt, gänzlich vermissen. In der königlichen Familie zu Teheran sucht jedes Mitglied auf Kosten des andern sich zu bereichern. Misstrauen und blinder Egoismus herrscht in dem Busen jedes Einzelnen. Der strenge energische Monarch kann sich wohl gefürchtet, aber nie geliebt machen und es ist leicht begreiflich, dass der jugendliche Nasr-ed-din Schah, der die elenden Zustände seiner häuslichen Familie durchblickt, ohne es übrigens merken zu lassen, sich nur dann wohl befindet, nur dann sich ganz behaglich fühlt, wenn er ferne von der verpesteten Palastluft, ferne von den Intriguen der ihn umsummenden Menge in der freien Natur seinen Privatvergnügungen nachgehen kann. Um auf die königlichen Frauen zurückzukommen, müssen wir bemerken, dass, abgesehen von den beschränkten Mitteln, die ihnen zur Verfügung stehen, auch ihre persönliche Freiheit eine viel beschränktere ist, als die der kaiserlichen Damen in Konstantinopel. Wer in letztgenannter Stadt an Freitagen den oft sehr langen Tross der kaiserlichen Equipagen, der von den schönsten Pferden gezogenen Galawägen sieht, aus denen die reichgeputzten, in Edelsteinen und andern Kostbarkeiten schwimmenden Damen mit den dünnen Schleiern, trotz aller Eunuchen, die sie umgeben, ganz ungeniert ihre Liebesspiele verfolgen, wer sich erinnert, wie diese in Göksu oder an den süssen Wässern mit der sie umschwärmenden jungen Effendiwelt scherzen und spassen, der wird wahrlich betroffen sein, wenn er in Teheran einer in einem blauen Sacke steckenden königlichen Dame begegnet.

8*

Nichts bekundet den Glanz ihres Standes, wenn nicht die Hiebe, welche die sie begleitenden Ferrasch unter die Menge austheilen, um jeden Blick abzuwenden. Und selbst derartige Promenaden im Käfig sind auch nur sehr selten, denn oft hat die eine nicht den nöthigen Anzug vorhanden, die andere ihren Putz versetzt, ja ihr Loos ist keineswegs ein beneidenswerthes und wie unbedeutend sie im Range stehen, beweist am besten, dass zwei vom Könige geschiedene Frauen, wie uns Polak erzählt, sich später eine an einen Buchbinder, die andere an einen Schüler des königlichen Kollegiums verheirathet hat.

Es ist unstreitig, dass der Glanz, der den kaiserlichen Hof von Konstantinopel umgibt, die besseren Ansichten, die dort über bon-ton und Hofceremonie herrschen, der häufigeren Berührung mit diplomatischen Celebritäten und Mitgliedern der Regentenfamilien Europa's zuzuschreiben sind. Prinz Napoleon, der Prince of Wales, der jetzige König von Belgien, der Grossfürst Constantin, und viele andere Aristokraten Europa's, haben in den letzten Dezennien die Gastfreundschaft des Sultans in Anspruch genommen. Ja, man gibt auch zuweilen Festessen im Palaste, zu dem sämmtliche Diplomaten geladen sind. In Teheran sind derartige Berührungen nur äusserst selten, denn so wie das Volk im Allgemeinen, so ist auch der König trotz seiner Bildung immer gewöhnt Irans Civilisation als die älteste und unvergleichliche zu betrachten. Man bewundert wohl europäische Erfindungen, europäische Macht und europäischen Geschmack; doch wird der König, trotz der Einflüsterungen einiger Aerzte und europäischer Offiziere, die ihn über die neuen Verhältnisse im Westen aufzuklären sich bemühen, noch lange, ja sehr lange alt-iranisch gesinnt bleiben. Uebrigens darf uns dieses in einem Lande wie Iran gar nicht wundern, wo sowohl im grauen Alterthume, als auch in der Neuzeit der Sitz einer Bildung war, die den benachbarten morgenländischen Staaten als Musterbild diente. Indien, Afghanistan, Mittelasien, Transkaukasien, ja selbst die Türkei und Arabien haben den persischen Hof als ihr Paris betrachtet; Dichter und Historiker sind immer beschäftigt, dem Könige diese vergangenen Bilder der Grösse vorzumalen; und darf es uns befremden, wenn dieser von der chemaligen Rolle der Superiorität träumt, anstatt sich unter die Mentorsfittige des ihm nur halb bekannten Europa zu begeben.

So wie die ganze persische Nation zu ferne von Europa ist, um mit unsern Institutionen näher bekannt zu werden oder die Geisel der europäischen Politik desto mehr zu fürchten, so bewegt sich auch der Hof in seinem streng orientalischen Charakter weit freier von den Fesseln der Gêne, als das Serail des türkischen Hofes, der den Blicken der europäischen Diplomatie, den Argusaugen der einheimischen und fremden Zeitungskorrespondenten unaufhörlich ausgesetzt ist. Zur Zeit, als Morier seine beissende Satyre über Persien schrieb, hat wohl der Hof von Teheran, um sich nicht jeden Mangels an Ehrgefühl angeklagt zu sehen, energisch gegen die Feder des ehemaligen englischen Gesandtschaftsmitgliedes protestirt. Auch neuerer Zeit soll Nasr-ed-din Schah höchst aufgebracht gewesen sein gegen Gobineaus letztes Buch über Persien, da der französische Graf, der sich des grössten Ansehens am Hofe erfreute, von manchen Verhältnissen mit nicht sehr zarter Hand den Schleier lüftete. Man erzählt sogar, dass der König in seiner Wuth sämmtliche französische Offiziere aus dem Dienste entlassen wollte, doch denke ich mir, war das Alles nur prima furia gethan und man tröstete sich mit dem Gedanken: „Paris ist zu weit von uns entfernt, als dass uns der schlechte Ruf, der dort verbreitet wird, ernsten Kummer verursachen könnte." Ja, zu weit entfernt ist nicht nur Paris, sondern der ganze abendländische Geist von dem Hofleben zu Teheran. Und sowie am Bosporus die histoire scandaleuse des Haremlebens sich in demselben Masse vermindert, in welchem abendländischer Einfluss um sich greift, so werden auch die Missbräuche vom Hofe zu Teheran nur dann schwinden, wenn es mit Europa in nähere Berührung kommt. Dieses wird aber noch lange dauern.

Mein Ausflug nach Südpersien.

I.

An die Ruinen des alten Rhages, der gigantischen Stadt des Mittelalters gelehnt, blickte ich mit wehmuthsvollem Auge gegen Chorassan, durch welches mich mein Weg nach dem fernen Osten, nach den Gestaden des mir noch im zauberhaften Lichte prangenden Oxus führen sollte. Herat, die ehemalige Hauptstadt letztgenannter Provinz, welches nach Teheran mein zweiter Rastort werden sollte, war von dem herrschsüchtigen Dost Mohamed Chan belagert. Der greise Barekzi Chef hat mit seinen wilden Afghanen nicht nur dieses Thor Mittelasiens, sondern auch die ganze Gegend verrammt. Keine Karavane, kein Reisender, ja kein Bettler wagte es seinen eben so habsüchtigen als argwöhnischen Kriegern nahe zu kommen — wie erst ich, in dessen fremden Zügen das den Orientalen so schrecklich klingende Wort „Frengi" (Europäer) so leicht zu lesen war, dessen Schritte selbst im tiefsten Frieden Verdacht erwecken und dessen Schatten noch dazu in Kriegszeiten man gleich einem unglücksschwangern Gespenst verfolgt und erbarmungslos vertilgt hätte, — Neugierde, Lust, Begeisterung, nichts konnte helfen und um mich nicht dem sichern Verderben nutzlos preiszugeben, musste ich, vor die Alternative gestellt, das Abwarten wählen. Geduld fällt dem reiselustigen Gemüthe wohl schwer, doch der Gedanke „später aber desto sicherer" hatte eine tröstende Wirkung und ich vermochte mich bald in mein Schicksal ruhig zu fügen.

Ich blieb in Teheran. Acht bis zehn Tage lang war der Comfort, den die Gastfreundschaft der türkischen Gesandtschaft mir bot, ziemlich erträglich, doch kaum hatte ich, wie die Orientalen sich ausdrücken, die Mattigkeit der zurückgelegten Reise in den Falten des weichen Ruhekissens begraben, als die Wanderlust mich aufs Neue anwandelte. Die kleinen Spaziergänge nach den Ruinen der alten Stadt Rhages fingen an in mir ein lebhaftes Interesse zu erwecken für Alles, was mit der an Monumenten reichen Glanzperiode Alt-Irans im Zusammenhange steht und da die schönsten Ueberreste dieser Epoche im Süden und namentlich in der Umgebung von Schiras zu finden sind, so konnte ich mir es nicht versagen einen Ausflug nach der Provinz Fars zu unternehmen. Dass ich nach den mannigfaltigen Forschungen eines Chardin, Niebuhr, Ouseley und Ker Porter, nach ausführlichen Beschreibungen so vieler Reisenden, wo jeder Punkt, jede Seite dieser merkwürdigen Monumente besprochen wurde, gar nichts Neues sehen werde, war mir wohl einleuchtend, und da Iran und Alles, was mit dessen Geschichte zusammenhängt, nur ein sekundäres Interesse für mich hatte, so wollte ich als Amateur dahin ziehen, fest überzeugt, dass die Genüsse beim Anblicke der berühmten Ruinen von der ehemaligen Hauptstadt der Sefevis, von Persepolis, Nakschi Rustem und anderer historisch berühmter Orte gewiss der etwaigen Reisebeschwerden werth sein würden.

Auf! nach Schiras! rief es in meinem Innern. Doch in welchem Charakter, in welcher Nationalität soll ich mich dahin begeben? war die Frage, die mich anfangs beschäftigte. In Teheran als Osmanli eingeführt, als solcher den persischen Behörden vorgestellt, wäre es wohl drollig gewesen, nun plötzlich als Europäer eine Reise unternehmen zu wollen. Osmanli oder Sunnite ist im schiitischen Persien ein beinahe mehr unangenehmer Name, als Frengi und wenn man gleich in der Hauptstadt unter der Aegide der Regierung, unter dem Schutze der ottomanischen Gesandtschaft sich ziemlich sicher bewegen kann, so ist doch ausser Teheran, namentlich n dem wegen seines schiitischen Fanatismus berühmten Südpersien dies keineswegs der Fall. Osmanli sind dort sehr selten gesehen und, so wie alle Sunniten verhasst und verabscheut. Deshalb wäre eine Reise dahin als Osmanli, wenn schon nicht mit Gefahren, doch gewiss mit Unannehmlichkeiten verknüpft. Eben weil Osmanli so selten dahin kommen, wäre es interessant zu sehen, wie diese eifrigen Anhänger Ali's von ihren andersgesinnten Glaubensgenossen denken und ihnen begegnen. Und da ein zukünftiger Derwisch sich vor abenteuerlichen Plänen nicht besonders scheuen darf, so kostete es nur wenig Kampf, um, trotz des Abredens meiner Freunde auf der türkischen Gesandtschaft, den Entschluss zur Reife zu bringen und nach einigen Tagen stand ich schon bereit, mich einer kleinen Karavane, die eben nach Schiras ging, anzuschliessen.

II.

Es war am 2. September 1862, als ich im Kostüme eines Bagdader sunnitischen Derwisches mit langem, bis zu den Fusszehen reichenden Entari, mit einem rothen Gürtel und einem schwarz gestreiften Maschlach gekleidet, den Kopf aber mit der eben so zierlichen, als zweckmässigen Keffie umwunden, durch das Thor Schah Abdul Azim hinauszog. Zum Sammelplatz der kleinen Karavane war ein Karavanserai ausserhalb der Stadt bestimmt, da letztere nach Sonnenuntergang geschlossen und von der Aussenwelt abgesperrt ist. Hier machten die betreffenden Reisegefährten Bekanntschaft mit einander, die Waarenballen wurden frisch gebunden und gepackt, und nachdem die Thiere gefüttert waren, brach zwei Stunden vor Mitternacht unsere kleine Karavane auf, die aus ungefähr 30 bepackten Maulthieren, einigen Reitern, Mollahs, Pilgern, die von Mesched heimkehrten, Handwerkern, Kaufleuten und meiner Wenigkeit bestanden. Unser Weg ging erst auf der breiten Strasse nach Schah Abdul Azim, einem in besonderer Achtung stehenden Wallfahrtsorte der Teheraner und auch früher das Ziel meiner täglichen Spaziergänge. Bei Tage, besonders in den Nachmittagsstunden, pflegt es hier recht bunt zuzugehen. Man begegnet immer einer Menge geputzter Damen, die auf stattlichen Rossen, gleich Männern reitend, aus und einziehen, hohen Mirza's und Chanen mit grossen Gefolgen, dann und wann auch einem europäischen Wagen, dessen sich hier nur der Hof bedient, denn obwohl Wallfahrtsort, ist Schah Abdul Azim zugleich das Caroussel der Teheraner. Als ich so in mitternächtlicher Stunde dahin zog, wirkte die überall herrschende Stille um so mehr auf mich. Der Mond beleuchtete mit Tageshelle die links befindliche Gebirgskette, und die reich vergoldete Kuppel, unter welcher der heilige Schah Abdul Azim ruht. Und nun, nachdem wir eine Stunde lang geritten waren, fingen einige Mitglieder der Karavane an, die Monotonie unseres nächtlichen Zuges durch ein lautes Gespräch zu unterbrechen. Die Karavane bildet zwar immer eine ganze Gesellschaft, doch pflegen die einzelnen Mitglieder derselben unter einander in ein mehr oder weniger enges Verhältniss zu treten, wozu grösstentheils frühere Bekanntschaft oder gemeinschaftliches Ziel Ursache geben.

Ich hatte mir zum Gefährten einen jungen Seid aus Bagdad auserkoren, der, Rauzechan (Religionssänger) von Profession, eine Künstlertour nach Südpersien unternahm. Rauzechan heissen eigentlich Jene, die den Tod des in Persien hochberühmten Martyrers Hussein in Elegien besingen, und dabei, wie leicht erklärlich ist, höchst fanatische Schiiten sind. Unsere Freundschaft mag daher desto auffallender erscheinen, doch hat der Seid in seiner Qualität als Bagdader und Unterthan der Pforte es nicht gescheut mit einem Effendi nähere Verbindung anzuknüpfen. Er führte mich auch bei den übrigen Gliedern der Karavane auf, und da er ein lustiger Kauz war, der trotz seines Metiers eines Elegiensängers oft die frivolsten Lieder anstimmen liess, so war er gleich am ersten Abende ein Lieblingsmitglied der ganzen Gesellschaft geworden, und seine Einführung war mir von Nutzen. Um seine, als auch der übrigen Gefährten Gunst zu gewinnen, hütete ich mich beim ersten Zusammenkommen, mich in ein religiöses Gespräch einzulassen, was schwer zu vermeiden ist, da die Perser, besondere Freunde der Controverse, mit Christen, Gebrn, vorzüglich aber mit Sunniten sich gern in einen Disput einlassen. Ich dachte mir, hiezu wird sich noch genug Gelegenheit bieten und wollte lieber, die fröhliche Stimmung meines Innern benützend, mich ganz den Träumereien meines abenteuerlichen Ausfluges hingeben.

Südpersien, diesen ehemaligen Hauptsitz altpersischer, ich möchte sagen, altasiatischer Kultur, den Ort, wo man Hafis und Saadi besuchen kann, hatte ich selbst in den kühnsten Bildern meiner Hoffnungen mir nicht auszumalen gewagt. Vor einigen Jahren noch war ein Verspaar persischer Dichter genügend, mich in die grösste Extase zu versetzen und jetzt reise ich hier als Orientale unter Stockorientalen in einer Weise, wie es nur wenigen Europäern vergönnt war. Zu meiner Fröhlichkeit trug auch viel die Herrlichkeit des Wetters bei. Vergeblich würde ich es versuchen die Schönheit einer mondbeleuchteten Septembernacht Persiens zu beschreiben. Die klare Luft, die erquickende Stille, die fantastischen Schatten der Berge, einzelner Bäume, Ruinen und der in einer dünnen Kette sich hinziehenden Karavane, der melancholisch monotone Klang der Glocken, mit denen die zugführenden Thiere behangen sind und besonders der unvergleichlich erhabene, gestirnte Himmel wirken derartig überraschend auf das Gemüth eines Abendländers, dass man die öde und wüste Natur der Umgebung ganz unbeachtet lässt. Der Weg von Schah Abdul Azim bis zur niedern Gebirgskette führte über so manches Steingerölle, über so manche Gräben und leere Bachbetten hin, doch beachtete ich wenig die Schwierigkeiten des Weges und dem sichern Tritte meines Eselchens mich anvertrauend, folgten meine Augen lieber den Andeutungen meines Seid, der von jedem Gestirne eine besondere Geschichte zu erzählen wusste. Jedes Gestirn hat seine separate Mythe, seine gute und schlechte Wirkung und ich hätte viel bei ihm verloren, wenn ich nicht seinen Worten unbedingten Glauben geschenkt hätte.

Das Siebengestirn hatte schon auf den westlichen Horizont sich geneigt, als wir die Anhöhe bei Karizek erstiegen, auf deren anderer Seite Kenaregird, unsere erste Station, sich befand. Noch einmal warf ich einen Blick auf die schöne nächtliche Landschaft und als wir auf der andern Seite des Berges hinabzogen, ward das Mondlicht durch die anbrechende Morgenröthe allmälig verdunkelt. Sobald der Morgenstern am Firmamente erscheint, pflegt die Karavane in ihm den hereinbrechenden neuen Tag zu begrüssen. Der Frömmste der Gesellschaft stimmt zugleich ein Ezan an, was hier mein Seid that, die Zeit des Zwischenlichtes wird zu den Waschungen benützt und bevor die Spitzen der ersten Sonnenstrahlen sich noch zeigen, pflegt die Karavane zum Gebete eine kleine Rast zu halten. Die Thiere stehen ruhig mit zur Erde gesenkten Häuptern, die Reiter knien in Reihe in jener, nur den Mohamedanern eigenen, demuthsvollen, zerknirschten Stellung gegen Westen gewendet und nur unter den melodiösen Klängen der ersten Allah Ekber beglückt Phöbus die Reisegesellschaft mit seinem Erscheinen. Nach Sonnenaufgang wird nur noch eine kurze Zeit geritten, da der frühere oder spätere nächtliche

Aufbruch von der Entfernung der Station abhängt und so hatten wir auch hier unsern ersten Rastort eben damals eingenommen, als die Strahlen der sengenden Sonne uns fühlen liessen, wie sehr ein Obdach über Alles erwünscht sei. Wir kehrten in einen geräumigen Karavanserai ein, der in der Nähe des Dorfes Kenaregird sich befindet. Wie der Name Kenaregird schon beweist, denn er heisst der Saum des Sandes, erstreckt sich von diesem Dorfe östlich hinein die grosse Salzwüste, genannt Deschti Kuvir. Diese muss ein gar schrecklicher Strich Landes sein und obwohl ich bezweifeln würde, dass er grauenvoller und wüster wäre als die berühmte Chalata, die zwischen Bochara und Chiva sich befindet, oder wie manche Stellen der grossen hirkanischen Wüste, so kann ich doch mein Erstaunen nicht genug ausdrücken, dass ich auf allen meinen Wanderungen in Persien auch keinem einzigen Eingebornen begegnete, der diese Wüste, namentlich in jenem Theile, der zwischen Kenaregird und Tebbes liegt, durchschritten hätte. Der Perser, wenn er von Deschti Kuvir spricht, hat immer eine gute Dosis von schrecklichen abenteuerlichen Geschichten, die mit Divs, Teufeln und andern bösen Geistern gespickt sind, zu seiner Verfügung, mit denen er das Gemüth seines Zuhörers von dem schauervollen Innern der Wüste zu erfüllen sucht. Am meisten wird jene Sage erzählt, nach welcher Schamr, der Mörder Husseins und Erzfeind des schiitischen Persien, die einzige Ursache der Verwüstung dieser Gegend sei. Er habe, von Gewissensbissen gepeinigt, vor Zeiten sich hieher geflüchtet und sein Erscheinen war hinreichend, um diese sonst blühende Gegend in eine dürre Salzwüste zu verwandeln. Von seinen Schweisstropfen sind die Salzseen und grundlosen Pfuhle entstanden und besonders arg soll es aussehen in dem Kebir-Kuh, wo der böse Schamer wohnt. Wehe dem Reisenden, der, von Irrlichtern verleitet, in dessen Nähe kommt. Dies sind einige der Schilderungen, mit welchen meine Reisegefährten die Salzwüste Persiens mir vorführten.

Im Karavanserai angelangt, hatte Alles in kurzer Zeit in irgend einem schattigen Winkel gemächlich sich niedergelassen und wie gewöhnlich dauerte es blos einige Minuten und die wandernde Stadt hatte sich in eine emsige Kolonie umgewandelt. Während die Thiere im trockenen Gerstenstroh begierig herumbeissen, macht der Perser sein mageres Mahl zurecht. Die Reichern lassen sich von ihren Dienern kneten und die Glieder ränken und kaum hat man sich von den Strapazen der zurückgelegten Station erholt, als alle Welt sich schon beim Frühstück befindet und nach demselben sich zur Ruhe begibt. Es ist der Schlaf, der bei Nacht versäumt wurde, da man gewöhnlich in den Sommermonaten nur bei Nacht reist, und stets in den Mittagsstunden nachgeholt wird. Auch die Thiere ahmen hierin den Menschen nach. Nahe an Sonnenuntergang, während diese gestriegelt und geputzt werden, wird der Pillauf-Topf aufgestellt und gewöhnlich eine Stunde vor dem Aufbruch wird das allgemeine Nachtmahl verzehrt. Derwische oder sonstige von Gottes Gnaden privilegirte Faullenzer haben es viel gemächlicher, als so mancher Reisende. Auf der Station angelangt, kann er, ohne sich um etwas Anderes zu bekümmern, sich zur Ruhe begeben, und nachdem das Dampfen der Kessel ihm die Nähe des Nachtmahles verkündet, pflegt er sein Keschkul (ein Gefäss aus Cocosnuss) auf den Arm zu nehmen und mit

einem gewaltigen Jahu! Jahakk! oft mit einer Unverschämtheit, die wahrlich exemplarisch ist, jeder einzelnen Gruppe sich zu nähern. Jeder gibt ihm eine Tantième von dem Nachtmahl. Er mischt Alles zusammen und nachdem er seine Runde vollendet, ist er sicher, ein, wenngleich nicht sumptuoses, doch reiches Nachtmahl sich verschafft zu haben. „Er hat keinen Reisevorrath bei sich, er kocht nicht und doch wird er satt," sagen die Orientalen, „denn seine Küche wird von Gott bestellt."
Von Kenaregird aus sollte unsere zweite Station ganz durch die Wüste gehen. Es ist eine Landzunge der hieher sich erstreckenden Deschti Kuvir, deren südliche Grenzen bis nahe an Kum reichen; doch inmitten derselben ist die Station Hauz-i-Sultan (der Wasserbehälter des Sultan), welcher aus einem grossen Karavanserai besteht, zu dem eine unterirdische Wasserleitung das sonst in der ganzen Umgebung fehlende theure Nass hieher gebracht. Als wir von Kenaregird aufbrachen und ungefähr eine Stunde Weges in der Wüste fortgeschritten waren, wurde das Bild der vom Mondschein beleuchteten öden Gegend immer mehr und mehr romantisch. Die nächtliche Stille, die hier in der grossen Einöde sich so zu sagen noch verdoppelt, wirkt unaussprechlich drückend auf den Reisenden, und das Vorgefühl, dass ich einst noch grössere Wüsten Mittelasiens besuchen werde, war Ursache, dass mein Auge mit doppelter Gier an dem wunderbaren Schauspiele sich weidete. Wie weit man auch in dem finstern Horizonte umherblicken kann, nirgends, nirgends begegnet das Auge einem Anhaltspunkte. Nur hie und da thürmen sich die vom Winde aufgepeitschten Sandsäulen hoch gegen den Himmel, tanzen von einem Orte zum andern, gleich nächtlichen Gespenstern, und es

ist mir begreiflich, dass furchtsame Seelen in ihnen von Furien gepeitschte Phantome erblickten. Mein Reisegefährte schien einer von der letztern Klasse Menschen zu sein, denn er hüllte sich tief in seinen Burnus, mischte sich immer in den dichtesten Theil der Karavane, und wagte es nie auf die östlich sich erstreckende Wüste zu blicken. Es war gegen Mitternacht, als wir von ferne einen monotonen Glockenklang vernahmen und, wie ich hörte, sollte dies eine grössere Karavane sein, die eine Stunde vor uns hinauszog. Man verdoppelte die Schritte, um dieselbe zu erreichen, doch kaum näherten wir uns einige hundert Schritte, als sich ein unausstehlicher Aasgeruch zu verbreiten anfing. Die Perser kannten schon diè Ursache dieses Gestankes; man ritt besser zu, der Geruch wurde immer heftiger und heftiger und als ich, von Neugierde geplagt, mich erkundigte, erhielt ich zur Antwort, dass dieses eine Todten-Karavane wäre. Eine Todten-Karavane, dachte ich mir, das ist doch sonderbar, und ich drang in meinen Nachbarn, mir Aufschluss zu geben. Doch er schrie mir immer zu: „Eile, eile" und nach kräftigem Anspornen des schon genug gepeinigten Eselchens gelang es mir, in Gesellschaft der Uebrigen die aus ungefähr 40 mit Särgen beladenen Pferden und Maulthieren bestehende Karavane, die von drei berittenen Arabern geleitet wurde, zu erreichen und wie es alle Welt that, so schnell als möglich zu passiren. Es war ein fürchterlicher Anblick, als ich einen der Reiter, der Nase und Mund verbunden trug, mit seinem falben, durch das Mondlicht noch mehr entstellten Gesichte zu Augen bekam und trotz des unausstehlichen Geruches konnte ich mich einiger Fragen nicht enthalten. Der Araber erzählte mir, dass er diese Todten schon 10 Tage lang führe und noch mehr als 20 Tage zurückzulegen habe, bevor er Kerbela erreiche, den Ort, wo diese hingeschiedenen Frommen aus Liebe zu Imam Hussein sich begraben lassen. Diese Sitte ist übrigens in ganz Persien üblich und wem es nur seine Mittel erlauben, der lässt sich nach seinem Scheiden aus der Welt, wenn auch von dem fernen Chorassan nach Kerbela transportiren, um dort in derselben Erde zur ewigen Ruhe gebracht zu werden, in welcher der Liebling Imam Hussein ruht. Der Todte wird oft erst zwei Monate nach seinem Hinscheiden dahin transportirt und da man aus ökonomischen Rücksichten drei bis vier Särge auf ein und dasselbe Maulthier laden will, so werden die eifrigen Perser zwischen vier Brettern so eng als möglich zusammengepfercht, und ob beleibt oder nicht, darauf wird wenig gesehen. Alles wird plattgedrückt und bei der Ankunft in Kerbela kann so mancher Dickwanst als schlanker Kerl in die Ewigkeit spazieren. Im Winter ginge dieses noch an; aber man stelle sich vor, welche Ausdünstungen diese frommen Leichen in einer Julihitze Persiens verbreiten. Dabei müssen noch die Rechtgläubigen sich immer des Rufes: „Ach, wie stinkt es" enthalten, denn der Leichengeruch der frommen Pilger wird für Rosen und Ambraduft gehalten. Doch das hinderte nicht mir zu erzählen, dass die arabischen Leichensammler, die dieses traurige Geschäft betreiben, es nie länger als einige Jahre aushalten und selbst die Thiere, was doch wunderbar genug ist, können nur selten zum Transporte dieser Waare abgehärtet werden.

Als wir schon die Leichen-Karavane mit ihrem erstickenden Geruche weit hinter uns hatten, wendete ich mich um, um noch einmal einen Blick auf diese hinziehenden Todten zu werfen. Die mit den langen Särgen beladenen Thiere vergruben ihr Haupt tief in den Nacken, die Reiter pflegen nur in gewisser Ferne vom traurigen Zuge mit einem dumpfen Geschrei sie anzuspornen und obwohl dieser Anblick sich in welcher Gegend immer düster genug ausnehmen würde, so hatte er in der Mitte der Wüste etwas unbeschreiblich Trauriges. Die Leichen werden oft, in schrecklicher Weise verstümmelt, ihrem ewigen Ruheorte beigesetzt. Doch das hindert die Perser nicht, diese Sitte schon seit Jahrhunderten zu beobachten. Denn, wer nach Kerbela kommt, hat die süsse Hoffnung, am Tage der Auferstehung sich in der unmittelbaren Nähe des heiligen Martyrers zu befinden und von da unter dessen Anführung in die ewig grünen Fluren des Paradieses hinüber zu wandeln.

III.

In Folge des beschleunigten Marsches hatten wir Hauz-i-Sultan noch vor Erscheinen des Morgensternes erreicht. Die Karavane hatte hiemit den Vortheil, sich den besten Platz in diesem aus vier Höfen bestehenden grossen Gebäude auszusuchen. Obwohl wir nur einige Stunden durch wasserlose Gegenden gezogen waren, stürzten doch gleich alle über die Reservoirs her, man trank, wusch sich, betete und kaum eine halbe Stunde nach unserem Eintritte war die ganze Gesellschaft schon in die Arme Morpheus versunken. Als ich am nächsten Mittag aus dem Karavanserai herausspazierte, um die Umgegend zu besichtigen, entdeckte ich wieder die Todtenkaravane, aber in ziemlicher Entfernung von dem Karavanserai gelagert. Sie darf nie in der Nähe bewohnter Gegenden sich niederlassen und muss immer derartig ihr Lager wählen, dass der Wind den übeln Geruch in die unbewohnte Gegend trage. Als ich meine Verwunderung über diesen Fanatismus meinen schiitischen Reisegefährten ausdrückte, fingen diese an mit den sarkastischen Bemerkungen mich, respektive die Sunniten, über das tragische Ende Iman Husseins anzuklagen. Besonders war es ein aus Meschheds angekommener Südperser, daher neugebackener Meschhed, der in seinem Eifer vom Wortwechsel auf das handgreifliche Geraufe übergehen wollte. Doch mein Seid und andere gesetztere

Reisefährten legten sich ins Mittel und beschwichtigten
ihn damit, indem sie erzählten, mit welcher Sorgfalt der
Sultan das Grab dieses heiligen Martyrers bewachen
lässt. Es ist wahrlich sonderbar. Vom Sultan wird in
Persien ebenso gesprochen, als von einem andern europäischen christlichen Könige. Der jahrelang genährte
Hass hat zwischen Schiiten und Sunniten eine derartige
Kluft geschaffen, dass, obwohl letztere legal als Muselmänner anerkannt, vom persischen Volke doch immer
für solche gehalten werden, die mit Mohameds Koran
und dem Islam im Allgemeinen gar nichts gemein haben.

Da sich mir die Aussicht auf einen fortgesetzten und
wiederholten religiösen Disput eröffnete, begnügte ich
mich für diesmal mit dem Anfang desselben und ging
hinweg, um das Prachtgebäude des Karavanserais zu
besichtigen, welches, wie man mir erzählte, die Mutter
des jetzigen Königs auf Anrathen des berühmten Meisters
Hadschi Mirza Agasi auf eigene Kosten erbauen liess.
Derartige Gebäude finden sich in Persien sehr viele.
Kein Land im Oriente, wo für den Handel und öffentlichen Verkehr so viel geleistet wurde, als in Persien.
Man begegnet oft den wunderbarsten Bauten inmitten
der einsamen Wüsteneien, die Regenteneifer und Frömmigkeit einzelner Bemittelter aufführen liess, und wahrlich es ist eine unsägliche Wohlthat dem vom langen
Wege gemarterten Reisenden ein Obdach zu verschaffen.

Da unsere nächste Station zehn Fersach zählen sollte,
so wurde noch vor Sonnenuntergang abgespeist und
aufgebrochen. Man kann zwar die Station abkürzen, indem man von hier nach Pul dellak und von da weiter
nach Kum geht, doch ärmere Reisende pflegen gerne das
Futter einer Station zu ersparen und der Weg, obwohl

ermüdend, wird auf einmal zurückgelegt. Obwohl nur
drei Tage in Gesellschaft meiner Reisegefährten, hatte
doch vollkommene Vertraulichkeit und Freundschaft
zwischen uns sich eingestellt. Dass ich ein Europäer von
Geburt wäre, dessen Berührung jeden Schiiten unrein
macht, mit dem noch dazu aus einem Teller zu essen,
für eine schreckliche Sünde gehalten wird, ist Niemandem eingefallen. Man sah in mir den Effendi aus Konstantinopel, den Gast der türkischen Gesandtschaft, der
von Arzui Sejahat (Wanderlust) angetrieben, das königliche Isfahan und das paradiesähnliche Schiras, wie die
Perser es heissen, besuchen will. Wir waren befreundet;
doch konnten einige halsstarrige Schiiten es sich nicht
versagen, mir hie und da die Ungerechtigkeit der Sunniten vorzuwerfen, besonders war es ein Schuster, der,
durch den grossen, grünen Turban seine Abkunft aus
der Familie Alis bezeugend, immer wieder über das
usurpatorische Vergehen der drei Chalifen vis-à-vis
seinem Quasi-Ahnen zu reden anfing. „Was, Omeri Chattab" (Omer, der Holzhändler) und ein Haufen von Flüchen folgten diesem Namen, „was, der thörichte Osman,
die wollten es mit Ali, mit diesem Löwen Gottes, mit
diesem mächtigsten Helden, zwischen welchem und dem
Propheten nur der Unterschied von einem dünnen Haar
herrschte, aufnehmen? Bei Gott, Effendi, ich wundere
mich, dass du bei deinen Fähigkeiten diese schreiende
Ungerechtigkeit nicht einsiehst und unsere Religion
nicht annimmst." Um Heftigkeiten auszuweichen wurde
er häufig unterbrochen und man lenkte das Gespräch
auf andere Gegenstände; doch mein Schuster gerieth
immer aufs Neue in Eifer und oft, ohne dass ich an ihn
gedacht habe, fiel er meinem Reitthiere in die Zügel,

hielt mich an und sprach über diese Successionsfrage mit solcher Begeisterung, als ob die Geschichte, die schon mehr als 1200 Jahre alt ist, erst gestern geschehen wäre.

Die Nacht war schön, wie die zwei vorhergehenden und die Zeit flog unter muntern Gesprächen und Diskussionen rasch dahin und der Anbruch des nächsten Morgens war noch ferne, als wir den letzten Theil der kleinen Wüste überschritten und zum Karavanserai Pul dellak (die Brücke des Badedieners) gelangten. Letztere führt über einen Strom, der von beträchtlichem Ansehen ist und von den westlichen Gebirgen herkommt. Diese Brücke, die an vielen Stellen dem Verfall nahe ist, wurde auf Kosten eines Badedieners gebaut und man erzählt, dass ein aristokratischer Chan, der einst in diese Gegend gelangte, es unter seiner Würde hielt, das Gebäude eines Mannes von so niederer Abkunft zu überschreiten, weshalb er es vorzog den Fluss sammt Gefolge zu durchwaten; doch der starke Strom riss ihn fort und zur Strafe seines Hochmuthes fand er sein Grab in den Wellen. Er ist von dem Abgrund des Flusses in die Hölle gefahren, setzte mein Gefährte hinzu, wo er zum Aerger seiner aristokratischen Gefühle mit den schändlichsten Verbrechern in einem und demselben Kessel kochen wird.

Der Karavanserai ist dicht an der Brücke. Wir machten Halt und als ich mich auf den kalten, nackten Steinen niederlegte, um ein wenig auszuruhen, überfiel mich ein so mächtiger Schlaf, dass ich um Alles in der Welt wenigstens eine halbe Stunde hier geschlummert hätte. Nur eine kleine Viertelstunde war uns vergönnt, denn man wollte Kum „die heilige Stadt" am frühen Morgen erreichen, da Wallfahrt, Einkäufe und andere Beschäftigungen der kleinen Reisekompagnie im letztgenannten Orte vollauf zu thun gaben. Kum, das sich bald in der Ferne mit seinen vielen grünen Kuppeln und besonders aber mit der von den Strahlen der aufgehenden Sonne beleuchteten, reich vergoldeten Kuppel zeigte, ist die heilige Stadt der persischen Damenwelt. Hier ruhet Fatima, die Schwester Iman Rizas, die aus Zärtlichkeitsgefühl für ihren Bruder, der damals in Meschhed sich aufhielt, von Bagdad aus eine Reise unternahm. Die hohe Frau konnte das Ziel ihrer Wünsche nicht erreichen, denn in Kum ward sie krank, starb und liegt in einer Gesellschaft von 444 Heiligen begraben. Nebst diesen heiligen Gräbern ist diese Stadt auch, so wie Kerbela, ein beliebter Begräbnissplatz der frommen Perserinen, die von allen Gegenden des Reiches sich hieher transportiren lassen. Kinderlose Weiber, Frauen, die von ihren Männern verstossen wurden, Mädchen, die umsonst nach Hymen schmachten, Alles wallt hieher, um am Grabe der heiligen Dame ihre Fürbitte zu erflehen. Doch das hindert nicht, dass dieser Ort zum Sammelplatz für Diebe, Räuber, Mörder und andere Missethäter werde; denn Kum ist ein Best(Asyl)für alle vom Gerichte verfolgten Individuen und wer des Scharfrichters Händen entronnen, in den Bereich der heiligen Mauern sich flüchten konnte, ist für immer geborgen.

Von dem Punkte aus, wo die Stadt sichtbar wurde, sind, so wie überall in der Nähe von Wallfahrtsorten, kleine Steinhaufen zu sehen, die von frommen Pilgern unter Rezitirung von Hymnen aufgehäuft wurden. Hie und da ist auch ein Gesträuch (Gestaude), welches mit den buntesten Fetzen behängt ist. Jeder will ein Zeichen der Achtung niederlegen und der Eine nimmt zu den Steinen, der Andere zu den Fetzen seine Zuflucht. Früher soll es Sitte gewesen sein, dass jeder Vorübergehende in derartig verehrte Bäume einen Nagel hineinschlug, welches ein uralter Gebrauch und wahrscheinlich der Ursprung des bei uns Vielen so fabelhaften „Stock im Eisen" ist. Auch ich stieg vom Esel und band eine Franse meines rothseidenen Keffies auf dem Zeige einer Staude an. Welch wunderbares Gemenge von Stoffen aller Welttheile fand ich nicht an diesem einen Orte. Die Gewebe Indiens und Kaschmirs, die Fabrikation Englands und Amerikas, die groben Stoffe, die kurdische, arabische und turkomanische Nomaden erzeugen, Alles ist bunt durcheinander gemischt. Hie und da findet man auch ein schönes Stück Shawl, das den Begierigen in die Augen sticht, doch wagt es Keiner Hand daran zu legen, denn Veruntreuung wird für die grösste Entweihung gehalten.

Bevor wir noch in der Stadt anlangten, hatten wir einen sehr grossen Friedhof zur Seite gelassen. Dieser mag sich beinahe auf eine halbe Meile weit erstrecken, ist weit grösser als der zu Meschhed, soll aber im Vergleiche zu dem in Kerbela sehr klein sein. Die Stadt selbst sieht verfallen und armselig aus. Wir kehrten in ein Karavanserai inmitten des Bazars ein, und ich hatte eine grosse Freude, als ich hörte, dass die Karavane hier zwei Tage Rast halten werde. Nach einigen Stunden der Erholung musste ich den Pflichten meines Inkognitos gemäss, vor Allen das heilige Grab besuchen, und nach Reinigung der Kleider und üblichen Waschungen schloss ich mich den übrigen Wallfahrern an, die den Weg zu der aus der Ferne prachtvoll scheinenden Kapelle nahmen. Wenn ich mich nicht irre, so war ich auch der erste Europäer, der das Glück hatte dieses Sanktuaire der persischen Damenwelt besuchen zu dürfen. Chardin beschrieb das, was ihm sein Diener hinterbrachte, Ouseley hatte einen nur sehr magern Bericht von einem Perser aus dem gesandtschaftlichen Gefolge erhalten und wenngleich Herr Carlian, der jetzige Hofphotograph und Professor der Chemie in Teheran, den Vorhof photographirte und das Bild „un tableau reussi du saint sépulcre" betitelte, so kann ich doch mit Bestimmtheit behaupten, dass während seiner Operation die Thüren des innern Hofes verschlossen waren; denn kein Einfluss in der Welt wäre so mächtig, um es zu bewirken, dass es dem Auge eines unreinen Frengi gestattet würde, einen Blick in das Innere werfen zu dürfen.

Man gelangte erst in den Vorhof, der mit schönen Bäumen bepflanzt ist und den zahlreichen Seiden zum Aufenthalte dient, die mit der Bewachung der respektiven heiligen Ahnmutter betraut sind. Schon von diesem Theile führt ein Weg durch ein hohes Portal in den inneren Hof, in dessen Mitte sich die mit der prachtvollen Kuppel gekrönte kleine Kapelle erhebt. Schah Abbas der Grosse und Kerim Chan der Rechtschaffene waren es, die zur Verherrlichung des Gebäudes am meisten beigetragen haben. Fabelhaft ist die Zahl der Dukaten, die zur Vergoldung der ziemlich grossen Kuppel angewendet worden sein soll und wenn ich gut unterrichtet bin, so ist es eine drei fingernageldicke Goldplatte, mit der die Kuppel überzogen ist. Der Eingang ist mit einem Portal geziert, dessen meisterhafte Kaschi-Arbeiten, symmetrisch geordnete Arabesken in den allerfrischesten Farben, unter denen das tiefe Azur vorherrschend ist, einen feenhaften Eindruck auf den an orientalische Prachtgebäude ungewöhnten Reisenden ausüben. Sechzehn Marmortreppen führen zur Thüre, die mit einer dicken Silberplatte überzogen, gewöhnlich aber von einem schweren Teppich bedeckt ist. Schon auf der untersten Treppe werden dem Pilger Schuhe, Waffen oder Stock abgenommen und wenn man dann in ziemlich gebückter Stellung hinaufgeht, muss man bei Uebertretung der Schwelle erst den kalten Marmor küssen und dann hinüber wegschreiten Das Innere ist noch mehr überraschend, als der vorher genannte Theil. Hier sind die Arabesken und Kaschi-Arbeiten mit Spiegeln und reich vergoldeten Blumen untermengt und obwohl ganz rund, ist doch die Wölbung der Kuppel sowohl, als die Wand mit hunderten von Prismen und Reliefarbeiten, mit Nischen und andern architektonischen Zierrathen so überladen, dass es wohl prachtvoll, aber keineswegs zierlich und geschmackvoll genannt werden kann. Der Sarg, der von einem massiven Silbergitter umringt, mit einem kostbaren Teppich bedeckt ist, steht gerade in der Mitte unter dem Hauptkandelaber, die Hülle wird nur einmal jährlich davon herabgenommen und den frommen Wallfahrern wird auch nur ein kleiner Theil davon gezeigt. So wie überall, hängen auch hier Gebete von den Gitterstäben herab, Einige lesen, Andere lassen lesen, wieder Andere zahlen den in der Menge sich herumtummelnden Seiden, damit sie statt ihrer Stellen aus dem Koran rezitiren. Man schreit, singt, weint, Seide verlangen in unverschämtem Tone Spenden und Gaben und doch sind die Andächtigen nicht gestört; denn inmitten des grüsslichen Lärmes kann man doch noch Viele sehen, welche, die Stirne auf das kalte Erz des Gitters gedrückt, mit star-

ren Blicken den Sarg angaffend, stundenlang dasitzen,
ohne sich stören zu lassen. Mich hatte beim Eintritte,
noch mehr als die bunte Menge, die grosse Anzahl jener
kostbaren Kleinodien überrascht, welche rund herum auf
den Wänden und an den Spitzen der Gitterstäbe aufgehängt sind. Edle Metalle, edle Steine sind den Persern
sehr lieb. Sie meinen daher, dass ihre Heiligen auch ein
Vergnügen daran haben, und so kommt es, dass der
Ruheort der letztern mit einer wahrlich auffallenden
Menge werthvoller Gegenstände geschmückt ist. Jeder
Diamant, jede goldgezierte Waffe hat ihre eigene Geschichte, d. h. die Ursache, die den Spender bewogen,
dieselbe herzubringen. Mir kam nur eine ganz ins Auge
fallende Silbernadel sonderbar vor und als ich mich
darüber erkundigte, hörte ich, dass ein Ehemann sie
hieher gegeben. Derselbe wurde seiner Frau untreu und
verkaufte sie später den Turkomanen. Sie schmachtete
Jahre lang in Gefangenschaft in Turkestan und als sie
von dort eine Spende an das Grab der Heiligen schickte,
ward ihr Gemahl derartig von Gewissensbissen ergriffen, dass er ohne Ruhe und Rast sieben Jahre umherirrte, sie aufzusuchen, und als er sie endlich fand, loskaufte und heimbrachte, gab er erwähnte Spende als
Dankopfer der heiligen Fatima. Wenngleich mein Bagdader Anzug in der fanatischen Versammlung der Schiiten Vielen ein Dorn im Auge war, so stiess mir, Dank
meinen Reisegefährten, doch kein Ungemach zu. Nachdem man das Grab dieser Heiligen besucht, ist es Sitte,
auch der in der Nähe ruhenden irdischen Grossen zu
gedenken. Ich begleitete daher einige meiner Reisegefährten zu den Gräbern Feth Ali Schahs und zweier
seiner Söhne, die in prachtvollen alabasternen Särgen

liegen, auf deren Aussenseite nebst der einfachen Aufschrift ein ziemlich treues Konterfei der Verewigten eingehauen ist. Feth Ali Schah, obwohl Kadschar, war, wenn auch wegen nichts Anderem, doch seiner Persönlichkeit halber bei den Persern sehr beliebt. Er hatte den längsten Bart im Reiche, war immer am prachtvollsten gekleidet, der grösste Damenfreund seiner Zeit und einer der geschicktesten und stattlichsten Reiter. Die Unbilligkeiten seiner Regierung sind bald vergessen worden, aber diese Eigenschaften leben im Angedenken des eitlen Persers lange fort.

IV.

Nach Verrichtung der frommen Pflichten unternahm ich einen Ausflug in die Stadt, um deren Merkwürdigkeiten zu besehen. Wie überall fing ich auch hier beim Bazar an, der eben zur Erntezeit der Früchte mit den in ganz Persien berühmten Wassermelonen reichlich versehen war. Diese Frucht ist beinahe überall in Persien zu Hause und dient einem grossen Theil des Volkes zur ausschliesslichen Nahrung in den Herbstmonaten und der Saft (Abi Hinduvana) wird sonderbarer Weise als Medizin bei vielen Krankheiten gebraucht. Ja, auch die Schale wird in Anwendung gebracht. Sie wird erst getrocknet, dann gekocht und wenn man in deren siedendes Wasser ein Stück Leinwand taucht, so kann man es später durch den Phosphorgehalt der Pflanze als Schwamm benützen. Nebst der Melone gibt es auch noch hier gute Pfirsiche und Granatäpfel. Am meisten aber sind die Thonfabrikate berühmt, namentlich eine gewisse Art langhälsiger Krüge, die aus der Erde der heiligen Stadt fabrizirt werden. Als ich so im Bazar umherschlenderte, fiel mir unter Anderm auch die einfache Bude eines Kattundruckers auf. Der industrielle Perser hieb ganz tüchtig mit seinen in blaue Farbe getauchten Modellen auf ein Stück grober Leinwand ein, lachte, als ich ihm zusah und da er mich für einen Frengi hielt, rief er mir neckend entgegen: „Wir werden bald eure theuern und verfänglichen Kattunstoffe los werden, bald werden wir euch Alles abgelernt haben, und wenn die Perser der Kunst Frengistans nicht ferner bedürfen werden, bin ich sicher, dass ihr Alle hieher betteln kommt."

An Gebäuden ist Kum, trotzdem es schon im hohen Alterthume eine berühmte Stadt war, sehr arm. Die Umgebung wird als eine im üppigen Grün unvergleichlich dastehende geschildert, was natürlich nur im dürren und öden Persien gelten kann und welcher Umstand der reichhaltigen Wasserleitung zuzuschreiben ist, die von den nahen Gebirgen das kostbare Nass hicher führt. Dessen ungeachtet hat das Wasser, wenn es im Freien geschöpft wird, einen etwas salzigen Geschmack, welchen es aber in dem Brunnen gänzlich verliert und als ich einen Perser über dessen Ursache befragte, erzählte er mir, dass ein Araber, der mit der heiligen Fatime hieher kam, der Stadt Unterricht gab in der Zubereitung einer Mischung von Thon, mit welchem alle Brunnen und Wasserbecken ausgeschmiert werden, und der dem Wasser nach und nach den salzigen Geschmack benimmt. Obwohl diese Wirkung einzig und allein einer übernatürlichen Kraft zugeschrieben wird, so kann ich nicht umhin einem sachkundigen europäischen Reisenden die Analysis genannten Thones zu empfehlen.

Als ich nach einem ziemlich langen Ausfluge in der Stadt und deren Umgebung Abends in dem Karavanserai anlangte, fand ich hier in einem Winkel einige armgekleidete, durch furchtsame und schüchterne Blicke sich verrathende Perser. Ich näherte mich ihnen und war eben im Begriffe mich mit ihnen in ein Gespräch einzulassen, als einer meiner Reisegefährten mir zurief: „Effendi, was thust du denn? Heute hast du gewallfahrtet und jetzt willst du dich an diesen unreinen Juden beflekken?" Juden, dachte ich mir, da kann der Perser mir lange zuschreien. Als die armen Kinder Israels meine Freundlichkeit bemerkten, kamen bald mehrere von den Zellen heraus, umringten mich förmlich und erzählten mir, immer schüchtern umherblickend, dass sie heute (Freitag) sich ihre Kost auf den morgigen Sabbathtag bereiten, an dem sie gar nichts, was nur einer Arbeit gleicht, verrichten dürfen. Einer der Aelteren konnte sich nicht enthalten mir unter Thränen die Erpressungen zu erzählen, denen seine Religionsgenossen hier in Persien ausgesetzt sind, und mit welch freudigem Blicke sah er umher, als er mir, dem vermeinten Osmanli, die Milde der Regierung des Sultans schilderte. Er hatte nicht genug Worte, um den Sultan zu segnen; aber davon hatte der Israelite gar keine Ahnung, dass dort die Triebfeder der edlen Handlungen nur unser aufgeklärter Westen ist.

Nach zwei Tagen wurde Kum verlassen und auf einer einsamen öden Strasse langten wir nach vierstündigem Ritte im Dorfe Lenkiran an. Die Karavane lagerte im Dorfe selbst, ich aber zog es vor in einem in der Nähe liegenden Garten, in dessen Mitte sich die kleine Kapelle eines Imamzade (Nachkommen eines Iman) befand, den Tag zuzubringen. Die Gräber dieser Imamzade sind in Persien sehr zahlreich anzutreffen und es hat gewiss kaum ein Zehntel von denen existirt, die heute dort verehrt werden. Kein Wunder; denn jedes Dorf, wenn noch so klein, will seinen Heiligen haben. Man improvisirt sich einen, erfindet ein Mährchen und baut über die Gebeine des erdichteten Helden eine Kapelle, die sogleich mit grünen Ziegeln gedeckt wird. Grün ist die Farbe,

mit der sich die heilige Nachkommenschaft während
des Lebens den Kopf kleidet, grün muss auch das Haupt
ihrer Gruft sein. Wie ich so gemächlich im Schatten
der Bäume ruhte, kam der Grabwächter auch bald her-
angeschlichen. Wunderwerke erzählte er mir von der
Kraft des verstorbenen Heiligen und erst gestern, meinte
er, wäre ein persischer Chan, der an demselben Orte
ruhte, wie ich, und später in betrunkenem Zustande sich
ins Innere begeben wollte, plötzlich vom Schlage getrof-
fen niedergesunken. „Ja, Effendi," sagte er, „mit Heiligen
lässt sich nicht spassen." Seine Miene war im Laufe der
Erzählung die allerwichtigste, doch merkte ich bald,
dass es ihm eigentlich um einige Pfennige zu thun war,
und als ich ihm dieselben reichte, entfernte er sich auch.

Einsamkeit ist oft sehr süss in dem immer bewegten
Karavanenleben, besonders war dies bei mir der Fall,
da ich in der Gesellschaft der fanatischen Schiiten immer
hundert der drolligsten Fragen hinsichtlich des religiösen Zwistes der beiden Sekten zu beantworten hatte.
In der Einsamkeit malte sich meine Phantasie die wunderbarsten Bilder aus. Ich liess meine Gedanken von
Persien weit nach dem fernen Westen hin wandern,
erinnerte mich an all jene Gestalten, in welchen ich den
Orient, namentlich aber das alte Persien mir vorstellte,
als ich noch zu Hause war. Ja, Vieles war anders, Vieles
poetischer, als das, was die Gegenwart mir gewährte,
und doch konnte ich eine tiefe Bewegung nicht unterdrücken, als ich einige Dorfbewohner, die hier einen auffallend medischen Typus haben, anblickte. Mit den Konturen ihrer Gesichtszüge fielen mir die Illustrationen
ein, die ich von den syrischen und medischen Basreliefs
in den Werken Layard's, Rawlinson's und anderer Reisen-

der sah und wie klopfte mein Herz, als ich nun die Originale, statt der frühern Kopien, vor mir hatte! Die Sonne war schon längst untergegangen, als wir uns auf den Weg machten, um die nächste Station Sengseng zu erreichen. Gewöhnlich pflegt man über Schurab und Pasingan zu gehen, doch wurden diesmal, bei der gänzlichen Wasserlosigkeit dieser Orte, diese Stationen umgangen. Die ganze Strecke ist eine der schrecklichsten Wüsteneien. Kein Tropfen Wasser ist in der Umgebung zu finden, keine Spur von Ackerbau ist sichtbar, und doch ist sie im Herzen Persiens gelegen! Da ich mich mit Wasservorrath zu versehen vergass, so hatte ich vom Durste viel zu leiden und nachdem wir in Seng-seng angekommen waren, vermochte das stinkende Wasser der Zisterne mir nur wenig Linderung zu verschaffen, weshalb ich höchst erfreut war, als wir die nächste Nacht die letzte Strecke unseres Weges durch die Wüste vollendeten und von ferne die Kuppeln Kaschans, einer Stadt zweiten Ranges in Persien, zu Gesichte bekamen. Der in persischer Gesellschaft reisende Europäer wird bei Annäherung an eine Stadt immer von einem gewissen Grade von Neugierde befallen sein, so viel Herrliches, so viel Erhabenes, so viel Seltenes wird ihm von dem Orte erzählt, den er besuchen will. Die Schönheiten Kaschans wurden mir drei Stunden lang, bevor wir zum Thore hineinschritten, mit den überschwenglichsten Ausdrücken geschildert. Worte, die übrigens in dem geographischen Werke eines orientalischen Gelehrten hinsichtlich dieser Stadt zu finden sind, der Kaschan durch die Vorzüglichkeit seiner Gärten, seiner Felder und besonders seines Wassers für unvergleichlich in der ganzen Welt hält. Nur ein Gegenstand von den vielen gepriesenen überraschte mich in Wirklichkeit, und dies war der Bazar der Kupferschmiede, welche die berühmten Kessel von Kaschan verfertigen. Im Bazar Miskaran sind ungefähr 180 Werkstätten neben einander, wo rüstige Arme den ganzen Tag loshämmern und da das Getöse schon in ziemlicher Entfernung hörbar ist, kann man sich vorstellen, wie sich dieser höllische Lärm erst in der Mitte des gewölbten Bazars ausnimmt. Auffallend war mir, wie die Leute bei diesem Höllenlärm einander verstehen; aber nicht die Laute, sondern die Bewegungen des Mundes interpretiren die Gedanken, und der Fremde kann nur dann die Antwort verstehen, wenn man ihm dicht ins Ohr hineinredet. Obwohl das rohe Erz aus dem fernen Russland hieher gebracht wird, so ist die Fabrikation doch ausschliesslich eine Spezialität der Kaschaner, deren Erzeugnisse an Solidität und Schönheit für unvergleichlich gehalten werden. Die berühmten lazirten Ziegeln, die den Glanz ihrer hellen Farben durch Jahrhunderte lang bewahrten, sollen in dieser Stadt erfunden worden sein. Früher hiessen sie Kaschani, heute aber Kaschi und sind überall als Hauptzierde der architektonischen Denkmäler in Mittelasien anzutreffen. Oft sieht man ganze Façaden, besonders Portale in der Form der schönsten Arabesken mit diesen emaillirten Ziegeln geschmückt, oft hingegen, wie z. B. in Samarkand und in Herat, die schönsten Blumenwerke aus derartiger Ziegelmosaik. Jedes einzelne Blättchen bildet ein anderes Stück Erde, das künstlich in einander gelegt, das Email ist so fest und dauerhaft, dass eher der Ziegel bricht, als dass dessen Oberfläche beschädigt wird.

In vollster Blüthe soll diese Kunst in Kaschan zur Zeit Timurs gewesen sein, heute wird sie wohl auch noch stark daselbst betrieben, doch haben den Ruhm der alten Kunstfertigkeit ihr viele andere Städte streitig gemacht.

Kaschan ist ausser diesem nicht nur durch seine Seiden- und Sammtfabrikation, sondern auch durch seine Skorpionen berühmt, die nach der Aussage der Eingeborenen die fremden Durchreisenden aus Rücksicht für die Gastfreundschaft nicht angreifen. Doch scheint mir dieses eben so sehr, als die umgekehrten Berichte von giftigen Wanzen von Miane, rein erfunden zu sein und gewiss mehr peinigend als diese Insekten ist die zahlreiche Gesellschaft der Lutis (Vagabunden, Possenreisser), die in Kaschan jeden Fremden anfallen und ihm nicht eher vom Halse gehen, als bis die Ruhe durch ein Douceur erkauft worden ist. Als ich in dem Karavanserai anlangte, harrten meiner schon ungefähr zehn Stück dieser Taugenichtse, die mit Kesseln, Pauken, Pfeifen und andern Instrumenten einen betäubenden Lärm machten, und während Einer einen angeketteten Bären zum Tanzen zwang, stellte sich ein Anderer mir gegenüber, lobpreisende Gedichte zu rezitiren, in welche er, auffallend genug, auch meinen Namen mit einwob, natürlich, wie er denselben früher in der Reisegesellschaft nennen hörte. Eine halbe Stunde lang war ich ungeduldiger Zeuge dieses Getöses, das die Perser Unterhaltung nennen und als ich mich zurückzog, erschien bald der Chef dieser Bande, der trotz aller meiner Auesserungen, dass ich selbst ein Bettler wäre, trotz aller meiner Betheuerungen, dass mir ihr Spektakel gleichgiltig war, sich erst dann entfernte, als ich ihm gezahlt hatte.

Von Kaschan aus geht der Weg rechts in der Nähe der Ruinen eines Dorfes, das Gebrabad (Aufenthaltsort der Feueranbeter) genannt wird, über ein Gebirge, das die Ebene und Wüste links lässt. Wenn die mondbeleuchtete Nacht die früher durchschrittenen Theile der Deschti Kuvir in ein romantisches Kleid hüllte, so war dies jetzt desto mehr der Fall, als wir durch den schmalen Bergweg inmitten kolossaler Felsstücke und durch Berge von der bizarrsten Form hinzogen. Alle zehn Schritte ward die Szenerie eine neue, eine mehr oder weniger wild romantische und den Höhenpunkt ihrer Schönheit erreichte sie, als wir unter den grossen Bend oder Wasserbehälter gelangten, den Schah Abbas in Felsen bauen liess, um das Schneewasser der Gebirge der nicht fernen dürren Ebene zuleiten zu können. Obwohl im Spätherbste, war das grosse längliche Becken, das aus dem geschlossenen engen Thale besteht, zum Ueberströmen voll und der Abfluss von der ungefähr 50 Fuss hohen Steinmauer bildete einen Wasserfall, der in hell beleuchteter Nacht einem Diamanten- oder Edelsteinstrome, wie die Perser sich ausdrückten, glich, und wahrlich nicht ohne Schönheit war. Das dumpfe Getöse des Sturzes widerhallt in der stillen Nacht weit in den Gebirgen und wer, von den dürren Ebenen hieher anlangend, an einem Trunke sich laben kann, der möchte dieses Wasser nicht mit dem edelsten Tokayer vertauschen.

Die Gegend gefiel mir und als meine Reisegefährten meine Bewunderung wahrnahmen, sagten sie: „Dieses ist nichts im Vergleiche zu Kuhrud, unserer Station des nächsten Morgens; das ist ein wahres Paradies. Solche ausgedehnten Gärten, solche reichen Früchte und solch gute Luft hast du gewiss nirgends in der Welt gefunden."
Im Vergleiche zu dem, was die Reise mir bis jetzt zeigte,

bot Kuhrud wirklich durch Fülle seiner Gärten, durch die weit sich erstreckenden, sorgfältig bearbeiteten Aecker einen recht angenehmen Anblick und ist mit Recht als einer der anmuthigsten Orte Persiens berühmt. In diesem lieblichen Thale soll Darius auf seiner Flucht nach dem unglücklichen Ausgange der Schlacht mit Alexander von meuchelmörderischen Pfeilen getödtet worden sein, wenigstens will Chardin und nach ihm viele andere europäische Reisende dieses behaupten.

Unser Ruheort in Kuhrud, einem kleinen Dörfchen von ungefähr 300 Häusern, war ein überaus fröhlicher. Die Karavane war vis-à-vis dem Tscharparchane (Posthaus) gelagert, das, wie überall in Persien, aus einem ein Stock hohen Gebäude bestand, dessen oberes Stockwerk (Balachane) *) jedoch nur ein Zimmer für vornehme Reisende zählte. Nachdem ich meinen Thee in munterer Gesellschaft meiner Reisegeführten genommen hatte, machte ich einen kleinen Streifzug ins Dorf und besuchte schliesslich auch das erwähnte Posthaus, in dessen oberem Gastzimmer meine Aufmerksamkeit durch eine auffallende Menge Bleifedergekritzel in europäischen Sprachen erregt wurde. In einem Winkel las ich ein französisches Quatraine. Ein feuriger Sohn Galliens, der von dem ermüdenden Ritte sich hier einige Momente erholen wollte, hatte in den ersten zwei Versen in Erinnerung an la belle France mit wehmuthsvollen Worten sein Heimweh ausgedrückt, während er in den andern mit bitterster Wuth über seine Enttäuschungen in dem poetisch geschilderten Persien tobte. Nicht ferne davon

---

*) Von Balachane stammt das italienische balcone oder unser Balkon her.

auf der Mauer entdeckte ich einige spitzige, langbeinige Charaktere, mit welchen sich ein braver Teutone hier verewigen wollte. Und was wird wohl der liebe Leser glauben, schrieb er auf die Wand? — Er schrieb eine Kritik zu den vier Versen des Franzosen, eine Kritik sage ich, und noch dazu eine herbe. Der arme biedere Deutsche! Die Schindmähren der persischen Postpferde haben ihm alle Knochen durcheinander geschüttelt! Er will sich ausruhen und hat doch noch so viel Zeit, um einen Beweis des berühmten Gründlichkeitsgelüstes seiner Nation im fernen Iran zurückzulassen. Auf andern Theilen der Wand waren verschiedene Namen mit hiëroglyphenartigen Zügen eingeschrieben und ganz nahe an der Thüre fand ich folgende kuriose Aufschrift in englischer Sprache: „Weil ich zu müde bin, um etwas schreiben zu können, so schreibe ich gar nichts. J. L." Der Träger dieser Inizialen ist mir übrigens auch persönlich bekannt und sein Andenken ist mir durch eine Antwort eingeprägt worden. Als ich ihn nämlich eines Tages fragte, warum er zehn Stunden lang schlafe, da doch die ganze Welt mit sechs oder mit sieben genug habe, antwortete er mir mit brittischem Stoicismus: „Ja, mein Herr, Sie und die andern Kontinentalen sind feurig und schlafen schnell; ich aber schlafe meinen Schlaf langsam aus."

Ich hätte bald zu erzählen vergessen von einem gegenseitigen Vertrage, der zwischen mir und einigen andern Mitgliedern der Karavane hier geschlossen wurde. Wie bekannt, hatte ich auf meiner ganzen Reise von Teheran bis hieher von den schiitischen Reisegefährten sehr viel auszustehen wegen meines pseudosunnitischen Charakters; denn sobald es nur die Gelegenheit erlaubte, fing die so sehr beliebte, mir aber verhasste Diskussion an, und wenn ich mich zurückzog, wurde ich von einem ganzen Pfeilregen der bittersten Sarkasmen verfolgt. Der Eine fing an Omer zu fluchen, der Andere schalt die Chalifen Osman und Abu Bekr, der Dritte äusserte sich in den obscönsten Ausdrücken gegen Aijeschah, der Frau des Propheten und Erzfeindes der Schiiten, und obwohl die verunglimpfte Ehre dieser Herren und Damen mir in petto nicht viel Kummer verursachte, so konnte ich doch nicht umhin, entweder meinen offiziellen Aerger in einem Gemurre auszudrücken. oder was natürlich gefährlicher war, mit einer oder der andern Bemerkung zu antworten. Da derartiger Wortwechsel sehr häufig in Leidenschaft ausartete und jede muntere Konversation verbannte, so wurde in Kuhrud beschlossen und festgesetzt, in der Zukunft von Schiismus und Sunnismus täglich nur einmal zu sprechen, und zwar dieses nach dem Morgengebete. Wer während der übrigen Zeit des Tages dieses Thema aufs Tapet bringe, müsse eine Wassermelone zur Strafe zahlen. Jeder stimmte hiermit überein, nur ein alter Schirazi, der aus Hass gegen den Usurpator Omar sich dessen Namen auf die innern Fusssohlen schrieb, um den ganzen Tag auf ihm herumtreten zu können, nur der machte eine Einwendung dagegen und sagte: „Sollte ich 100 Joch Acker Melonen zahlen müssen, so höre ich doch nicht auf, über Omar, diesen krätzigen Hund zu schimpfen."

Von Kuhrud geht der Weg noch immer etwas bergauf und neigt sich in ziemlich plötzlichen Abhängen zur jenseitigen Ebene, auf der das Dorf Sof die nächste Station war. Da ein grosser Theil unseres Weges über gebirgige Gegenden ging, so war der frühe Morgen nicht nur kühl, sondern ziemlich frostig und kalt. Die Reisenden stiegen hie und da ab, sammelten einen Haufen von Bute, eine Art harzigen Gesträuchs, das selbst im grünen Zustande brennt, getrocknet aber mit einem lauten Geknister in Flammen geräth. Gewöhnlich pflegt man einen grossen Haufen, zu dem Jeder sein Scherflein beigetragen hatte, auf einmal anzuzünden, die Flamme lodert recht munter und nachdem man sich etwas gewärmt, setzt man den Weg fort. Als wir ungefähr das zweite Mal diesen Morgen vor einem derartigen Feuer standen, hörten wir hinter uns ein lautes Gezanke, in das sich hie und da ein wildes Geschrei mengte, und eben als Jeder aufhorchte, fielen auch zwei Schüsse, welche, von einem wilden Geheul begleitet, die Karavane in Schrecken setzten. Alles rannte zum Orte, woher der Schuss gekommen und wir fanden einen unserer Reisegefährten mit zerschmettertem Arme auf dem Boden liegen. Die Ursache hievon war folgende: Einige Reiter, die aus Schiraz nach Teheran den jährlichen Tribut von Seite des Gouverneurs überbrachten, hatten die jüdischen Kaufleute, welche sich uns in Kuhrud angeschlossen hatten, bemerkt, spotteten sie zuerst aus, begleiteten aber später ihre Worte auch mit einigen derben Hieben. Ein Perser, der aus Mitleid für die Beleidigten seinen Reisegefährten nichts Uebles wollte zukommen lassen, wies die kecken Schirazer mit einigen herben Bemerkungen zurecht. Ein junger Hitzkopf aus der Mitte der letztern war hierüber noch mehr aufgebracht. Er drohte und als die Unserigen einige Schritte voraus gethan hatten, wollte er, eines unschuldigen Spasses halber, wie er bemerkte, einem Juden die Pelzmütze mit einer Kugel durchlöchern. Er schoss. Doch Allah nahm die Kinder

Abrahams in Schutz und statt der Kopfbedeckung des Juden traf die Kugel den Arm eines Persers. Der Anblick des in seinem Blute darnieder Liegenden brachte unsere ganze Karavane in höchste Wuth und obwohl der Missethäter mit aller Kraft seines Pferdes weggaloppirte, so wurde er dennoch erreicht, gleich beim ersten Empfange jämmerlich durchgeprügelt, erst bespuckt und beschimpft und dann aufs erbarmungsloseste gebunden in die Mitte der Karavane gebracht. Da der halb todt geprügelte Schirazer sowohl, als der verwundete Isfahani, des Reitens oder Gehens unfähig, ihren Weg nicht fortsetzen konnten, wurden sie beide in Tragkörben auf ein Maulthier geladen und nach einer halben Stunde fand man sie schon im vertraulichsten Gespräch mit einander. Sie pflegten sich gegenseitig ihre Wunden, sprachen sich Trost zu und küssten einander; denn nach orientalischen Begriffen hatte Keiner Schuld an dem Vorfalle. Das Schicksal hatte es so gewollt und mit dessen Fügungen muss Jeder zufrieden sein.

Dort, wo das Gebirge endet, bis nach Isfahan ist die Gegend, obwohl nach unsern Begriffen bei weitem noch nicht gut bestellt, doch viel besser, als anderswo. Nach Sof war unsere letzte Station vor der ehemaligen Hauptstadt der Sefevi ein Dorf Namens Murtschechar. Hier hatte der Dorfrichter aus Anhänglichkeit an den Gouverneur von Schiraz es versucht, den Schuldigen zu befreien. Doch die Karavane wehrte sich standhaft und setzte nächsten Morgen ihren Weg fort, um den Deliquenten in Isfahan den Händen der Gerichte zu überliefern.

Als ich am 13. September Morgens mich auf dem Wege befand, der mich bald in die einst prachtvolle

Hauptstadt des grossen Abbas führen sollte, konnte ich trotz aller frühern Lektüre, über den Verfall, die Armuth und Ruinenmassen Isfahans die wachsende Neugierde nicht unterdrücken. Ungefähr drei Stunden vor der ehemaligen Hauptstadt sind schon Spuren ihrer einstigen Grösse zu entdecken, unter welchen Karavanserai Maderi Schah (die Karavanserai der Mutter des Schah) die merkwürdigste ist. Es war unstreitig zu seiner Zeit das prachtvollste derartige Gebäude, an das solcher Pomp und Luxus verschwendet wurden, die so manchen königlichen Palästen noch zur Zierde gereichen würden. Da die Stadt am frühen Herbstmorgen von einer Art Nebel bedeckt war, so konnte ich nur einige rechts und links zerstreute, verfallene Minarets bemerken und die runden, hohen Thürme, die zum Aufenthalte der Tauben dienen. Auffallender Weise sind dieselben auch in der Umgebung von Herat, Nischabur und anderer Städte zu bemerken, was darauf hindeutet, dass es in ganz Mittelasien eine Sitte war, diesen Lieblingsvögeln der Orientalen ausser der Stadt solche stattliche Taubenschläge zu bauen.

Endlich erhob sich der Nebel und ich bekam auf einmal die wahrlich mit gigantischem Umfange bezeichnete Stadt Isfahan zu Gesichte. Der Perser, besonders aber der Isfahani, wenn er von der Grösse seiner Vaterstadt spricht, pflegt immer zu rufen:

„Isfahan nisf dschihan
Ger Lahur nebasched."

„Isfahan ist die halbe Welt, wenn Lahur nicht wäre," das heisst: Isfahan ist die grösste Stadt in der Welt nach Lahore. Den Umfang zu bezeichnen bedient er sich des Ausdruckes, dass ein rüstiger Reiter in zwei Tagen die

Stadt umreiten kann. Das wäre ungefähr 16 bis 20 Farsache. Doch hat die Stadtmauer selbst in ihrer Blüthenzeit, als der französische Reisende Chardin sie sah, nur sechs deutsche Meilen im Umfange gehabt und wenn wir auch die mit geräumigen Gärten umgebenen einzelnen Wohnungen, die ausser dem Bereiche der Stadt sich erstreckten, noch dazu nehmen, so ist die Aussage der Perser doch immer nur orientalisch, das heisst übertrieben. Isfahan, wie es sich zuerst den Augen des Reisenden darstellt, hat wirklich etwas Imposantes. Von Osten bis Westen sieht man eine endlose Kette von Wohnungen und Gärten, unter denen sich hie und da einige Kuppeln, Thürme oder sonstige hohe Gebäude erheben. Auf keiner Seite kann der Blick eine Grenze finden. „Nichts," sagt Malcolm, „kann die Fruchtbarkeit und Schönheit des Landes in der Nähe von Isfahan übertreffen und der erste Anblick der Stadt ist überraschend. Alles entzückt, was das Auge sieht, die Haine, die Alleen und die sich ausbreitenden Gärten, deren es im Ueberfluss gibt, und welche die Ruinen dieser einst so berühmten Hauptstadt verbergen. Der nähere Anblick jedoch verscheucht die Täuschung, aber dem ungeachtet gibt es noch viele Ueberreste von Reichthum, wenn nicht von Glanz."

Im Oriente ist Alles nur vor der Aussenseite schön, Alles glänzt nur in der Ferne; daher ich auch nicht im mindesten überrascht war, als ich beim Eintritte in die Stadt dieselben krummen Gassen, dieselben armseligen Hütten, denselben Schmutz und Unflath, dieselben Gruben in den Strassen fand, wie in Teheran und in allen bis jetzt gesehenen persischen Städten. Da wir Isfahan der Breite nach zu durchschreiten hatten, so kostete es beinahe eine Stunde, bis wir nach unserem Eintritte durch die grossen, langen, jetzt meistens öden Bazare in jenen Theil der Stadt gelangten, welcher das heutige Zentrum bildet und verhältnissmässig ziemlich bewohnt ist. Ich nahm ein bescheidenes Quartier in einem der meist zentral gelegenen Karavanserai, vergönnte mir einen Tag Ruhe und machte mich am nächsten Morgen schon auf, um die trotz allen Verfalles noch höchst merkwürdige Stadt näher kennen zu lernen.

V.
Merkwürdigkeiten Isfahans.

Das Erste, was den Fremden in Isfahan überrascht, sind die noch immer imposant scheinenden Bazare. Stundenlang kann man umherirren inmitten dieser hoch gewölbten Strassen, die labyrinthartig in alle Theile der Stadt sich erstrecken und in denen man nur mit Hilfe eines guten Führers, ohne sich zu verirren, umhergehen kann. In der Glanzperiode muss dieses wirklich eines der grossartigsten Schauspiele geboten haben. Isfahan war damals der Mittelpunkt halb Asiens. Diese Läden strotzten von allen Waaren des Ostens und Westens, in ihren Räumen drängte sich die beschäftigte Menge so vieler und bunter Völkerschaften. Isfahan, als der Zentralpunkt eines grossen Reiches, diente nicht nur Persern, Arabern, sondern auch Indiern, Afghanen, Mittelasiaten, Georgiern, Armeniern, hie und da auch europäischen Kaufleuten zum Sammelpunkte. Welche Pracht und Luxus muss nicht zur Zeit eines Abbas hier zur Schau getragen worden sein! Heute ist, wie ich schon sagte, ein grosser Theil verlassen. Das wahre persische Bazarleben erstreckt sich nur auf einen sehr kleinen Theil, im Uebrigen findet man in manch prächtigem geräumigen Laden nur einen Melonenhändler, der seine gigantischen Früchte überall ausbreitet, um nur den Raum seines Magazins zu bedecken. In andern Lokalitäten fin-

Ein Theil des Hauptplatzes Mejdani Schah in Isfahan.

det man arme Kleinhändler, die sich oft im zu grossen Lokale sammt ihrem Waarenvorrath verlieren. Ein grosser Theil, ja ich könnte sagen, ganze Strassen dieses Bazars sind verlassen oder als Ruinen verfallen, die etwas brauchbaren Theile dienen Thieren zu Stallungen, in andern wird die monotone Grabesstille nur durch einen an der Wand kümmerlich hinschleichenden Hund unterbrochen. Ein fürchterlicher Kontrast zu dem früher grossen Isfahan, ein Kontrast, der sich oft und an vielen Orten dem betroffenen Auge des europäischen Reisenden zeigt und ihn ganz lebhaft an jene Verse erinnert, die man Mohammed dem Eroberer zuschreibt, als er in den von Spinnengewebe bedeckten Cäsarenpalast zu Konstantinopel trat:

„Es webet die Spinne ihr Netz über der Cäsaren stolzen Thron;
Unter Efrasiabs prächtigen Kuppeln klinget der Nachteule düsterer Ton."

Es ist nicht meine Absicht, den Leser mit der so vielmals gegebenen Beschreibung Isfahans zu langweilen. Nichts Neues, nichts Unbekanntes kann ich von den prachtvollen Ueberresten erzählen und es ist auch nur ein eiliger Ueberblick, zu dem ich den geneigten Leser einlade. Vom Bazar führt eine Strasse zu dem berühmten Mejdani Schah (Hauptplatz des Schah). Dieses ungefähr 700 Ellen lange und 200 Ellen breite Hippodrom bildet ein regelmässiges Viereck, dessen jede Seite eine doppelte Reihe gewölbter Blenden hat, in welchen früher die prachtvollsten Luxus-Artikel feilgeboten wurden, die heute aber theils im Verfalle sind, theils einigen ärmlichen Serbazen zum Aufenthalte dienen. Ich trat bei jenem Theile ein, über dem sich das gigantische Orchester Schah Abbas befand, das die Perser Nakarachane heissen, und welches zu seiner Zeit aus 500 Trompetern bestand (relata refero), um nach alter persischer Sitte sowohl die ersten Strahlen der aufgehenden Sonne, als auch die letzten zu begrüssen, oder bei feierlichen Aufzügen mit wildschmetterndem Getöse die Freude der Menge den hohen Lüften zu verkünden. Diesem Theile gegenüber befindet sich die Mesdschidi Schah (die Moschee des Schah), ein obwohl verfallenes, doch immer noch herrliches Bauwerk, vor dessen Eingange einige jener stolzen Bäume sich noch befinden, die ehemals den ganzen Hauptplatz geziert haben. Nicht weit von der überraschend pomphaften Pforte ist eine ärmliche, kleine Hütte zu sehen. Man sagte mir, sie wäre schon sehr lange dort und ein Derwisch, dem die Moschee besonders gefiel, habe die Erlaubniss erhalten, in deren Nähe seine ärmliche Hütte zu bauen. Man wollte Pracht mit Armuth verglichen haben, denn die Extreme gefallen den Orientalen so sehr. Links hatte ich die Moschee Lutf Alis besucht und es blieb mir nur noch die rechts ziemlich zentral gelegene Ali Kapi (hohes Thor), durch welche man in die Paläste gelangt. Die Thürflügel dieser Gebäude waren mit Silber überzogen und als ich den über diesen sich befindlichen Balkon betrat und einen Blick auf den ganzen Mejdani Schah warf, konnten selbst die von allen Seiten mir entgegenstarrenden Ruinen das Gefühl der tiefen Bewunderung nicht vermindern. Dieser Platz, unstreitig der grösste, den je eine Stadt in ihrem Innern verbarg, muss zur Zeit seiner Blüthe ein gar buntes, sonderbares und höchst interessantes Bild geliefert haben. Bald stellt sich die Phantasie jene Momente vor, in welchen hier eine glückliche Menge, im Gewühl sich umhertreibend, ihren Vergnügungen nachging. Das heitere, lebhafte Temperament der Perser ist bekannt, so auch die Liebe der Orientalen zu hellen Farben und zu strahlendem Prunke, weshalb sie auch aus Frankreich und Venedig Kristalle, Edelsteine und Putzgegenstände holen liessen. Wahrlich, dieses persische Belvedere muss grossartig gewesen sein! Dann versetzen wir uns im Geiste in jene Zeit, in welcher der grosse Schah von diesem Balkon die Tausende seiner Krieger musterte, die von so verschiedenen Theilen Asiens hieher strömten, um die königliche Revüe passiren zu können. Perser, die die parthische Reitkunst erbten, Turkomanen, Araber auf ihren flüchtigen Rossen, Afghanen, Georgier, Indier, Armenier, alle begegneten sich hier und selbst die Rückerinnerung an die martialischen Gestalten dieser asiatischen Vorzeit hat für das Gemüth eines Europäers unendlich viele Reize noch. Heute ist Alles eine freudenlose, verlassene Einöde, Todtenstille herrschet dort während des grössten Theils des Tages und die melancholische düstere Stimmung wird nur dann unterbrochen, wenn zweimal wöchentlich in einem Winkel dieses Hauptplatzes die Eselverkäufer ihren Markt beginnen, oder wenn an einem Freitag der Hauptpriester der Stadt mit seinem, von kolossalen grünen Turbanen bedeckten Gefolge durch denselben hinzieht. Welcher Spott für das Angedenken an die Glanzperiode!

Durch das Ali Kapi eintretend kann der Reisende die verschiedenen Paläste und Gebäude besuchen, von denen das Tschihil Sutun (40säulige), Talari Tevile (Vorhallen der Stallungen), Hescht Bhischt (8 Paradiese), Gül deste (Rosenstrauss) die berühmtesten und meist erwähntesten sind. Ich fing beim Tschihil Sutun an. Von den 40 Säulen, die, so wie das ganze Gebäude, mit

Spiegeln und Goldverzierungen eingelegt sind, habe ich nur noch 20 gesehen, die andern 20 sollen verbrannt sein. Dem ungeachtet ist dieser Palast durch diese kristallartigen Pfeiler, durch sein blendendes Innere doch der prachtvollste. Im Innern befindet sich ein 75 Fuss langer und 36 Fuss breiter Saal, an dessen Wänden folgende sechs grosse Gemälde hängen, sämmtlich gut gezeichnet und in überraschender Farbenfrische:

1. Schah Abbas der Grosse sitzt auf seinem Throne und empfängt den Özbegen-Fürsten Abdul Mumin Bey, in Gegenwart eines glänzenden Hofes, in welchem der Hofnarr auf einem andern Höflinge reitend ins Auge fällt. Diesem Bilde gegenüber ist

2. Schah Abbas der Kleine, wie er den Gesandten Indiens empfängt, der die verschiedensten Produkte seines reichen Vaterlandes zu den Füssen des Perserkönigs legt.

3. Ein Schlachtgemälde und zwar das berühmte Treffen zu Tschaldiran zwischen Selim dem Ersten und Schah Ismail. Das bekanntlich für die Perser unglückliche Treffen wird hier im Gegentheile als siegreich dargestellt. Viele der Gruppen sind überraschend schön. Diesem gegenüber ist

4. Nadir Schah, dieser letzte Welteroberer Asiens, wie er mit seinem indischen Gegner kämpft, welch letzterer von seinem Elefanten zur Erde geworfen wird.

5. Schah Tamasp, der Humajun, den stolzen Herrscher Nordindiens, empfängt. Diesem gegenüber ist

6. Schah Ismail der Kleine, wie Abdul Aziz, der Schejbani-Fürst aus Bochara, huldigt.

Von Tschihil Sutun ging ich nach dem Palaste Hescht Bchischt. Auch dieser ist mit Gold, Spiegeln und Arabeskenverzierungen reichlich beladen. Früher hatte ihn ein reizender Garten umgeben, heute aber ist Alles wüste umher und er dient auch nur als Sommerquartier der vornehmen Beamtenwelt, als auch den europäischen Gesandtschaften, die sich von Südpersien der heutigen Hauptstadt nähern. Ich konnte meinen persischen Begleitern nicht widerstehen und besuchte, um ihrem Nationalstolz zu huldigen, auch die übrigen Theile des so hoch angepriesenen Edens und der Gang war wahrlich der Mühe werth.

Vom Bereiche dieser prachtvollen halb und ganz verfallenen Paläste gelangt man durch eine grosse Allee zum Flusse Zinde Rud oder Zaiende Rud, wie man ihn zu nennen pflegt. Früher waren beide Ufer bewohnt, heute blos das diesseitige. Ebenso ist die Zahl der Brücken bedeutend vermindert und es existiren heute nur drei oder vier, von denen die eine aus Stein gebaute, drei Stockwerke hohe noch immer den Namen eines merkwürdigen Gebäudes verdient. Sie hat vierundzwanzig Bogen, die so gebaut sind, dass das Wasser im schlängelnden Laufe durchzieht, dass die Isfahaner diese Brücke für ein achtes Weltwunder halten, braucht kaum gesagt zu werden, doch muss ich gestehen, dass, wenigstens so weit ich Asien kenne, mir nirgend ein derartiges Bauwerk begegnet sei. Was auf dem jenseitigen Ufer heute noch nennenswerth ist, das ist das Dorf Dschulfa, welches durchgängig von Armeniern bewohnt ist, die von der gleichnamigen Stadt am Ufer des Araxes von Schah Abbas hieher verpflanzt wurden, zu welcher Zeit sie 30,000 Einwohner mit einundzwanzig Kirchen und mit einem zahlreichen Klerus zählte. Im Anfange dieses Jahrhunderts war diese so schöne und blühende Kolo-

nie nur auf 500 Familien herabgeschmolzen und heute
hat sie kaum 1000 Seelen, die unter dem Schutze der
russischen Gesandtschaft von Teheran noch vegetiren.
Willkür und Tyrannei hat die lange hart Bedrängten
endlich zu Grunde gerichtet; ein Theil flüchtete sich
nach Indien, Java und Sumatra, ein anderer wanderte
nach Russland und die Türkei aus und treffend war die
Antwort, die ihr Bischof dem jetzt regierenden Könige
gab, als er ihn um das Befinden seiner Heerde befragte.
„Majestät", sprach der Prälat, „zur Zeit Schah Abbas des
Grossen sind aus Transkaukasien nach Iran mehr als
50,000, in die Türkei blos 400 Familien eingewandert;
und sich, im ersten Lande ist die grosse Zahl auf einige
armselige Hütten zusammen geschmolzen, in letzterem
haben sie sich auf 100,000 in Wohlstand und Reichthum
prangende Häuser vermehrt." Herr Taddeus, wie der
Bischof sich nannte, wollte hiermit auf die Gerechtigkeit
der Türken und die Tyrannei der Perser hindeuten. Im
Grunde aber sind ihm beide verhasst; denn, wenn er
den reichen Brillantorden, den Seine Majestät der Kaiser von Russland ihm hieher geschickt, und der ihm
jährlich einige 1000 Rubel Subsidien bringt, mit wonnigem Lächeln bewundert, so hat er genügend gesagt,
welche Gefühle er für den Herrscher aller Reussen hegt.
Er und alle Armenier, die weit und breit im Osten zerstreut leben, sind nichts anderes, als ununterbrochene
Ringe jener gigantischen Kette, durch welche der Hof von
St. Petersburg den elektrischen Strom seines Einflusses
von den Gestaden des Eismeeres bis weit über den indischen Meerbusen hinleitet. Mehr aber noch, als die Tyrannei der Perser, schadet dieser armenischen Kolonie der
wilde Sectenhass zwischen griechisch-nicht-unirten und

katholischen Armeniern. Erstere, in der Mehrzahl, blicken auf ihre dem abendländischen Ritus zugewandten Brüder mit mehr Hass und Abscheu, als auf Perser und Feueranbeter. Die Katholiken, ungefähr 120 Familien, stehen unter französischem Schutze und werden von einem zu Erzerum wohnenden Monseigneur geleitet. Sie sind eben so sehr französisch oder besser gesagt römisch gesinnt, wie erstere russisch und es ist wahrlich interessant zu sehen, wie der Kampf des grossen nordischen Kolosses mit den Westmächten an so vielen Orten, in so vielen Verhältnissen repräsentirt ist.

Um zu den Gebäuden zurückzukehren, muss ich noch bemerken, dass es hie und da persische Grosse gibt, die, von patriotischem Eifer bewegt, die Monumente der Glanzperiode Neu-Irans oft mit bedeutenden Kosten dem eisernen Zahne der Zeit zu entziehen suchen. Auch der Schah lässt sich manchmal herbei, eines oder das andere ausbessern zu lassen, Wächter werden unterhalten, doch das hilft Alles nichts. Was im Oriente dem Verfalle nahet, das geht mit riesenhaften Schritten seinem Ende zu. Nichts kann seinen Lauf hemmen, und sollte Teheran noch lange statt des mehr passenden Isfahan Residenzstadt bleiben, so wird es dieser ehemaligen Hauptstadt Abbas des Grossen so ergehen, wie dem alten Rages, Ekbatana, Nischabur und andern im Mittelalter berühmten Orten.

VI.

Die Isfahaner.

Da der Ruf der Scharfsinnigkeit, der Schelmerei und des unbändigen Muthwillens der Isfahaner mir noch von Konstantinopel bekannt waren, so hatte ich während meines Aufenthaltes immer getrachtet, mich so viel als möglich unter alle Schichten des Volkes mengen zu können. Ich machte sehr schnell Bekanntschaften, nahm Einladungen an und fand, dass die Isfahaner, wenngleich der früher erwähnte Ruf ihnen mit Recht gebührt, im Grunde genommen ein höchst interessantes Volk sind. Da durch die schwachen kommerziellen Beziehungen, die zwischen Bagdad und Isfahan existiren, Sunniten hier nicht seltene Erscheinungen sind, so hatte mein Auftreten weniger Ausserordentliches, als in andern Theilen Persiens. Der Name Effendi lockte wohl einige Sensale an. Man bot mir Münzen und sonstige Antiquitäten, von denen sie, nebenbei bemerkt, die Hälfte selbst fabriziren, sie dem europäischen Reisenden für ächt verkaufen, und unsere hochgelahrten Antiquare schleppen sie dann später mit grosser Verwunderung nach Europa. Doch man sah, dass ich für die hergebrachte Waare nur Ausrufungen der Bewunderung und des Wohlgefallens, aber nie einen Preis anbot und da man merkte, dass ich Effendi blos nach Titel und nicht in Qualität wäre, wurde ich bald von diesem Tross der gewinnsüchtigen Mäkler befreit. Andere Isfahaner, welche zur Klasse der Schöngeister und Literaten gehörten, behandelten mich mit mehr Innigkeit, doch auch hier war es immer darauf abgesehen, theils sich in Religionsdisput einzulassen, theils jene Vorzüge hervorzuheben, in welchen die persische Nation über die Osmanlis hervorragt. Das Epitheton Kesafeti turki (türkische Rauheit) wurde mir eben nicht so ganz trocken vor die Augen geworfen, doch man sprach so gerne über die im ganzen mohamedanischen Osten verbreitete persische Poesie, man führte die Glanzperiode Schah Abbas an, man fragte mich, ob ich die Merkwürdigkeiten Isfahans gesehen habe, und aus jeder Antwort wollte man erfahren, ob sich Stambul, die Metropolis des Sultans, auch dergleichen Prachtbauten erfreue, und ohne mich direkt dazu zwingen zu wollen, zielte man stets darauf hin, die Superiorität der Perser über die Türken aus meinem Munde, dem respektiven Mitgliede der letztern bestätigt zu hören.

Den interessantesten Zirkel dieser Art fand ich im Hause des Imam Dschümaa's von Isfahan, dieses meist einflussreichen Priesters von ganz Persien, der in der Hauptstadt mit dem Namen Aga Buzurg (grosser Herr) bezeichnet wird, zum Unterschiede von seinem Sohne, den man Aga Kutschuk (kleiner Herr) nennt. Wie ich in das Haus dieses, ich möchte sagen schiitischen Papstes Eintritt fand, ist leicht begreiflich. Der Empfehlungsbrief, den ich aus Teheran von dem Minister des Aeussern mitbrachte, war genügend, um den hohen Priester meines Effendiranges zu versichern. Er empfing mich auch sehr freundlich, sagte mir, dass seit Feth Ali Schah kein Osmanli von Ansehen Isfahan besucht habe, und lud mich zum Zeichen seiner Huld auf den nächsten

Abend zum Nachtmahl ein. Aga Buzurg ist einer jener wenigen Seïde, deren Abkunft vom Hause Alis am wenigsten bezweifelt wird. Er ist auch nicht wenig stolz auf seine Prärogative und ich konnte mich eines innern Lächelns nicht enthalten, als mir beim Nachtmahl einfiel: Was würde dieser Erzschiite, der den Schatten eines Europäers schon für verunreinigend hält, sagen, wenn er wüsste, dass er eben jetzt mit einem Europäer aus einer und derselben Schüssel isst? Horribile dictu! Inkognito hätte für einen Europäer in Persien, wo der Westen geehrt und gefürchtet ist, mehr Nachtheil als Vortheil. Verdacht fiel daher Niemanden ein. Ich wurde als Osmanli behandelt und hatte für die Freundschaft, die man mir erzeigte auch den verborgenen Stachel jenes Hohnes zu ertragen, mit dem die Schiiten ihre sunnitischen Religionsgenossen zu bewirthen pflegen. Der Imam Dschümaa in Person liess mich nur einige tadelnde Bemerkungen hören über jenen Grad der Freundschaftlichkeit, der zwischen der Regierung des Sultans und den christlichen Mächten Europas existirt. Er lobte hingegen andererseits die Toleranz Abdul Medschids gegenüber den Schiiten, die nun unangefochten nach Mekka und Medina ziehen können, was früher nicht der Fall war. Er war, um seine Würde zu bewahren, karg in Worten und zog sich bald nach der Tafel zurück.

Anders ging es mir mit seinem Sohne, dem Aga Kutschuk. Dieser hatte eine Menge von Dichtern, Gelehrten und einigen vorzüglichen Malern um sich versammelt. Ich wurde in die Mitte genommen und mehrere Stunden dauerte die lebhafte Konversation, in welcher diese crême de la societé isfahaniennne über die Verhältnisse der Türkei und des Westens sich erkundigten. Es ist höchst sonderbar zu hören, wie diese Leute über die abendländische Zivilisation und deren Errungenschaften, gegenüber ihren eigenen schon im Alterthume berühmten, aber nur wenig veränderten Kulturzuständen sprechen. Den ersten Gegenstand der Konversation bilden immer die Erfindungen, die wissenschaftlichen Errungenschaften unseres Jahrhunderts. Am meisten ist es der Telegraf, von dem eben eine Linie, die Kommunikation zwischen Indien, Bagdad und Europa hier passiren sollte, der ihnen nächst den Dampfschiffen und einigen bekannten Maschinen auffällt. Der Orientale staunt, verwundert sich, ergötzt sich an den Berichten, die über westliche Zivilisation zu ihm gelangen, wie etwa an einem Wundermährchen, und obwohl sein Staunen grenzenlos ist, obwohl er immer besorgt ausruft: „Wohin werden diese Menschen endlich noch kommen," so kann er doch selten den Einflüsterungen seines im Innern verborgenen Egoismus widerstehen, und nachdem er Europa vollauf gepriesen hat, pflegt man von ihm zu hören: „Welch Wunder, dass diese Menschen trotz all ihres Scharfsinnes den wahren Glanz unserer Religion nicht einsehen, welch Wunder, dass sie nicht Muselmannen werden! Ja, Scherefi Islam (der Adel des Islam) ist es, der ihnen fehlt," sagen sie, doch weit entfernt in ihrem Innern so zu denken. Der gebildete Mohamedaner in Persien ist selten den Satzungen seines Propheten ganz ergeben, er sucht irgendwo einen Vorzug über den immer mehr und mehr berühmt werdenden Frengi zu erringen und da er keinen andern Ausweg hat, muss er ihn im Bereiche seines allein seligmachenden Glaubens finden. Nach den Erfindungen sind die europäischen

Reisenden eine nicht minder merkwürdige Erscheinung in den Augen der Orientalen. Die Zeit der Ibni Batuta, Chordabe und anderer mohammedanischer Reisenden ist schon längst vorüber und der Durst nach Wissenschaft, den ich dem Orientalen, trotz der entgegengesetzten Meinung unserer europäischen Gelehrten, gänzlich abspreche, wird von ihnen entweder durch fabelhafte Belege gedeutet oder verspottet und verlacht. Wie oft hört man nicht höchst ironische Bemerkungen über die Nachforschungen eines europäischen Ethnografen, Archäologen, Sprachforschers u. s. w. und obwohl man die Arbeiten dieser Reisenden als grosse Faktoren im Fortschritte des Abendlandes kennt, so kann man sich doch nicht des Hohnes oder des Bedauerns enthalten und sogleich schwebt der Vers Saadis auf Aller Lippen:

„Die Welt, o Bruder, sie bleibet Niemand treu —
Dem Schöpfer allein vertraue du, und das ist genug —
Stütze dich nicht auf Güter der trüglichen Welt;
Denn Viele deinesgleichen hat sie ernährt und vertilgt.
Und dieweil ein gleiches Ende uns Allen ist beschert,
Was nützt's ob wir auf dem Throne sterben oder auf nackter Erd'!?"

und man schätzt sich glücklich in den Armen des Islams dem eiteln Treiben der Frengiwelt zuzusehen. So denken die Gebildeten.

Der Mittelstand der Isfahaner, der in Wenigem der ersterwähnten Klasse nachsteht, ist mehr oder weniger vertraut mit den Hauptwerken der Literatur. Man begegnet Schustern, Schneidern und Krämern, die einige hundert Verse von den ersten Dichtern auswendig wissen. Dabei sind sie noch besonders scharfsinnig, von überraschender Geistesgegenwart, Meister in der Höflichkeit, vorzüglich aber in schlagenden Antworten. Malcolm erzählt, dass zur Zeit, als Hadschi Ibrahim, der Hauptparteigänger des kadscharischen Hauses, noch in Gunst war, in Isfahan, so wie in den meisten persischen Städten einer seiner Anverwandten, die höchste Würde bekleidete. Ein Kaufmann, der seine Steuergebühr nicht zahlen konnte, wurde zum damaligen Gouverneur von Isfahan, einem Bruder des erwähnten Hadschi Ibrahim, zitirt. Der Gouverneur redete ihn zürnend an: „Wenn du nicht zahlen kannst, gleich den übrigen, so packe dich von hinnen!" „Wohin soll ich gehen?" fragte dieser. „Gehe nach Schiras oder Kaschan!" war die Antwort. „Ach, mein Herr, Ihr Neffe regiert die eine, Ihr Onkel die andere Stadt. Wenn ich hier entgehe, so falle ich dort in die Schlinge." „Nun, so gehe zum Könige und beklage dich!" „Ja, dort ist Ihr Bruder Premierminister, was soll ich dort anfangen?" „Nun, so gehe zur Hölle!" sagte erzürnt der Gouverneur. „Ach, Ihr gottseliger Vater, der fromme Hadschi, ist erst vor einiger Zeit gestorben", stammelte der verschmitzte Perser. Der Gouverneur brach in ein Lachen aus, und sagte: „Nun, Schurke, ich will für dich zahlen, da du unzufrieden bist, dass meine Anverwandten alle Posten in dieser und jener Welt einnehmen." Dieses erzählt Malcolm. Und da ich eben bei Anekdoten bin, so will ich auch einer amusanten Geschichte erwähnen, die einem amerikanischen Missionär hier passirte. Der fromme Yankee hatte nicht so sehr durch die Kraft seiner Ueberredung, als durch 25 Dukaten Spende einen Isfahaner in die Zahl seiner Bekehrten aufgenommen. Der Perser setzte eine Kappe auf, trug europäische Kleider und war ein ganzer Frengi, natürlich so lange der gute Missionär in Isfahan war. Dieser reiste nach Schiras und als er nach einigen Wochen wieder hieher zurückkam, fand er seinen Christen wieder als wilden Perser und Schiiten. Er war höchst aufgebracht, zitirte ihn vor's Gericht und wollte wenigstens seine 25 Dukaten zurück haben. Die Richter waren schon verlegen in Hinsicht des Urtheils, als der Perser ganz naiv bemerkte: „Mein lieber Sahib (Herr), du hast mir 25 Dukaten gegeben, ich war dafür drei Wochen lange Christ. Ich gebe dir nun wieder 25 Dukaten, sei du drei Wochen lang Mohamedaner."

Die Handelswelt ist hier nach Tebris die reichste in ganz Persien. Es werden bedeutende Geschäfte mit Baumwollstoffen, dürren Früchten, Tabak und Shawls betrieben und obwohl es Kaufleute von enormem Vermögen gibt, so unterscheiden sich diese in der äussern Haushaltung nur sehr wenig von den Allerärmsten; denn Pracht und Luxus ist nur in den Regierungskreisen heimisch.

Ich habe vergessen meinen Lesern mitzutheilen, dass ich in Isfahan mit meinem Bagdader Reisegefährten, dem Elegiensänger, zusammen wohnte. Dieser hatte hier ein glänzendes Feld für seine Kunst gefunden. In Bazar und Moscheenhöfen produzirte er sich mehrmal während des Tages. Er schrie, klagte, weinte aus vollen Leibeskräften und oft staunte ich darüber, wo er die Masse Thränen hernahm. Doch als er Abends nach hartem Werke nach Hause kam, war sein ganzes tragödisches Element in eines der jovialsten, ja ich möchte sagen frivolsten Naturelle verwandelt. Durch seine Vermittlung gelang es mir in die allerbuntesten Gesellschaften Eintritt zu bekommen. Er spielte dort überall eine angesehene Person. Erst sang er religiöse Lieder und später, als sich die Gesellschaft in einen geschlossenen Zirkel umgestaltete, wurden fromme Klänge und Worte nicht nur in die alltäglichsten, sondern ich möchte sagen, in die allerobszönsten Lieder verwandelt. Trotz seines mächtigen grünen Turbans und seines wilden Eifers, den er öffentlich für die Familie des respektiven Ahnen des Propheten zeigte, wurde Abends doch wacker zugetrunken. Wein habe ich in Gesellschaft weniger begegnet, aber desto mehr Branntwein, den die Armenier in Dschulfa erzeugen, und unvergesslich bleiben mir die Zechgelage, denen ich in Gesellschaft meines Reisegefährten in verschiedenen Zirkeln Isfahans beiwohnte. Am meisten erinnere ich mich an die Abendreunion im Hause eines untergeordneten Beamten von Isfahan. Die Gäste waren grösstentheils junge Leute, Priester und Laien untereinander vermengt. Man schien sich genau gekannt zu haben; denn als die erste Stunde der gewöhnlichen Höflichkeit und Sittlichkeit vorüber war, wurde eine Orgie veranstaltet, die in ihrer Ausgelassenheit wahrlich nur im Oriente oder, besser gesagt, nur in Persien stattfinden kann. Die von Branntwein erhitzten Köpfe legten bald Mützen, Turban und Oberkleid ab und besonders entfesselt war der Muthwille, als durch Freigebigkeit eines der Gäste vier Tänzerinnen hieher gebracht wurden. Diese Bajaderen, deren vorzüglichste aus Schiras kommen (wo wir auch von ihnen ausführlicher sprechen werden), haben mich anfangs nicht so sehr durch Grazie, als durch die gymnastische Kunst ihres Tanzes in Verwunderung gesetzt, doch wurden hier, wie dieses überall bei solchen Gelegenheiten der Fall ist, diese Göttinnen Terpsichores in alle

Funktionen der Küpris eingesetzt. Unsere europäische Feder sträubt sich, die schamlosen Spässe dieser Prasser zu beschreiben, und ist es nicht wunderbar, als ich eben in meinem Scheinrausche meinen innerlichen Abscheu zu unterdrücken suchte, standen zwei halbbetrunkene Gäste dicht neben mir von ihrem Platze auf, nahmen ihre heiligen Waschungen vor und verrichteten ihr Abendgebet nicht nur im Zimmer so vieler grässlichen Sünden, sondern dicht neben den Sündigenden. Schreckliche Heuchelei! Das nennt man Religion!

Hinsichtlich des allgemeinen Charakterzuges der Isfahaner sind die Einwohner dieser ehemaligen Hauptstadt besonders stolz auf die vergangene Grösse der Metropolis. Ein Isfahaner hält sich gegenüber den übrigen Iraniern weit höher, als ein Pariser gegenüber allen andern Franzosen. Der König und das königliche Haus ist hier, wie überall bei allen persisch redenden Einwohnern, sammt seinen türkischen Soldaten verhasst und gefürchtet, und obwohl der jetzige Monarch die Macht des hiesigen Imam Dschümaa's schon ziemlich gebrochen hat, so kann man dennoch mit Gewissheit annehmen, dass die Isfahaner einem Aufgebote des Letztern weit eher Folge leisten würden, als den Befehlen ihres gesetzlichen Herrn. Fabelhaft ist es, was man von dem Reichthum dieses Oberpriesters reden hört, aber doch so viel ist gewiss, dass er mehr als 1000 Lutis (Vagabunden) in seinem Dienste hält, die er dann als blinde Werkzeuge zu allen seinen Plänen braucht. Die Lutis sind es, durch welche die Wunderkraft seiner Heiligkeit unter das Volk gestreut wird, die Lutis, welche die boshaftesten Gerüchte gegen den Schah und seine Familie verbreiten; denn der Imam Dschümaa steht auch heute nicht auf dem besten Fusse mit dem jungen Könige, der einen Jeden zur Rechenschaft ziehen kann, ihn aber nie anzutasten wagt. Dieses is überall bekannt. Ja sogar unsere europäischen Gesandtschaften suchen der Protektion und Freundschaft dieses hohen Priesters theilhaft zu werden, und bei der wild despotischen Regierungsweise Persiens ist diese Anomalie wahrlich eine merkwürdige Erscheinung.

VII.

Nach einem vierzehntägigen Aufenthalte in Isfahan hatte ich sowohl mit den Sehenswürdigkeiten dieser Stadt, als auch mit vielen Klassen der Einwohner mich ziemlich vertraut gemacht. Unsere Abreise wurde mit demselben Karavanenführer, doch in einer ganzen Gesellschaft bestimmt. Wir bezogen einen Karavanserai auf dem jenseitigen Theile Isfahans und weil auch hier trotz meiner Erwartung eine dreitägige Rast gehalten wurde, so hatte ich Musse noch einige Merkwürdigkeiten zu besehen, von denen ich den berühmten Friedhof Tachta Pulad und die beweglichen Thürme Munare Dschomdschom erwähnen will. Letztere, zwei stumpfe Thürmchen einer Moschee im Dorfe Chaledan, eine Stunde von Isfahan entfernt, sind etwa zwölf Fuss hoch und durch einen Zwischenraum von zwanzig Fuss von einander getrennt. Ich bestieg mit meinem Begleiter die Terrasse und als letzterer einen Thurm umfasste und ihn mit aller Kraft rüttelte, fühlte ich nicht nur an dem andern Thurme, sondern an dem ganzen Vordertheil des Gebäudes eine derartige Bewegung, als wenn ein Erdbeben sie verursacht hätte. Durch das stete Rütteln der neugierigen Besucher ist dieses merkwürdige Gebäude, dessen Geheimniss mit seinem Architekten zu Grabe gegangen ist, an vielen Seiten schon stark beschädigt. Es wird auch wahrscheinlich durch fortgesetzte Versuche einmal dahin kommen, dass die Rüttler unter den Ruinen ihr Grab finden werden. Doch für heute ist diese Erscheinung höchst auffallend und wenn gleich die Perser das Wunder dem darunter ruhenden Heiligen zuschreiben, so konnte ich nicht umhin dieses merkwürdige Problem genügend zu bewundern. Was den Friedhof Tachta Pulad anbelangt, so hat dieser eine Ausdehnung, wie ich sonst keinen zweiten in Asien gesehen habe. Tachta Pulad dient auch als Rekreationsort der Isfahaner, die den Donnerstag Abend unter dem Schatten seiner zahlreichen Bäume zubringen. Zu solcher Zeit wimmelt es hier von einer grossen Menge, die unter dem Vorwande die heiligen Gräber zu besuchen, in Saus und Braus bis spät in die Nacht umherziehen. Die berühmtesten Gräber sind die des Pilau Babas, von dem die Sage geht, dass jeder Arme, der wöchentlich einmal an seinem Grabe betet, in der nächstfolgenden Woche sich eines fetten und geschmackvollen Pilau erfreuen werde. Ferner Mir Damad, ein berühmter Zauberer, der die Teufelskünste eines ehemaligen frengischen Gesandten am Hofe Schah Abbas vereitelte und die Höllenmaschine, welche der frengische Gesandte in böser Absicht als Geschenk überbrachte, zu seinem eigenen Verderben gebrauchte. Schliesslich das Grab des Mir Fenderiski, des berühmtesten Schönschreibers seiner Zeit, der die Grabschrift auf seinem Steine selbst schrieb und die noch heute als Muster der Kalligraphie betrachtet wird und der Jugend zur Vorlage in kalligraphischen Uebungen dient. Ich habe selbst mehrere junge Leute gesehen, die mit Sorgfalt die meisterhaften Züge der Taalik-Schrift vom Marmor kopirten, denn Kalligraphie ist in Asien hochgeschätzt und wird zur vollkommenen Erziehung unentbehrlich gehalten. Auch das prächtige Medrese Maderi Schah, dessen Aussenthore noch heute mit Silberplatten belegt sind, habe ich von hier aus ein zweites Mal besucht. Die Nachricht von den seltenen Manuskripten, die die Bibliothek dieses Kollegiums enthält, hat mich angezogen; doch ist dieses, so wie vieles Andere, nur eine Uebertreibung der Perser. Zur Zeit Schah Abbas mag es hier wohl eine interessante Sammlung von orientalischen Werken gegeben haben, doch heute ist ein grosser Theil davon verschleppt, ein anderer hingegen soll, wie die dortigen Mollahs erzählen. von den Afghanen zur Zeit ihrer Eroberung vernichtet worden sein.

Trotz aller Täuschungen war der Aufenthalt in dieser alten Stadt doch ein höchst angenehmer. Ich trennte mich nur schwer von derselben, und als unsere Karavane das südlich gelegene Gebirge überschritt und ich von der Anhöhe den letzten Blick auf diese unabsehbaren Massen von Häusern, Gärten und merkwürdigen Ruinen warf, da konnte ich eine tiefe Bewegung nicht unterdrücken, und ich muss noch heute hinsichtlich Isfahans sagen, was die Orientalen beim Anblicke einer alten Dame zu sagen pflegen, die in ihrer Jugend auffallend schön war, nämlich: „Die Moschee ist in Ruinen, aber der Altar steht noch aufrecht," d. h. die Schönheit ist vergangen, aber Spuren einstigen Glanzes, der gleich einem Altare die Welt zur Anbetung herbeigelockt hat, sind noch immer sichtbar.

Unsere Karavane, die jetzt aus drei Theilen bestand, von denen zwei sich in Isfahan zur Reise nach Schiras anschlossen, zählte mehr als 150 Thiere und beinahe

60 Reisende. Es wird dieses schon auf dieser so stark besuchten Strasse für eine beträchtliche Karavane gehalten. Die Ursache der grössern Versammlung war einzig und allein die Furcht vor den Bachtiaris, einem persischen Nomadenvolk, das rechts in den Gebirgen haust und zuweilen aus Habsucht oder aus Lust zu Abenteuern eine kleinere Karavane angreift und ausplündert. Ja, wie man erzählt, soll vor einigen Tagen ein räuberischer Anfall dieser Nomaden eine uns vorausgegangene Karavane übel zugerichtet haben. Derartige Nachrichten werden im Oriente, um desto lebhaftere Furcht einzujagen, sehr häufig kolportirt. Oft hörte ich: Gestern sind hier auf dieser Stelle zehn Menschen ermordet worden; vorgestern ist dort dieser und jener reiche Kaufmann nackt ausgeraubt worden, doch kann man sicher sein, dass entweder derartige Thaten vor Jahren sich ereigneten oder gänzlich aus der Luft gegriffen sind. Unserer Reisegesellschaft, in welcher am Abend des Aufbruches alle Welt von den fürchterlichsten Mordgeschichten sprach, waren übrigens derartige Nachrichten auch nicht nöthig. Die Perser, dieses allerfeigste Volk ganz Asiens, können schon durch den fernsten Schatten an allen Gliedern gelähmt werden und noch leichter, wenn die Gesellschaft, wie die unsrige, zu zwei Dritteln aus Pilgern und einem Drittel aus Kaufleuten und Mollahs besteht. Es war höchst drollig zu sehen, wie sich Alles, obwohl nur zwei Stunden von der Stadt entfernt, auf dem Marsche dicht aneinander drängte. Man lispelte leise, als ob ein lautes Wort den gefährlichsten Feind erwecken würde, und die amüsanteste Szene war, als ein eifriger Mollah einen unserer Reisegefährten, der vier mit Weinfässern bepackte Maulthiere

führte, aus unserer Reihe verwies, damit dieser durch seine sündige Waare, die er bei sich führte, die ganze Schaar der Rechtgläubigen nicht ins Unglück stürze. Vergeblich rief der arme Maulthiertreiber, er hätte in seinem Leben keinen Tropfen Wein gekostet, dass dieser verpönte Trank nach Bombay für den Höllenschlund der Frengis bestimmt wäre. Er schwur bei allen Heiligen, dass er nicht einmal wisse, ob es rother oder weisser Wein sei; doch es half nichts. Er musste aus der Karavane weichen und folgte in einer Entfernung von hundert Schritten immer unserem Zuge. Bevor wir aus dem Hohlwege des Berges hinaus kamen, begegneten wir zum Unglücke einer von der andern Seite kommenden Karavane. Der schmale Weg ist oft für ein einziges breit bepacktes Maulthier nicht breit genug, geschweige wenn zwei neben einander passiren wollen. Es gibt da immer ein Fluchen, Schreien, Zanken, dann und wann auch Schlägerei, das Y-a der Esel und Wiehern der Pferde mischen sich in den Lärm, und sonderbar genug pflegen doch Alle ohne irgend ein Ungemach neben einander zu passiren. Am jenseitigen Theile des Gebirges betraten wir eine sandige, grosse Ebene und nach einem Ritte von mehr als dreizehn Stunden gelangten wir am nächsten Morgen um neun Uhr nach Majar. Dieses Dorf, obwohl in unmittelbarer Nähe der ehemaligen grössten Stadt Persiens, hat weder ein Karavanserai, noch irgend ein anderes Unterkommen für Reisende. Jeder suchte einen Schatten und war höchst froh, als den nächsten Abend zur Weiterreise nach der Station Kumischeh aufgebrochen wurde. Auf unserem Wege dahin hatten wir, wie ich hörte, den Distrikt der Bachtiaris betreten und wenn meine persischen Gefährten den Abend zuvor schon Furcht verriethen, so kann man sich vorstellen, dass sie nun Alle vor Angst wie Espenlaub zitterten. Das viele Gerede, die ernsten Besorgnisse der sonst Herzhaftesten machte mich trotz meines entschlossenen Indifferentismus doch rechts und links umherblicken; doch wurde meine Wachsamkeit bald von einer klimatischen Erscheinung verdrängt, nämlich von einem Winde, der in fünf Minuten mit einer Eiskälte von Osten nach Westen blies und in eben so kurzer Zeit wieder mit fühlbarer Wärme in entgegengesetzter Richtung weht. Kumischeh, das früher ein beträchtlicher Ort gewesen sein soll, heute aber nur ein armseliges Dorf ist, war früher erreicht als die letzte Station. Von hier aus sollten wir über den gefährlichen Ort, wo die angebliche Plünderung stattfand, den nächsten Abend weiter ziehen und wenngleich Alles in der Karavane bei Tage gefasst war, so hatte bei eintretender Finsterniss die Besorgniss und Furcht in allen Seelen den Kulminationspunkt erreicht. Ungefähr eine Stunde vor dem Aufbruche glaubte mein arabischer Gefährte, der Rauzechan, den günstigen Moment gefunden zu haben, um die Gesellschaft um sich zu versammeln, damit einige Elegien, von seiner Meisterkehle hervorgebracht, den Schutz der Propheten für den gefährlichen Marsch auswirken, innerlich gemeint aber, damit einige Pfennige vom Sacke der gerührten Frommen in den seinigen fallen. Der Vorschlag des Rauzechan ward sogleich angenommen. Der Perser ist immer bereit den Tod seiner Lieblingspropheten, namentlich aber des Martyrers Hussein zu beklagen und in welcher Seelenstimmung er immer sei, kostet es ihm gar keine Mühe, mit gewaltigem Thränenstrome und lautem Schluchzen die Worte des Vorsängers zu

begleiten. Auch hier sammelte sich gleich die ganze
Karavane um meinen Araber herum und kaum hatte er
vier Strophen einer kläglichen Arie herabgesungen, als
die Frauen an mehreren Punkten das Weinen und
Schluchzen begannen, welches crescendo sich überall
verbreitete und bald ein allgemeiner Riesenchor von
Geplärr wurde. In solchen Momenten pflegt der Sänger
sich zu erheben, er entblösst seine Brust, ballt seine
Faust und ruft: „O, Rechtgläubige seht, so will ich mir
meine Brust hauen aus Busse und Mitleid für den armen
Hussein, ja Hussein!" Mit seinem „ja Hussein" ahmt ihm
die ganze Männergesellschaft sogleich nach, riesige
Fäuste platzen auf den starken Brüsten, es ist ein Gekrache und Gepolter, oft aber in gutem Takte, als ob
eine Schwadron Reiter sich nahen würde, und wenn dies
noch dazu bei mondbeleuchtetem Abend geschieht, wie
das bei uns der Fall war, so hat diese Szene, im Ganzen
genommen, wahrlich genug Interesse an sich. Interesse,
ja, hätte sie auch für mich gehabt, wenn ich mich nicht
einer Unannehmlichkeit hätte aussetzen müssen. Ein
eifriger Schiite, der aus der Ferne bemerkt haben wollte,
dass ich aus sunnitischer Tücke mir die Brust nicht
stark genug schlage, verlieh erst den Schlägen, die
meine Faust produzirte, ein aufmerksames Ohr und
nachdem ihm diese nicht kräftig genug schienen, hob er
mit lauter Stimme zu rufen an: „Seht diesen sunnitischen
Hund hier an, er hält unsern Hussein nicht für würdig,
um seine Brust mit bessern Faustschlägen zu traktiren.
Nun wartet, ich will ihm eine Lektion im Brustschlagen
geben." Dieses machte mir wirklich bange; denn er ballte
schon die Faust und hätte er mir nur einen einzigen
Schlag versetzt, so hätte ich gewiss ein ewiges Anden-

ken von dieser zärtlichen Lektion mitgenommen. Dank meiner Freundschaft mit dem Seid kam die Sache nicht so weit. Als er eben den Arm aufhob, ward dieser rücklings von einem meiner Freunde ergriffen, der ihn mit den Worten beschwichtigte: „Lass du den Sunni gehen! Wenn er auf dieser Welt sich nicht die Brust schlägt, Ezrail (der Todesengel) wird ihn schon dafür in der andern Welt besser schlagen."
Und so weinte, klagte und jammerte man eine ganze Stunde ununterbrochen fort, bis endlich die Zeit des Aufbruches heran nahete und die Karavane mit behutsamen Schritten auf den so sehr gefürchteten Weg sich machte. Auf der ganzen Strecke wurde auch dieses Mal von nichts Anderem, als von der Grausamkeit der Bachtiaris gesprochen, wie sie ihren Opfern die Augen verbinden, und in ihre unzugänglichen steilen Gebirge führen, dort ausrauben, und wieder auf die Strasse setzen, wie sie dann und wann den Menschen Hände, Füsse oder andere Glieder aus purer Bosheit abschneiden u. s. w. es hatte gar kein Ende und wie froh war ich, als wir auf unserer Station Maksud Bey, der vorletzten auf der so sehr gefürchteten Strecke, ankamen. Von hier wurde nur spät in der Nacht aufgebrochen und bis wir zur bezeichneten Stelle gelangten, graute schon der Tag. Es war ein Suchen, Spähen, Herumblicken, ein verzagtes Einanderansehen, als wenn schon alle Welt am Rande des Unterganges sich befinden würde. Und doch war weder an diesem Orte noch in der ganzen Umgebung etwas sichtbar. Auf einmal bemerkte Jemand zwei in der Ferne sich bewegende schwarze Punkte. Zwei Punkte, sage ich und dieses war genügend, dass die Karavane in einem Nu in einen Haufen zusammenlief und einigen

der Beherztesten zuredete, zur Rekognoszirung doch voraus zu eilen. Die zwei Helden, der eine ein Mollah, der andere ein Schneider, hatten auffallende Aehnlichkeit mit den Bildern von Don Quichotte und Sancho Panza. Mir machte die ganze Begebenheit viel Spass und ich schloss mich mit meinem Esel als dritter Held den Vorposten an, natürlich unter Gespötte und Gelächter des ganzen Haufens. Nachdem wir ungefähr zwanzig Schritte vorausgingen, bemerkte ich, dass die zwei schwarzen Punkte nichts anderes, als zwei Weiber waren, die die trockenen Disteln, das Feuermaterial hier zu Lande, sammeln; doch meine Perser wollten sich nicht überreden lassen. Der Eine sah nicht nur in beiden stattliche Reiter, sondern entdeckte sogar die scharfen Speere, die Doppelflinten und das rauhe Aussehen der Räuber, wenigstens betheuerte er es immer. Auffallend genug, wagte er doch immer vorauszugehen und als er in einer Schussweite seine Täuschung entdeckte, entflammte sein ganzes Aeussere vor Freude, er brüllte wie ein Besessener der Karavane zu, dass sie sich nahen solle und wirklich fing sie mit gewaltigen Schritten sich zu bewegen an. Die beiden Weiber, erschrocken über das sonderbare Gebahren der Karanvane, eilten mit ihren Haufen von Disteln von dannen und dieser Zug war genug, die ganze Gesellschaft zu versichern, dass es nur dem Heldenmuthe und der Entschlossenheit der Perser zuzuschreiben ist, dass diese zwei Bachtiaris die Flucht ergriffen haben. Dass sie Weiber waren, wollte niemand glauben.

Am lächerlichsten klang mir übrigens die Versicherung mehrerer meiner Reisegefährten, dass dieser Punkt schon seit Jahren, ja seit Jahrhunderten einer der gefährlichsten in ganz Persien sei. Hätte ich sie angehört, so hätten sie mit historischen Belegen selbst von den Zeiten der Sasaniden ihre Aussagen bestätigen wollen. Der Orientale ist in Allem stereotyp. So wie seine Anschauungen den Veränderungen der Jahrhunderte trotzten, so meint er auch, dass Lokalitäten gewisse Eigenheiten nie verlieren können und wenn dann wirklich an solchen gefürchteten Punkten ein oder zwei Missethäter sich zeigen, so ist es beim allgemeinen panischen Schrecken eine leichte Sache, die grösste Karavane auszuplündern und in die Flucht zu jagen.

Unter tiefem Aufathmen setzte die Reisegesellschaft ihren Weg nach der nächsten Station Jezdechast fort. Die Gegend wird hier immer mehr und mehr flach, denn östlich erstreckt sich die grosse Wüste, in deren Mitte die berühmte Stadt Jezd gelegen ist. Die Sonne stand schon sehr hoch, als wir über die von dürrem Grase weit und breit bedeckte Ebene hinwegzogen. Nur hie und da sind kleine wellenartige Erhöhungen zu sehen und der Distrikt ist so reich an Wild, namentlich an Gazellen, dass man das Auge nur einige Zeit am fernen Horizonte zu weiden braucht, um, besonders in den frühen Morgenstunden, ein oder mehrere Häuflein von diesen scheuen Thieren der Wüste zu entdecken, die das Annähern der Karavane aus der Ferne wittern und in wilder Flucht das Weite suchen. Anfangs konnte ich diese Thiere, deren Fell mit dem von der Sonne gedörrten Grase auffallende Aehnlichkeit hat, nur schwer unterscheiden und lange musste ich auf den Ruf Ahuan! Ahuan! (die Gazellen, die Gazellen) umherspähen, bis sie durch den schneeweissen Hintertheil, der vom gelben Grase absticht, mir ins Auge fielen. Die orientalischen Dichter hatten Recht, dieses Thier, das sonst ein ganz schmuckes Aeussere hat, als Symbol der Scheuheit zu bezeichnen.

Das plötzliche Erheben eines Vogels versetzt ein Rudel von mehreren hundert Gazellen in die schrecklichste Furcht und wenn der Jäger, mit verderblicher Waffe ihnen nahend, das flüchtige Windspiel ihnen entgegen schickt, da braucht letzteres nur das Thierchen mit seiner Schnauze zu berühren und es liegt schon auf dem Rücken, die vier Füsse vereint in die Höhe haltend und seine glänzenden, tief melancholischen Augen haben einen solchen wehmuthsvollen Ausdruck, dass es wahrlich ein erbitterter Jäger sein muss, der diesem unschuldigen Wesen etwas zu Leide thun kann.

Als ich eben ihren schnellen Lauf gegen Osten mit scharfem Blicke verfolgte, wurde meine Aufmerksamkeit von einer im Südosten sich erhebenden Fata Morgana angezogen. Diese Luftbilder sind nicht selten in den Ebenen Persiens und obwohl bei weitem nicht so erhaben wie die gleichartigen Erscheinungen auf den grossen Steppen in Turkestan, so können sie doch die zauberhafte Wirkung auf das Gemüth des Reisenden nicht verfehlen. Wie ich so die hüpfenden Figuren und Gebäude betrachtete, kam es mir vor, dass ich dieselben Gestalten sehe, die mich noch vor einigen Jahren in der theuern Heimat auf der Puszta M. ergötzten, als ich in den Mittagsstunden, an den Brunnen gelehnt, in die weite Ferne hinausstarrte. Wahrscheinlich war es blos Einbildung, doch die Aehnlichkeit der Gestalten hat mich doppelt entzückt und es fiel mir beinahe schwer, als ein aufbrausender Wind mit seinen Sandwolken als Vorhang des schönen Schauspiels niederfiel.

Nahe an Mittag erreichten wir Jezdechast. Es ist das merkwürdigste Dorf, das ich in ganz Persien gesehen. Es ist auf einem kleinen in der Mitte der Ebene sich emporhebenden dreieckigen Hügel erbaut und zwar sind die Häuser, die oft 4—5 Stockwerke hoch sind, so dicht an einander und so nahe am Rande der Erhöhung, dass, aus der Ferne gesehen, das Ganze einem Kastelle ähnlich sieht. Zu diesem aus antediluvianischer Erde geformten Hügel ist nur ein Aufgang, und da dieser mit einer Zugbrücke versehen ist, so kann ich leicht begreifen, dass dieser Ort, welcher schon im Alterthume berühmt war, den kühnsten Angriffen leicht trotzen konnte. Wie ich von den andern europäischen Reisenden hörte, wäre dieser Hügel ein interessanter Gegenstand für unsere Geologen; doch scheint er meines Erachtens bis jetzt noch nicht die Aufmerksamkeit eines Fachmannes auf sich gezogen zu haben. Heute ist Jezdechast, so wie in Vorzeiten, noch durch sein weisses Brod berühmt und um den Vers: „Wein von Schiras, Brod von Jezdechast und Weiber von Jezd" nicht zu beschämen, machte ich auch einen Einkauf auf zwei Tage, obwohl das Brod, vielleicht etwas besser als im übrigen Persien, noch immer weit entfernt ist, um den europäischen Reisenden munden zu können.

Der Weg von Schiras trennt sich hier in zwei. Der eine, der über Serhad, wie das persische Volk die Gebirgsgegend benennt, geht, ist der kürzere, doch ist er der zahlreichen steilen Anhöhen, noch mehr aber, wie mir scheint, wegen der häufigen Furcht vor Bachtiaris nur wenig besucht. Besonders hat eine auf dem Wege sich befindliche Ruine, Namens Gumbezilaal (die Rubinenkuppel), als Räubernest notorische Berühmtheit erlangt. Der zweite Weg, der über Germsir (südliches Klima) geht, ist der längere, mehr bewohnte und auch von den Karavanen am häufigsten gewählte.

VIII.

Von Jezdechast weiter beginnt die Provinz Fars. In Irak bildet Sprache sowohl, als Sitten und Physiognomie der Völker ein buntes Gemenge von Türkischem und Persischem, hier aber im eigentlichen Fars ist die Sprache der Türken nur sehr wenig verstanden. Auch der Charakter der Einwohner beurkundet im Temperamente Vieles, was auf das heisse Klima der südlichen Heimat hinzeigt, und obwohl der Perser im Allgemeinen sehr lebhaft in seinen Bewegungen, sehr regsam und phantasiereich ist, so verhält er sich dennoch zu seinem südlichen Landsmanne derartig, wie der Neapolitaner zum nördlichen Piemonteser oder wenigstens zum Florentiner sich verhält. Nicht nur die Gesichtsfarbe trägt die Spuren der heissern Sonne, sondern selbst die Gefühle sind wärmer, das Blut ist aufbrausender, und so wie seine Sprache mehr poetisch, mehr schwungvoll ist, ebenso reich ist seine Rede an Betheuerungen, Exaltationen, besonders aber in den häufigen Schwüren. Jedes dritte Wort, selbst bei den Kindern, ist mit den Ausrufungen Hazreti Abbas (seine Hoheit Abbas), Murteza Ali, Seid e Schuheda (Herr der Martyrer), Ismeti Fatima (die Unschuld Fatimas) begleitet, so wie bei den Italienern und Spaniern das San Jacobo, Sagriemento, Corpo di Christo, und wenn man den Einwohner von Fars mit seinen funkelnden Augen und stark gestikulirenden

Händen etwas erzählen hört, so wird man in allem seinem Gebahren den echten Südländer erkennen. Ja, die Sonne und das Klima ist es und nicht so sehr soziale und historische Verhältnisse, die den Menschen umgestalten. Letztere üben unstreitig einen mächtigen Einfluss aus, doch die Hauptformen und prägnanten Farben verleihen die erstern. Ob Christen, Mohamedaner oder Vischnuanbeter, ob Lateiner, Perser und Indier, so haben doch die Kinder eines und desselbes Himmelstriches überall etwas Gemeinschaftliches mit einander.

Je mehr der Spätherbst vorrückte, desto kühler wurden die Morgenstunden. Von Jezdechast war die nächste Station Schulgistan nach einem ziemlich schnellen Marsche bald erreicht. Hier sowohl als in den übrigen Orten scheinen die Einwohner einzig und allein von den durchziehenden Karavanen sich zu ernähren. Ackerbau wird wenig betrieben und als ich meine Verwunderung über die von Dörfern dünn besäete Gegend ausdrückte, gab mir mein persischer Begleiter die Aufklärung, dass in Persien allgemein nur wenige Orte an Strassen sich befinden. Die Regierung hat durch ihre häufigen Truppensendungen, durch Gewissenlosigkeit der durchziehenden Beamten das Volk zu sehr erschreckt, als dass es sich nahe den Strassen niederlassen sollte. Man will den ewigen Repressalien ferne bleiben und zieht sich lieber in die Verborgenheit zurück. Schulgistan, unser heutiger Ruheort, ist berühmt durch das Grab eines Imam Zade und zwar eines sehr vornehmen, der für den Sohn des Imam Zein ul Abedin gilt. Das Grabmal sowohl, als die angebauten Häuser sind im guten Zustande und als Wunder wird erzählt, dass ein Haufen Bachtiaris, die hier vor kurzer Zeit (was übrigens von

Allen erzählt wird) einen Ueberfall wagten, bei ihrem
Eintritte ins Sanktuaire ganz erblindeten. Man zeigte
mir auch an der Thüre des letztern einen blinden Bettler, der nach einem on dit zu jener ruchlosen Truppe
gehörte und nun aus Busse sein ganzes Leben hier zubringen will. Der Bettler war, wie ich in der ersten
Konversation bemerkte, durchaus kein Bachtiari und
auch die Thatsache seiner Erblindung hat einen ganz
andern Ursprung; doch um der Almosen der frommen
Andächtigen mehr habhaft zu werden, hat der abgefeimte
Schurke den Titel eines von Gott bestraften Sünders
gern auf sich genommen.

Als wir von Schulgistan nach dem nächsten Orte Abadeh aufbrachen, schloss sich ein stattlicher Reiter, von
zwei Dienern begleitet, unserer Karavane an. Er suchte
lange umher, um einen würdigen Gefährten zu finden.
Zu meiner Verwunderung nahte er sich mir bald in den
freundschaftlichsten Komplimenten. Es war ein Chan
und zwar Pischidmed (Leibdiener) des Schah, der im
Auftrage seines Herrn zum Gouverneur von Fars, einem
Onkel des Letzteren, sich begab, um die vom vorjährigen
Tribut rückständigen 50,000 Dukaten einzukassiren.
Der Chan war Träger eines scharf geschriebenen königlichen Handbillets, denn er war schon der vierte Bote,
der um diese Schuld abgeschickt wurde und hatte auch,
um seine Mission erfolgreich zu machen, unumschränkte
königliche Vollmacht in Betreff der Person des Gouverneurs mit sich. Wie er mir erzählte, war es ihm gestattet, dem Onkel des Regenten, im Falle er nicht zahlen
wollte, einige Tage Hausarrest zu diktiren, ja auch den
Kalian (Wasserpfeife) konnte er auf einige Tage verbieten. Diese sonderbare Einkassirung der Landeseinkünfte

ist in Persien nicht sehr selten, denn Geld zu geben ist hier zu Lande ebenso schwer, als Geld zu nehmen und da die Verwaltung einer oder der andern Provinz oft unter exorbitanten Preisen an Mitglieder des königlichen Hauses lizitirt wird, so ist es kein Wunder, dass die Auszahlung des jährlichen Tributes oft mit den grössten Schwierigkeiten verbunden ist und das Verhältniss zwischen König und Gouverneur ist ungefähr dasselbe, als bei uns zwischen Gläubiger und hartbedrängtem Schuldner, oder zwischen Grundbesitzer und Pächter. Am schlechtesten befinden sich bei derartigen Transaktionen die Einwohner der betreffenden Provinz selbst; denn in der äussersten Noth fällt der Gouverneur über die Reichsten her und diese müssen ohne eine Ursache jene Summe zusammenlegen, die der König von seinem Stellvertreter fordert. Das heisst man Regieren in Persien.

Uebrigens war der Chan, als Hofmann, ein feingebildeter Mann. Ob Sunni oder Schia interessirte ihn wenig. Er fand in meiner Person den Bereisten und meist Erfahrenen in der Karavane, schloss sich fest an mich an und ich fand auch in ihm einen recht angenehmen Begleiter auf meiner Reise. Auf der Station Abade angelangt, machten wir Quartier und Küche auch gemeinschaftlich. Die übrigen Perser staunten sehr über dieses so plötzliche Verhältniss und man erzählte mir, im Stillen natürlich, dass mein Gefährte weder Schiite, noch Sunnite, sondern ein Ali Ullah wäre. Es ist dies eine Sekte, die im Eifer der Verehrung Ali nicht nur über den Propheten, sondern selbst über Gott setzt, eine Sekte, die schon sehr alt in Persien ist und deren geheime Mitglieder grösstentheils zu einigen türkischen Stämmen gehören.

Von Abade ging es nach Sürme. Wir begegneten auf unserem nächtlichen Marsche einzelnen kleinen Karavanen, unter welchen die meisten aus Pilgern bestanden, die nach dem westlichen Kerbela oder nach dem östlichen Meschhed gingen. Fabelhaft ist die Zahl der Wallfahrten, besonders zur Herbst- und Frühlingszeit, in Persien. Es ist eine der blindesten Leidenschaften dieses Volkes und selbst die Aermsten pflegen ihre Sparpfennige auf derartige Reisen zu verwenden. Die Karavane, der wir heute Abends begegneten, war von der Umgebung Bender Buschirs, auf ihrem Wege nach Kerbela. Sechzig Tage lang dauert blos die Reise von einem Punkte zum andern, eben so lange die Rückkehr, und den Aufenthalt in den heiligen Orten dazu gerechnet, muss die Zeit eines derartigen Ausfluges auf mehr als vier Monate angeschlagen werden. Die Pilger sind in der Mehrzahl arme Leute, die doch mit den nöthigen Reisemitteln versehen sind und es ist nicht übertrieben zu sagen, dass der lebhafte Verkehr auf allen Wegen Persiens meistens von diesen frommen Wanderungen abhängt. Neben Kindern von 10—15 Jahren begegnet man oft greisen Matronen in den achtzigen. Wenn derartige Karavanen sich begegnen, so pflegt man den hinziehenden Pilgern ein Iltimasi dua (bete für mich), den heimkehrenden ein Ziaret Kabul (deine Wallfahrt sei angenommen) zuzurufen. Beiderseits ist man gerührt, oft fällt man sich auch gegenseitig um den Hals und wenn man eine derartige Karavane in der Ferne in stiller Nacht ihre Illahie (Götterlieder) singen hört, so wird man dieselben Gefühle empfinden, die bei uns in Europa so manche Prozession zu den heiligen Wunderbildern Mariens hervorruft. Das Volk ist überall gleich, ob im Westen oder im Osten.

Wir zogen von der heiligen Station Sürme durch ein immer mehr und mehr sich verengendes Thal nach Chane Churre, welches eine einsame Station mitten in einer wüsten Gegend und berühmt ist wegen der Menge von Wachteln, die, in der Umgebung gefangen, hier den Vorbeireisenden um sehr billigen Preis verkauft werden. Ich liess mich auch zum Ankaufe einiger dieser Vögel überreden und da der Perser, bei dem ich einkehrte, mir dieselben auf hinreichend schmackhafte Weise bereitete, so hatte ich diesen Abend ein wahrlich lukullisches Mahl. Nach dem Essen besuchte mich mein Quartierherr, von einigen andern Persern begleitet, die, in den üblichen Halbkreis sich niederhockend, mit einer auffallenden Feinheit der Manieren, mit einem Anstande, der den bestgebildeten Salonmann bezeichnet, eine Konversation anspannen, der ich gern einige Stunden der gewünschten Ruhe opferte. Obwohl meine Gesellschaft ausschliesslich aus Bauersleuten bestand, so hatte dennoch die gesuchte Redensart, das durch und durch gentelmanische Benehmen mich sehr überrascht. Die Südperser unterscheiden sich hierin sehr von ihren nördlichen Landsleuten, denn jeder Bauer trägt deutliche Spuren von jener uralten Zivilisation, die in seiner Heimat ihren ersten Sitz aufgeschlagen und von da über ganz Persien, ja über den ganzen islamitischen Osten sich später verbreitet hat.

Die fortwährenden nächtlichen Märsche hatten mich indessen schon ziemlich erschöpft. Die Tagesruhe kann nie die Schlaflosigkeit der Nächte ersetzen und als ich von dieser Station auf dem Wege nach Chane Kergum durch die mühsame Felsenschlucht dahinzog, konnte ich mich nur schwer im Sattel halten. Trotz langer Gewohnheit verursacht das Reisen bei Nacht uns Europäern eine grosse Mattigkeit, denn wir mögen noch so sehr im Reiten geübt sein, so gelingt es uns doch selten im Steigbügel so ruhig zu schlafen, als den Persern. Auch ist unsere Tagesruhe nicht so sanft, als die der letztern und als ich heute im Karavanserai von Chane Kergum einzog, hatte mich der Schlaf derartig überwältigt, dass ich, ohne meinem Eselchen das nöthige Futter vorzulegen oder ihm den Sattel abzunehmen, in einen mächtigen Schlaf verfiel. Nach einigen Stunden, die mir blos Momente schienen, erwachte ich und war hoch erfreut zu vernehmen, dass unsere nächste Station Maderi Sulejman wäre, wo nach Aussage meiner Reisenden gar viele merkwürdige Ruinen der Vorzeit, besonders aber das gigantische Grabmal der Mutter Salomons, wie die Perser meinen, zu sehen sei.

Dass unter diesem Namen die so oft beschriebene Ebene von Pasargada mit dem vermeintlichen Grabe des Cyrus genannt wurde, war mir bald einleuchtend, doch konnte ich meine Freude nicht unterdrücken, denn nach Rhages sollte ich hier die zweiten, mir unbekannten Denkmäler der persischen Vorzeit sehen und als wir über die niedere Gebirgskette in das offene Thal hinabritten, war ich unendlich erfreut einige links auf meinem Wege sich befindliche Säulen als das im Süden sich zeigende Monument von den ersten Strahlen der aufgehenden Sonne beleuchtet zu sehen. Obwohl ich die Frage der Identität dieser Ruinen mit dem einstmaligen Pasargada unsern Archäologen gerne überlasse, so kann ich nicht umhin zu bemerken, dass das freundliche Aussehen dieses Thales, die üppige Vegetation und die Fülle des Wassers, welches, von dem nahe liegenden

Gebirge kommend, die Felder in mehreren Richtungen durchschneidet, gewiss auch die Aufmerksamkeit der Bewohner Alt-Irans auf sich gezogen haben, und dass diese Gegend in der Blüthezeit Altpersiens weit mehr bewohnt war, als in der Gegenwart. Ungeduldig über den langsamen Schritt der Karavane eilte ich selbst, ohne auf Weg und Steg Acht zu geben, dem sich mir immer grösser und höher zeigenden Mausoleum zu und ich hatte schon längst auf den Stufen der gigantischen Marmorstücke meinen Ruhesitz aufgeschlagen, als die Karavane noch in langsamem Schritte sich der Station näherte.

IX.

Ruinen von Maderi Sulejman.

Das erste, was dem Reisenden in dieser merkwürdigen Ebene ins Auge fällt, ist unstreitig das Mausoleum, welches die Perser als Grabmal der Mutter Salomons bezeichnen, unsere Alterthumsforscher aber noch heute darüber uneinig sind, ob es das Grab Cyrus oder irgend einer andern aus der Vorzeit berühmten Person sei. Die Frage, die von Ouseley, Morier und vielen alten sowohl, als neuen Reisenden mehrfach bestritten wurde, hat meines geringen Erachtens dennoch so viel Gewisses, dass es nicht aus dem Zeitalter nach dem Islam, sondern, so wie die übrigen Monumente Südpersiens, aus der Glanzperiode Irans sich datirt. Dieses beweisen am besten die gigantischen Marmorsteine, von denen es aufgeführt wurde, von welcher Bauart wir in der Epoche des islamitischen Zeitalters gar kein Beispiel haben. Es ruht auf sechs piedestalartig auf einander gelegten enormen Marmorplatten, deren unterste beinahe eine Klafter hoch, die übrigen auch nicht weniger als vier Fuss dick und dabei von solcher Grösse sind, dass jede Erhöhung, welche zugleich als Treppe dient, höchstens aus zwei, drei oder vier Stücken zusammengesetzt ist. Das viereckige Häuschen selbst bildet ein einzelnes Zimmer von 20 Fuss Länge und 16 Fuss Breite von aussen. Fuss-

Das Mausoloum von Maderi Szulejman.

boden, Dach und Plafond sind aus einzelnen Kiesenstücken zusammengelegt und der schmale, niedere Eingang, den früher eine Thüre verschlossen hat, der heute aber offen ist, führt zum düstern und kalten Innern des Gewölbes, wo, da es zum Andachtsorte der Mohamedaner dient, einige Korans aufliegen. Das ganze Gebäude ist heute mit einem niedern Holzzaune umgeben, in dessen Nähe kunstvoll geschnitzte Marmorstücke, Theile ehemaliger stolzer Säulen umher liegen.

Als ich mit grosser Mühe auf die erste Treppe mich hinaufschwang und über die glatten Marmorsteine zum Innern hinauf kletterte, überfiel mich ein ehrfurchtsvolles Grauen. Wir mögen noch so viel lesen von derartigen Monumenten der Vorzeit, so ist dennoch der Eindruck der persönlichen Anschauung ein äusserst merkwürdiger. Lange starrte ich die massiven Marmorblöcke an, denn es scheint beinahe eine Unmöglichkeit, dieselben von ihrem Orte zu rühren, geschweige denn als Baumaterial von einer andern Gegend hieher zu bringen. Auf der fünften Treppe entdeckte ich die Namen von Rich, Todd und Hyde, die bei ihrem Besuche von 1821 hier im harten Marmor ihre Namen eingruben. Ausserdem war noch die Mauer mit vielen arabischen und persischen Inschriften bedeckt und ich schickte mich eben an einige derselben zu lesen, als ein Perser, wahrscheinlich den in der Ebene lagernden Nomaden angehörig, in der Absicht durch seine ,Ciceronedienste sich ein Enam (Geschenk) zu verschaffen, mit freundlichen muntern Worten sich mir näherte. „Hadschi" rief er mir zu, „nicht wahr, in Bagdad gibt es nicht solche grosse Steine? doch komme, ich will dir noch andere zeigen, du sollst mit mir die Ruinen der alten Stadt Guzin besehen.

Ich ging in seiner Begleitung zu den links sich erstrekkenden Ruinen eines ehemaligen Palastes und anderer mit demselben im Zusammenhange stehender Säulen und Portale. Der Palast selbst, auch Tachti Sulejman (Salomons Thron) genannt, ist am Ende eines niedern Vorgebirges gebaut, und seinen frühern Glanz beweist ein 10—12 Klafter hohes, fünf Klafter breites Portal, dessen Steine beinahe so gross, als die des Mausoleums, ohne Mörtel oder irgend einen andern Bindestoff übereinander gelegt sind. Nicht weit von hier ist ein anderes Portal zu sehen, welches aus schwarzen Marmorsteinen gebaut war, und nur heute die unterste Figur eines gigantischen Greiffusses zeigt. Ungefähr fünf Schritte von diesem ruht auf schwarzem Piedestal eine sehr hohe Säule aus vier Stücken zusammengesetzt, deren unterstes das grösste, das oberste das kleinste und so dick ist, dass zwei Menschen die Säule nur mit Mühe umfassen können. Es waren hier zu seiner Zeit vier derartige Säulen erhoben, das beweisen wenigstens die noch dastehenden Piedestale. Mehr als eine Stunde weit sind einzelne Ruinen sichtbar, welche nach der fabelhaften Meinung des Volkes mit dem Tachti Sulejman einst in Verbindung standen und wenn man über die übernatürliche Grösse der Bauten eine Bemerkung macht, so pflegt der Perser sogleich zurechtzuweisen, indem er sagt: „Weisst du denn nicht, dass Salomon über die Divs und unterirdischen Geister verfügte. Nur ein Kopfnicken kostete es ihm und diese brachten die grössten Steine, die kostbarsten Gegenstände von Indien, Tschinn Matschin (China) und Kuhi Kaff durch die Lüfte hieher getragen." Nicht nur die beiden Enden der heutigen Ruinen, sondern das ganze Thal schien nach der Volkssage eine einzige Stadt gewesen zu sein und diese wird mit dem Namen Guzin bezeichnet. Sehr wahrscheinlich ist, dass der Palast Tachti Sulejman, wie Ouseley richtig bemerkt, mit seiner Terrasse einen günstigen Punkt bildete, von wo aus der König die auf der grossen Ebene versammelten Truppen besichtigen oder im Defilée vor sich vorbeipassiren lassen konnte. Dies ist um so mehr einleuchtend, da der Regent durch seinen hohen Sitz der unten versammelten Menge desto sichtbarer wurde und besonders mag dieses bei den Feierlichkeiten von Noruz, wo Alles sich um den Herrscher drängte, von erspriesslichem Nutzen gewesen sein.

Ich bedaure sehr bemerken zu müssen, dass die Ruinen von Maderi Sulejman oder Meschhedi Murgab, wie sie sonst nach einem gleichnamigen nahen Dorfe benannt werden, mit riesenhaften Schritten der gänzlichen Vernichtung nahen. Ouseley fand nur die Hälfte der von seinem Vorgänger beschriebenen Denkmäler, und mir war es nur gestattet die Hälfte zu sehen von jener Ruine, welche unter dem Namen Zindani Sulejman im Reisewerke des Letzgenannten, zweiter Band, Seite 425, erwähnt wird. Es ist dies auch kein Wunder. Auffallender Weise findet man in der Nähe der Ruinen Irans fast überall nomadische Stämme gelagert. Die Sucht nach Schätzen und sonstige abergläubische Ideen schaden diesen Alterthümern mehr, als die ansässigen Perser selbst, die immer einen Sinn für die historische Vergangenheit ihres Landes haben und deren Denkmäler auch mehr in Achtung halten.

Obwohl es mir schon den ganzen Tag aufgefallen war, warum unsere Karavane geflissentlich die Nähe der Ruinen gemieden und mich allein ungestört der süssen Beschäftigung überliess, so hatte ich dennoch Niemanden um die nähere Ursache befragt. Als es Nacht wurde, kochte ich mir mein spärliches Mahl in der Nähe des Mausoleums und von besonderer Eitelkeit getrieben, schleppte ich den Kessel und meinen Brodvorrath hinauf in das Innere des Grabmales. Die Idee, in einem gewiss Jahrtausende alten Monumente der Vorzeit mein Nachtmahl verzehren zu können, machte mich überaus glücklich und ich hätte meinen Ort gewiss nicht mit dem luxuriösesten Hôtel einer europäischen Hauptstadt vertauscht. Lange sass ich auf der Treppe des sonderbaren Gebäudes, um, in die Sternenpracht des Himmels mich versenkend, an jene Tage meiner Jugend zurück zu denken, in welchen das Wort Persien für mich schon eine magische Kraft hatte und wo ich das Vorgefühl meines jetzigen Genusses selbst in den kühnsten Träumen nicht zu hegen wagte. Lange, lange sass ich noch. Der Schlaf hatte mich schon überwältigt und ich hätte gewiss der Länge nach mich ausgestreckt, wenn mir nicht eingefallen wäre, dass der kalte Stein bei dem zu dünnen Teppich, den ich hatte, der Gesundheit nachtheilig wäre. Ich stieg daher hinunter, fand einen weichen Rasen in ungefähr 20 Schritte Entfernung und legte mich nieder. Kaum hatte ich zehn Minuten lange geruht, als mein Körper von allen Seiten mit einer solchen unglaublichen Anzahl von Flöhen bedeckt wurde, dass ich deren heftige Stiche nicht aushalten konnte und mich plötzlich erheben musste. Ich breitete meinen Teppich an einem andern Orte aus, doch auch hier war es nicht anders. Ich lief wie ein Verrückter ungefähr eine Viertelstunde Weges rechts und links von den Ruinen, legte mich nieder und auch hier war es um nichts besser. Nun fiel mir die Ursache der Enthaltsamkeit unserer Karavane ein. Ich ging zu einem der nächsten Zelte, um bei den Nomaden Rath gegen die angreifenden Insekten zu holen; doch diese entgegneten mir, dass mir als Fremden gar kein Mittel helfen könne. Einheimische seien verschont, doch Zugereiste müssen den Schlaf auf dieser alten historischen Ebene theuer bezahlen. Glücklicher Weise fehlten nur zwei Stunden zum Aufbruche der Karavane. Ich musste während der ganzen Zeit auf den Füssen bleiben und hätte gewiss selbst dem langweiligsten Archäologen nicht gewünscht, von diesen leichtsinnigen, rothröckigen Thierchen so gequält zu werden, wie ich es leider wurde.

Von hier ging es nach Sivend über eine mehrere Stunden lang sich hinziehende Gebirgsschlucht, deren phantastische Steinblöcke mit dem am Fusse derselben wild hinrollenden Bache in der stillen Nacht einen höchst romantischen Anblick darboten. Sivend, das Dorf selbst, wurde nicht besucht, wir gingen vielmehr zur Sommerwohnung der Einwohner, die, auf einer Anhöhe gelegen, aus ungefähr 120 in zwei Reihen dicht nebeneinander stehenden Rohrhütten bestand. Das Ganze glich einem Bazar und da jede Hütte nur von drei Seiten geschlossen ist, auf der vierten aber weder Thor noch Vorhang hat, so ist das Hab und Gut und die darin befindlichen Geräthschaften eben so frei und offen, als wenn die ganze Kolonie ein einziges Haus bildete. 120 Familien leben hier in einem derartigen Verhältnisse, es gibt Arme und Reiche unter ihnen und dennoch hört man selten von einem Diebstahl. Wie man mir sagte, sind diese Leute übrigens Abkömmlinge eines einzelnen

Mannes, eng mit einander verschwägert und das jetzige
Oberhaupt der Familie hatte auch an der Spitze der
Zeltenreihe ein weisses Zelt aufgeschlagen. Er ist
Richter, Priester und Familienoberhaupt der ganzen
Gemeinde.

Es war der 2. Oktober, als ich von hier aufbrach, um
die interessanteste Station aller meiner Reisen in Persien zu erreichen. Von hier nämlich ging die Karavane
nach Kenare, welche vier Fersach weit entfernt ist. Kenare, in dessen Nähe die berühmten Ruinen von Persepolis sich befinden. Ich dachte mir, wozu mit diesen
Leuten gehen, der Weg ist ja sicher genug und einige
Gefährten ersuchend, sie mögen mir auf der Strasse
jenen Punkt bezeichnen, von wo aus ich die Ruinen am
nächsten erreichen werde, beschloss ich ohne irgend eine
Begleitung diese merkwürdigen Alterthümer, die meine
Neugierde immer mehr reizten, zu besuchen. Die Karavane brach vor Mitternacht von Sivend auf und als wir
jenes Vorgebirge erreichten, von wo an die grosse Ebene
von Mardeschd beginnt, zeigten mir einige persische
Reisegefährten an, dass ich mich nur links ans Gebirge
halten möge, um in einer kleinen halben Stunde ans Ziel
meiner Wünsche zu gelangen.

Die Karavane zog, die Ebene in ihrer südlichen Richtung durchschneidend, hin. Das monotone Klingen der
Glocken hallte mir noch lange in der stillen Nacht von
ferne nach und wer kann die Gefühle beschreiben, die
ich empfand, als ich, auf meinem niedern Thierchen langsam hintrabend, am Fusse des sich östlich erstreckenden niedern Gebirges, mit aufmerksamem Auge umherspähend, fortschritt. Nicht Furcht, ausgeplündert zu
werden, war es, denn mein ganzes Vermögen bestand

aus höchstens vier Dukaten, meine Reiserequisiten und mein Thierchen waren kaum das Doppelte werth; was ich suchte, waren die mir oft genannten Ruinen von Persepolis, diese Kunstwerke der alten Vorzeit. Merkwürdig ist es, dass die Felsen, wenigstens so schien es mir, hier von solch imposantem Aeussern und von solchen Konturen sind, dass man, ohne etwas Besonderes zu suchen, das Vorgefühl zu grossartigen Schauspielen empfinden muss. Ich mochte kaum eine Viertelstunde gegangen sein, als ich im grauen Lichte des frühen Morgens einen Haufen von hohen, sehr hohen Figuren entdeckte, die gleich Gespenstern auf den ersten Anblick in mir ein grauenhaftes Gefühl hervorriefen. Mutterseelenallein einhergehend, hallte der Widerschlag der kleinen Hufe meines Thierchens weit, weit in der Gegend umher. Ich hatte mich schon ziemlich genähert und obwohl ich ganz bewusst war der Lokalitäten, in denen ich mich befand, so kann ich es doch nicht verhehlen, dass ich mit unbeschreiblicher Bewegtheit beim merkwürdigen Treppenaufgang einige Minuten lang stehen blieb, bevor ich es wagte, weiter zu schreiten.

Es ist ein unbeschreibliches Gefühl der Ehrfurcht, ja der grenzenlosen Achtung, mit dem ich die Treppe hinauf durch den gigantischen Thorweg zum Theile der Kolonaden gelangte. Hier war ich vom Ausdrucke der imposanten Erscheinung derartig übermannt, dass ich, auf einen Block mich niedersetzend, sowohl die Säulen, als auch die ringsumher zerstreuten Ruinen mit stummer Bewunderung ansehend, mehr als eine Viertelstunde so still, so bewegungslos dasass, als hätte der Anblick dieser dunkeln Figuren mich selbst in eine Säule verwandelt. Reisende, die Persepolis von Süden

oder Norden bei Tage das erstemal gesehen haben, sind
von dem erhabenen Eindrucke dieser alten Monumente
nicht minder überrascht gewesen. Man stelle sich vor,
wie erst, wenn man solche mit überspannten Gefühlen
vom zauberhaften Lichte des Dunkels umgeben plötzlich
zu Gesichte bekommt. Wie ich so von meinem Sitz die
hohen Säulen anstarrte, schien es mir wirklich, als ob sie
Riesengestalten wären, die aus der Gruft 4000jähriger
Vergangenheit sich erhoben, um den Reisenden aus dem
fernen Westen die vergangenen Wunder des Ostens mit
stummen, aber doch so beredten Worten darzulegen. Ich
sage: eine Viertelstunde sass ich, doch kann ich, offen
gesagt, der Zeit meiner stillen Verwunderung mich nur
schwer entsinnen. So viel ist mir jedoch bekannt, dass
ich trotz der kühlen Luft, die von Nordosten beim An-
bruche des Morgens heranwehte, nur dann erst aus meinen Träumereien erwachte, als die schwarzen Schatten
aus den Räumen der Ruinen allmälig zu schwinden an-
fingen und als Phöbus aus den Gebirgen hervortauchend,
mit seinen ersten Strahlen die meisterhaften Kapitäle der
grossen Säulen beleuchtete. Es war, als wenn der Vorhang
zum merkwürdigen Schauspiele auf einmal gehoben worden wäre, ich sah eine neue Szene: Persepolis, im Glanz-
meere von Schimmer gebadet. Alles nahm eine andere
Farbe an. Dort, wo früher düster aussehende Marmorsteine, hohe Säulen oder Wände mir entgegenstarrten,
sah ich nun reizende, künstlich gehauene Figuren, die, in
1 oder 1 $\frac{1}{2}$ Zoll hohen Reliefs gemeisselt, so treu, so frisch
und so lebendig aussahen, als wenn die Meisselklänge erst
gestern verhallt wären. Hier ist ein langer Festzug zu
sehen, dessen einzelne Mitglieder in gemessenen Schritten dahinschreiten, dort ein Haufe Gefangener, die, am

Halse an einander gekettet, vor dem stolzen Sieger einherziehen, wieder dort der athletische Kampf mit einem Unthier und in der Höhe sieht man häufig eine stolze königliche Figur auf dem Throne sitzen, vor ihr lodert das göttliche Feuer, hinter ihr stehen zwei Diener, von denen der eine einen langen Stab, der andere einen Regenschirm hält. Nicht nur Kleider, Gliedmassen, sondern selbst Gesichtszüge sind so künstlich gehauen, um die Lippen der Bilder schwebt ein derartiger Reiz, dass man glaubt, den kalten Marmor bald sprechen zu hören. Es ist sonderbar! 4000 Jahre alt sind diese Monumente und dennoch hat die Zeit dort, wo der Vandalismus der Menschen nicht gewüthet, Alles so treu bewahrt, wie sonst an keinem Punkte der Welt.

Mein geehrter Leser wird wohl lachen über meine Hingerissenheit, über meine Schwärmerei. Ja, es ist schwer sich zu entschuldigen, schwer auch im Entferntesten nur eine Idee zu geben von dem Eindrucke, den diese kalten Marmorsteine auf uns ausüben. Nicht poetische Schwärmerei, nicht ein allzuheisses Geblüt ist erforderlich, um von Persepolis begeistert zu werden. Ich habe schlichte Orientalen gesehen, denen Geschichte ganz unbekannt ist und dennoch waren sie unter den Ruinen nicht minder betroffen. Was soll erst ein Abendländer sagen, der oft eine Münze aus dem vergangenen Jahrhundert bewundert und nun gegenüber solchen unvergleichlich schönen Denkmälern der Pracht und Kunst sich befindet?!

Ja, Persepolis ist gross und eben deswegen ist unser Vorhaben kühn zu nennen, wenn wir nach den ausführlichen und gründlichen Berichten so vieler Reisender, die vor uns Persepolis gesehen haben, es dennoch beschreiben wollen. Nein, ein solches Werk ist nicht im Bereiche unserer Fähigkeit und nur um eine schwache Skizze zu entwerfen, will ich meinen vaterländischen Leser an dem Leitfaden, den einer meiner Vorgänger *) gegeben, durch diesen merkwürdigen Ort führen.

*) Obwohl ein grosser Theil der über Südpersien erschienenen Werke mir zu Gebote stand, so habe ich dennoch die unter allen verhältnissmässig kürzeste Beschreibung James B. Fraser nach der deutschen Uebersetzung von Johann Sporschil, Leipzig 1836, benützt. Eine gelehrtere Behandlung würde in den Rahmen dieser leichten Touristen-Arbeit nicht passen.

Ruinen von Persepolis.

X.
Ruinen von Persepolis.

Die Terrasse, auf welcher diese architektonischen Ueberbleibsel ruhen, hat eine unregelmässige Gestalt, wie sich dies aus der beigefügten Illustration ergibt. Die Westseite, von welcher man die Ebene übersieht, ist 1425 Fuss lang, die nördliche 926 und die südliche 802. Die Höhe scheint von 25—50 Fuss, je nach den Unebenheiten des Grundes gewechselt zu haben. Die Oberfläche ist durch den Triebsand und die eingestürzten Trümmer sehr uneben geworden. Es gibt nur einen Aufgang zu dieser Plateform und zwar über eine prachtvolle Treppe, welche aus zwei Fluchten besteht und so breit ist, dass sechs Reiter neben einander zu Pferde bequem dieselbe hinaufreiten können. Die unterste, welche aus 55 Stufen, 22 Fuss lang und $3\frac{1}{2}$ Zoll jede hoch, besteht, trifft in einem obern Tritt zusammen, 37 Fuss auf der einen, 44 auf den zwei andern Seiten. Von diesem Punkte an erhebt sich eine zweite doppelte Flucht von 48 Stufen von ähnlichen Dimensionen, welche auf der Höhe der Plateform in einem ähnlichen, 64 Fuss langen Viereck ausmünden. Die Erhöhung ist so allmälig, dass man gewöhnlich hinauf zu reiten pflegt und die Marmorblöcke sind so gross, dass aus einem einzigen 10—14 Stufen ausgehauen sind. Es ist merkwürdig, wie wenig Spuren diese Treppen vom Gebrauche haben; sie scheinen kaum abgenützt, wo doch das Gegentheil hätte stattfinden müssen, wenn sie zu einem Tempel geführt oder den Schaaren gedient hätten, die sich dem Könige näherten. Wenn man diesen zweiten Treppenabsatz erreicht hat, erblickt man ein gigantisches Portal, das aus zwei massiven Mauern besteht, wovon die Vorder- und Innseite in Gestalt zweier kolossaler Thiere ausgehauen sind. Die Länge des Portals beträgt 21 Fuss, die Höhe 30 und die Mauern stehen 12 Fuss auseinander und der Boden ist mit poliertem Marmor gepflastert. Die Thiere stehen auf einem Piedestal, das sie um 5 Fuss höher erscheinen lässt. Ihre Häupter sind so verstümmelt, dass man nicht sagen kann, was sie vorstellen. Der Nacken ist mit Rosenkränzen geziert; kurzes, krauses Haar, welches den Schuppen eines Panzers auch ähnlich sieht, deckt Brust, Rücken und Rippen, und die Arbeit selbst ist ausserordentlich correct und wohl ausgeführt. Dieses Portal als erster Gegenstand ist auch am meisten der Gravierlust der Besuchenden ausgesetzt. Soweit nur die Menschenarme hinaufreichen, ist Alles voll mit Namen der besuchenden Perser, Araber, Franzosen, Engländer, Deutschen; alle haben sich hier verewigt. Unter Andern ist sogar Malcolm zweimal anzutreffen. An einem Orte ist er als Cap. Malcolm Envoy 1800, an einem andern als Gen. Malcolm 1810 gezeichnet.

Zwanzig Fuss östlich von diesem Portale standen vier cannelirte Säulen mit schönen Capitälern, ungefähr 45 Fuss hoch und 22 Fuss Zwischenraum, aber nur zwei sind noch erhalten und von den übrigen nicht einmal Ueberreste vorhanden. Ein anderer Zwischenraum trennt diese Säulen von einem zweiten Portal, welches dem ersten gleicht, nur sind die Mauern blos 18 Fuss lang, während die Gestalten auf der östlichen Seite Menschenantlitze mit Diademen zu haben scheinen; die Bärte sind noch sichtbar, und Schwingen, deren Gefieder ausserordentlich schön gearbeitet ist, erheben sich hoch über den Rücken. Zwischen der rechten Seite dieser Portale und der Terrasse, welche die Säulengruppe trägt, ist ein Zwischenraum von 162 Fuss. In diesem Raume befindet sich eine in den Felsen ausgehauene Cisterne. Eine doppelte Treppe führt zur Terrasse, deren ganze Länge 212 ist, und jede Flucht ragt beträchtlich über ihre nördliche Façade hinaus. Auf jeder Extremität in Osten und Westen erhebt sich eine Reihe Stufen, und auch in der Mitte, 18 Fuss vorragend, sind zwei kleine Fluchten; die ganze Ausdehnung beträgt 86 Fuss mit Einschluss eines Absatzes von 20 Fuss. Gleich dem grossen Eingange ist das Aufsteigen sehr allmälig, denn jede Stufe ist 14 Zoll breit, 16 lang und 4 tief. Die Fronte ist so mit Figuren übersäet, dass sie anfangs das Auge verwirren. Diese Gestalten, welche so in Gruppen vertheilt sind, dass sie zu den Wänden der Treppe passen, sind verschieden gekleidet und beschäftigt. Einige gleichen königlichen Leibwachen und Gefolgen, tragen lange Gewänder mit holzschuhartigen Halbstiefeln und cannelirten flachbodigen Kappen, Köcher und Pfeile, Speere und Schilde; Andere bilden lange Reihen und scheinen einen Zug vieler Nationen vorzustellen, sind auch verschieden gekleidet und gerüstet. Sie bringen Gaben oder Opfer und führen Thiere von verschiedenen Arten. Auch ist ein Gefecht zwischen einem Löwen und einem Stier dargestellt, oder einem Einhorn, wie Manche glauben: in jedem Falle mit einem Thiere, welches der verstümmelten Figur auf dem Portal gleicht. Alle diese Basreliefs sind erst neuerer Zeit von dem sie umgebenden Erdwalle ins Freie gebracht worden und obwohl die letzte Ausgrabung, die ein Engländer 1854 vornahm, eine bedeutende war, so fand ich doch während meines Besuches, dass wieder drei Finger hohe Erde die untersten Theile der Figuren bedeckte.

Sir Robert Ker Porter glaubt, dass diese herrlichen Kunstwerke die Bestimmung hatten, das Andenken der grossen religiösen Prozessionen des Cyrus, wie sie Xenophon beschreibt, oder wahrscheinlich des Darius zu verewigen, welcher das Fest des Noruz oder des Frühlings-Aequinoctiums feiert, wobei er die Geschenke der zahllosen Nationen seines Reiches empfängt.

Wir eilen jedoch zu dem ausserordentlichsten Theile dieser Ruinen — der staunenswerthen Kolonade, welche die Terrasse einnimmt. Zuverlässig kann sich die Phantasie nichts mehr Imponirendes denken, als diese ungeheuern, einsamen, verstümmelten Säulen, welche zu einer Zeit, hinter welcher selbst die Sage zurückbleibt, gebaut worden sind, den Verlauf zahlloser Geschlechter geschaut, Dynastien und Reiche entstehen, blühen und verfallen gesehen haben, während sie selbst ihre grauen Häupter noch unverändert erheben.

Von der Terrasse, welche von Osten nach Westen 380, und von Norden nach Süden 350 Fuss misst, erhoben sich einst vier Abtheilungen von Säulen, wovon jede aus einer Mittelgruppe von 36 bestand, die auf beiden Seiten, sowie in der Fronte von zwei Reihen von je sechs umgeben war und zusammen ein Ganzes von 72 bildete. Von der Vorderseite, die sich 20 Fuss vom Treppenabsatz befindet, steht nur noch eine einzige. Zwischen dieser und der ersten Reihe der Mittelsäulen sieht man grosse Steinblöcke, welche Reste der Mauern eines Portals sind. Ungefähr 38 Fuss vom westlichen Rande der Terrasse (welche dieselbe ist, wie die der Hauptplateform) erhob sich eine doppelte Reihe Säulen, von welchen nur noch fünf stehen. Von den correspondirenden östlichen Reihen sind nur noch vier aufrecht. Sechzig Fuss von der östlichen und westlichen Kolonade erhob sich die Zentralgruppe von 36 Säulen, und in diesem Zwischenraume sieht man auch die Spuren von Aquädukten, die an einigen Stellen in den Felsen gehauen waren. Von diesen Säulen sind nur 13 ganz, welche mit den schon erwähnten 15 ausmachen, welche noch immer ihre alte Stelle behaupten. Da die Orientalen die Ruinen Tschil Sutun (40 Säulen) nennen, so ist es auch höchst wahrscheinlich, dass, wenn diese auch nicht eine ursprüngliche, so doch eine höchst alte Zahl der existirenden Kolonaden war, eine Zahl, die aber keiner unserer europäischen Reisenden gesehen hat. So finden wir, dass Della Valle im Jahre 1621 25 Säulen, Herbert 1627 19, Orlarius 1638 19, Kämpfer 1696 und Niebuhr 1765 17, Franklin und alle Reisender bis Sir R. K. Porter 15, Lieutenant Alexander im Jahre 1826 13 Säulen gesehen haben, welch letztere auch mir zu Gesichte kamen. Die übrigen modern im aufgehäuften Staub von Jahrhunderten und viele der Piedestale sind demolirt und von Schutt überdeckt.

Diese herrliche Säulengruppe besteht aus zwei verschiedenen Ordnungen: diejenige, welche die drei äusseren Doppelreihen bilden, sind in ihrer Architektur gleichartig, während die Zentralgruppe, wovon alle Säulen unter sich gleich sind, sich von denen unterscheiden, die sie umgeben. Die beiden Ordnungen werden von Sir R. K. Porter beschrieben und er sagt von der ersten: „Die Gesammthöhe jeder Säule beträgt 60 Fuss, der Umfang des Schaftes 16 Fuss und die Länge vom Pfühl bis zum Kapital 44 Fuss. Der Schaft ist in fünf Abtheilungen schön cannelirt; an dem untern Ende beginnt ein Gurt und ein Torus, jener zwei Zoll, dieser einen Fuss tief. Von da entwickelt sich das Piedestal in Form des Kelches und der Blätter einer hängenden Lotusblume. Er ruht auf einer Plinte von acht Zoll und misst im Umkreise 24 Fuss 6 Zoll. Die Kapitäler, welche noch vorhanden sind, reichen, wie verstümmelt auch, doch hin, um zu zeigen, dass sie von dem doppelten Halbstier überragt waren.

Unmittelbar südlich von dieser Gruppe und etwa sechs oder sieben Fuss über der Terrasse, worauf sie steht, erhaben, befindet sich eine Masse Ruinen verschiedener Art, unter deren Trümmern man dieselben Figuren im Ueberflusse sieht, welche die Treppe schmücken. Sie scheinen wenigstens drei Gemächer enthalten zu haben, deren Thorwege und Fenstergerüste von schwarzem, feinpoliertem Marmor mit zahlreichen Nischen, verschiedene Basreliefs zeigen; namentlich einen Monarchen, der in lange wallende Gewänder gekleidet ist und über welchem zwei Diener den Sonnenschirm und die Fliegenklappe halten, während andere Basreliefs Kämpfe zwischen Menschen und verschiedenen fantastischen Thieren zeigen. Einige Ueberreste einer doppelten Kolonade zwischen der westlichen Façade dieses Gebäudes und derselben Façade der grossen Terrasse sind zu erkennen.

Noch weiter südlich sieht man andere verworrene Massen von Ruinen, worunter man Spuren fein ausgearbeiteter Skulpturen und von Kolonaden findet. Sir Robert Ker Porter sah die Gestelle von zehn Säulen, jede 3 Fuss 3 Zoll im Durchmesser, und er vermuthet, dass die grössten zur Wohnung des Souveräns selbst gehörten. Die Hauptthorwege und Fenstergerüste von gigantischen Verhältnissen und ausgesuchter Kunst befinden sich noch an ihren Plätzen, aber Bruchstücke von Skulpturen und Plinten von Säulen, welche ringsum in Schutt liegen, beweisen die Macht der Zeit und des Wetters über die festesten Gebäude. Die königliche Person mit ihren zwei Dienern erscheint häufig auf den Basreliefs der Eingänge, auch kommen viele Figuren gleich jenen in den andern Theilen der Ruinen vor; so wie Inschriften in Keilschrift. Ein unterirdischer Aquädukt, welcher das ganze Gebäude aus einem Teiche, den man noch am Fusse der Felsen sieht, mit Wasser versehen haben mag, geht unter diesen Ruinen hin; Chardin wanderte lange in diesem finstern Labyrinth, und auch Morier verirrte sich darin. Bei meinem zweiten Besuche trieb mich auch die Neugierde hinein, doch konnte ich nicht begreifen, wie Chardin sich darin verirren konnte; denn als ich ungefähr 20 Schritte vorwärts drang, fand ich den immer sich verengenden Weg schon so schmal, dass ein Weiterschreiten beinahe unmöglich war.

Es gibt Spuren von zwei andern Gebäuden auf der Plateform: eines im Norden der letzterwähnten Ruine, ein anderes im Südosten. Auch hier gibt es Basreliefs von derselben Art, wie die bereits beschriebenen. Aber das bei weitem beträchtlichste dieser Gebäude ist ein Viereck von 210 Fuss, welches sich nördlich von den Säulen befindet. Zwei Thorwege führen von jeder Seite zu demselben, die grossen Portale aber sind im Norden. Diese sind dreizehn Fuss weit, die übrigen nur sieben, alle aber reich verziert mit Skulpturen der schon beschriebenen Art, und Brun gibt die Zahl der Figuren von Menschen und Thieren in diesen Ruinen mit Einschluss der Gräber zu 1300 an, was auch Niebuhr nicht für übertrieben hält.

Wir gehen nun zu den Gräbern über, diese prachtvollen Ruhestätten, wofür man sie ohne Zweifel mit Recht hält, der früheren Könige von Persien. In der Façade des Berges ungefähr 500 Ellen östlich von der Säulenhalle zeigt sich eine 72 Fuss breite und 130 Fuss hohe Nische, welche nach Chardin in den Felsen selbst ausgehauen ist, dessen Façade in zwei Fächer getheilt ist, von denen jedes in hohem Grade mit Skulpturen verziert ist. In dem untern Fache tragen vier Pilaster mit Kapitälern von dem doppelköpfigen Einhorn, auf Balken Architrav, Fries und Karnies. Der Raum zwischen den Hauptpilastern ist von einem blinden, in den Felsen gehauenen Thore eingenommen, in dessen untern Theil eine Oeffnung gebrochen ist, wahrscheinlich um Schätze zu suchen. Das obere Fach zeigt in Basrelief einen Behälter (nicht unähnlich der jüdischen Bundeslade), welches an jedem Ende in seltsam geformte Thierbildungen ausläuft, deren greifähnliche Füsse es tragen. Eine doppelte Reihe von je vierzehn Figuren ist unter diesem Behälter eingegraben. Auf der Spitze sieht man an dem einen Ende einen Feueraltar, während gegenüber auf einer erhabenen Bühne von drei Stufen eine königliche Figur steht, welche die Rechte wie zum Gebete emporhebt, und in der Linken einen Bogen gefasst hält; oberhalb zwischen dem König und dem Altar schwebt eine symbolische Gestalt, welche man für den harrenden Schutzgeist des Königs hält.

Wenn man in den erbrochenen Thorweg tritt, entdeckt man ein Gemach, welches 30 Fuss weit, 15 oder 16 tief und 10 bis 12 hoch ist, und an dem hintern Ende drei Cavitäten wie für Leichen. Da sie alle leer sind, liegen sie dem Forschbegierigen längst offen und werden von den Iliats (Nomaden), wenn sie in der Nähe ihr Lager aufschlagen, oft als Magazine für Korn und Stroh gebraucht.

Eine der verwirrendsten Betrachtungen in Betreff dieser Gräber ist die grosse Sorgfalt, womit ihre Eingänge vor den Blicken verborgen wurden; denn da der Thorweg eigentlich nur den Schein eines Einganges hat, so glaubt man, dass in jedem Falle, selbst um das Innere auszuhöhlen, ein anderer Zugang vorhanden gewesen sein muss.

Drei Tage lang blieb ich in diesen merkwürdigen Ruinen, die nicht nur die glühende Einbildungskraft so mancher jugendlichen Reisenden, sondern selbst unsere tiefdenkenden, an Jahren, Erfahrungen und Wissenschaften reichen Alterthumsforscher begeistert haben. Man weiss nicht, soll man die grosse mechanische Geschicklichkeit und den ausgesuchten Geschmack, welcher sich in ihrem Baue kund gibt, bewundern, oder soll man von der Idee hingerissen sein, dass es in der Vergangenheit eine Kultur gab, die solche beträchtliche wissenschaftliche Kenntnisse beweisen. Wir sehen hier, wie in Egypten, Steinblöcke von 40—50 Fuss Länge und unermesslichem Gewichte mit einer Genauigkeit übereinander gelegt, dass man die Vereinigungspunkte fast nicht sieht. Drei Tage sage ich, doch sie schienen mir blos einige Stunden. Der Aufenthalt wurde desto mehr erleichtert, da ich in unmittelbarer Nähe von Persepolis einige Zelte der dort nomadisirenden Türken fand. Türken, also respektive Stammgenossen meines Inkognitocharakters, und obwohl ich aus meinem Sunnitismus kein Hehl machte, so wurde ich doch von ihnen in grösster Freundschaftlichkeit aufgenommen. In Fars ist die türkische Sprache nicht sehr oft anzutreffen, die Leute ergötzten sich an meiner Konversation, pflegten mein Reitthier und versahen mich mit hinlänglichem Brode und Käse während meines Aufenthaltes. Wohl riethen mir einige an bei Nacht nicht in den grauenvollen Räumen der ehrwürdigen Ueberreste zu verbleiben, da nach ihrer Aussage tausende der unterirdischen Geister zur Mitternachtsstunde dort ihr Lager aufschlagen und schauderhaft sind die Sagen, welche von dem Tanzen, Pfeifen und höllischen Lärm der Divs und Dschins erzählten. Tachti Dschemschid (der Thron Dschemschids), wie Persepolis bei den Eingeborenen genannt wird, soll ein Werk des fabelhaften Königs gleichen Namens sein. Dschemschid war, wie die Fabel erzählt, im Besitze eines berühmten Bechers Dschami Dschemschid, und er brauchte denselben nur zu seinen Lippen zu führen und die fernsten Wünsche seines Herzens wurden sogleich erfüllt. Kein Wunder daher, dass er diesen Meisterpalast mit so viel Pracht und Luxus ausstatten konnte; denn auf ein einmaliges Berühren des Becherrandes kamen Steine von Osten und Künstler von Westen hergeflogen (wahrscheinlich assyrische oder egyptische Baumeister, denen die

Errichtung dieser Werke zugemuthet wurde). Wie sehr Persepolis noch bei den heutigen Persern in hoher Achtung steht, beweisen genügend die zahlreichen Verse und Inschriften auf allen Seiten der Wände. Lange, lange standen diese Gebäude, so erzählt die Sage, unangetastet und unberührt. Persien war glücklich damals, kein Unglück nahte ihm, bis endlich die Araber, diese sunnitischen Hunde, welche die Schiitenwelt um diese Prachtbauten beneideten, herkamen, die Figuren verstümmelten, Säulen niederstürzten und wilden Ruin ausstreuten. Nach den Arabern, fährt die einheimische Sage fort, waren es die Frengis, die von Bender Buschir herzogen, um ihren Golddurst zu befriedigen, Schätze unter den Ruinen suchten und auch enorme Haufen von Gold und Edelsteinen fanden. Die Frengis haben ausser diesem auch noch grosse Steine, sämmtlich so viel wundervolle Talismane von hier weggetragen, nachdem sie von den bestechlichen Kadscharen die Einwilligung erkauften. Seit jener Zeit wird Persien immer von Kalamitäten heimgesucht, es kam das grosse Erdbeben in Schiraz, die Cholera, die vorjährige Hungersnoth u. s. w., mit einem Worte, man sieht in dem Zerstörer dieser stolzen Ueberreste persischer Grösse nur Erzfeinde, so wie man in den Frengis die mit Recht befürchteten Bedrücker des Ostens ansieht, so sieht man in den Arabern die grössten Vernichter der ehemaligen nationalen Grösse und die Ursache des wilden Hasses zwischen Schiiten und Sunniten kann hiemit einen neuen Beleg finden.

Dieses sind zumeist die Sagen der persischen Bevölkerung, die türkischen Nomaden, Ueberreste ehemaliger Seldschukenheere, denken ganz anders. Ihnen sind

Skulpturen und Meisterbauten ganz gleichgiltig und einiger Loth Blei wegen, mit denen die einzelnen Stücke einer Riesensäule verkittet sind, wird oft das stolzeste Monument niedergerissen, ja die Kinder freuen sich sogar, wenn eine Säule von selbst zusammenstürzt; denn sogleich fällt Alles darüber her, um von der nur einen Finger grossen Höhlung des Steines das gewünschte Metall herauszunehmen. Nur drei oder vier Kugeln kann eine solche Ausbeute gewähren, doch die Vandalenwuth der Türken kümmert sich wenig um den angerichteten Schaden.

Höchst interessant sind die schon oft erwähnten Inskriptionen neuerer und älterer Reisender. Es gibt, wie gesagt, alle Arten von Schriften und Sprachen, die mit grössern oder kleinern Buchstaben eingehauen sind. Es sind nicht nur Erinnerungen der neuern Zeit, sondern selbst Pehlevi und alte hebräische Inschriften finden sich vor und von letztern, die meines Erachtens noch nicht kopiert worden sind, sagt man, dass sie von den Gefangenen der ersten jüdischen Gefangenschaft herrühren. Von berühmten Reisenden der vergangenen Jahrhunderte findet man Kempfner, De la Valle, Niebuhr 1765, von den neuern sind Jones, Morier, Texier, Ferguson, Loftus, Kinneir, Minutoli und Gobineau hervorzuheben, die sämmtlich sowohl diese Ueberreste, als Persien beschrieben. Die Mehrzahl sind Engländer. Deutsche fand ich verhältnissmässig wenig und ich konnte meine Betrübtheit nicht unterdrücken, als ich nach zweitägigem Suchen auch nicht einen einzigen ungarischen Namen vorfand. Wäre ich der Erste meiner Nation, der diese merkwürdige Gegend besuchte, dachte ich mir, und als ich eben den dritten Tag unter jenen

Theilen umherirrte, die aus schwarzem Marmor bestehen, entdeckte ich zu meiner grossen Freude an einem Fenstergesimse die Worte: Marothi István 1839. Mit kindischer Lust sah ich die Züge meines Landsmannes an und obwohl er mich des Rechtes beraubte, mich den ersten Ungarn zu nennen, der Persepolis besuchte, so konnte ich mich nicht enthalten unter seinen Namen ein éljen auszugraviren, und damit er in der Zukunft nicht ganz vereinzelt dastehe, gesellte ich auch meinen Namen dazu. Das Ganze wurde mit einer dicken Linie umringt und an der Spitze ein „éljen a magyar" eingegraben.

Was war der ursprüngliche Zweck dieser stolzen Bauten; was haben seine Gründer damit aufführen wollen, ist eine Frage, die alle unsere Reisenden bis heute beschäftigt hat, die aber trotz aller verschiedener gründlicher Forschungen und Dissertationen dennoch unentschieden ist. Persepolis am Fusse eines Berges, vor dem sich die grosse Ebene von Mardescht erstreckt, war wahrscheinlich ein Palast vergangener Fürsten, die von hier aus die auf jener stolzen Ebene versammelten Heere, Heere aus allen Völkern Asiens, musterten. Mardescht, heute eine sumpfige umwirthbare Strecke Landes, wird in ihrer südlichen Richtung von dem Flusse Kur durchschnitten, der zu seiner Zeit 1000 Wasserleitungen versehen haben soll. Dass die Gegend daher blühend, ja sehr blühend gewesen sei, ist kaum zu bezweifeln, und dass dieser prächtige Herrschersitz auf der nördlichen Spitze derselben in seiner majestätischen Stellung gleich einer weit umher strahlenden Krone sich ausgenommen haben mag, lässt sich leicht denken In der Lage des Ortes will Chardin nach Arrians, Strabos und Diodors von Sicilien Aussage wenigstens den Palast erkennen, welchen Alexander der Grosse nach seiner Rückkehr aus Indien eine Zeit lang bewohnte und im ersten Buche der Makabbäer, sechstem Kapitel erfahren wir, dass Antiochus Epiphanes 160 Jahre später diesen Ort zu plündern versuchte.

Dem ungeachtet behaupten einige Meinungen, die in den heutigen Ueberresten nur wenige Spuren von einem ehemaligen Wohnorte entdecken, dass Persepolis ein feierlicher Tempel der Sonne gewesen sein soll, in dem am ersten Tage des Noruzfestes (Neujahr) die Könige, wie dies noch heute in Persien Sitte ist, die Huldigungen und Geschenke ihrer verschiedenen Unterthanen entgegennahmen. Zur Bestätigung dieser Hypothese werden die auf genannte Festlichkeiten hindeutenden Skulpturen angeführt, Skulpturen, in welchen wirklich nur feierliche Aufzüge oder andere aus religiösen Mythen genommene Bilder repräsentirt sind. Der König soll bei solchen Gelegenheiten unter der grossen Kolonade, die in der Vorzeit mit einem Dache bedeckt gewesen sein soll, auf dem Throne Platz genommen haben und geschmückte Reiterschaaren mögen auf dem gemächlichen Treppenaufgang an ihm vorbeidefilirt und auf der andern Seite des Palastes auf einer andern Treppe, die nordöstlich gelegen ist, auf die Ebene zurückgekehrt sein.

Ebenso unentschieden ist die Frage des frühen Ursprunges von Persepolis. Die Mehrzahl der europäischen als orientalischen Geschichtsforscher haben hinsichtlich der Zeit des Entstehens dieser glänzenden Monumente die Volksmeinung als Basis genommen und die Erbauung des Werkes in die Zeit Dschemschids verlegt. Persepolis hat wahrscheinlich einer grossen Reihe von

Fürsten aus den ersten Dynastien der Pischdadier und Kejanier zum Aufenthalte gedient, so dass die vermeinte Zahl von 4000 Jahren gewiss nicht übertrieben ist. Die griechischen Geschichtsschreiber des alexandrinischen Feldzuges nennen diese merkwürdigen Ruinen als Aufenthaltsort von Cyrus, wo er seine Schätze verborgen hielt und mit seinem Falle soll auch der stolze Sitz seiner Ahnen in Ruinen verwandelt worden sein. Alexander nämlich, so wird erzählt, habe Persepolis in einem Anfalle des Rausches zerstören lassen, oder in Brand gesteckt nach Aussagen anderer; doch soll er beim Erwachen aus seiner Besinnungslosigkeit die That bereut haben, welchem Gefühle die noch jetzt übrig gebliebenen Monumente zu verdanken sind. Die Arsaciden haben sich hier wenig aufgehalten, doch desto mehr beliebt war der Ort der folgenden Dynastie der Sassaniden, bei denen Persepolis als der hochgeehrte Tempel ihres Kultus in besonderer Achtung stand. Den letzten und allmächtigsten Todesschlag der Vernichtung haben diese Ruinen unstreitig aus den Händen der Araber erhalten, die noch vor dem Sturze Jezde dschirds, des letzten Perserkönigs, beim persischen Meerbusen landend, wohl 639 nach Christi geschlagen wurden, fünf Jahre später aber Istachr, wie die Araber die Stadt und Umgebung von Persepolis nannten, in ihre Gewalt bekamen. Unter Istachr wird heute zwar nur jene zitadellenähnliche Felsenerhöhung genannt, welche sich links von den Ruinen erhebt, einen sehr steilen Aufgang hat und durch einen besonders tiefen Brunnen berühmt ist. Zu Zeiten der Araber jedoch hat nicht nur diese Festung, sondern die ganze Gegend den Namen Istachr getragen und die Berichte der Verwüstungen erstrecken sich gewiss auf alle in der Gegend befindlichen Monumente. Der Reisende kann sich eines tiefen Gefühls des Abscheues und Zornes nicht erwehren, wenn er sieht, wie die sunnitischen Araber, denen ein Gesicht zu malen oder in Stein zu hauen verboten ist, an den herrlichen Figuren der Basreliefs von Persepolis eben den Kopf am meisten verstümmelten. Manchmal ist dieses bei einer in besonderer Höhe befindlichen Gestalt sogar bemerkbar und es ist kaum zu bezweifeln, dass die wilden Barbaren sich Postamente erheben liessen, um mit ihrer fanatischen Wuth diese schönen Kunstüberreste zu verstümmeln. Nicht nur Menschen, sondern selbst Thiere litten in gleicher Weise und es ist wahrlich zu wundern, dass von den zahllosen Figuren in Persepolis dennoch einige ihrer Wuth entronnen sind. Den Arabern zunächst hat Persepolis von den im benachbarten Schiras sehr häufigen Erdbeben auch stark gelitten und schliessend aus der Heftigkeit der letztern ist es wahrlich staunenswerth, dass die von den Elementen angerichteten Verwüstungen nicht grösser sind, als die von Menschenhänden. Viel, sehr viel verdanken die Ueberreste dieser stolzen Bauten dem trokkenen Klima Südpersiens. Denn wäre dieses nicht der Fall, so hätte Tachti Dschemschid dem Lose der Ruinen von Chorsabad und Nimrud gewiss nicht ausweichen können.

Schiraser und Schiraserin.
(Nach einem Originalbilde.)

XI.

Schiras.

Der werthe Leser wird wahrscheinlich von den ausführlichen Beschreibungen der Denkmäler altpersischer Zivilisation müde sein, wir wollen daher, ohne den Gegenstand gänzlich abzubrechen, zur momentanen Abwechslung einen Blick auf die Verhältnisse des heutigen Fars werfen. Den Abend vor meiner Abreise brachte ich im nächsten Dorfe Kenare zu. Ich kehrte in die friedliche Wohnung eines Bauern ein und konnte trotz aller Müdigkeit bei Nacht doch nicht schlafen, so sehr beschäftigte die Rückerinnerung an die erhabenen Ruinen meine Phantasie. Gegen Mitternacht, als mich ein Schlaf überfiel, wurde ich plötzlich von einigen Schüssen aufgeweckt. Ich fragte erstaunt um die Ursache des Lärmes und hörte, dass die Hausfrau seit einigen Stunden in Kindesnöthen sei, und dass es hier gebräuchlich wäre, bei solchen Fällen durch Pistolen und Flintenschüsse die Leidende zu erschrecken, damit sie durch Aufgeregtheit des Gemüthes der theuern Frucht sich leichter entladen könnte. Beim Hören des sonderbaren Aberglaubens näherte ich mich dem Lager, welches wegen der heissen Jahreszeit im Freien war, und während einige Frauen um sie herum vollauf beschäftigt waren, feuerten Männer dicht an ihrem Kopfe stark geladene Waffen ab. Die arme Frau fuhr bei jedem

Schusse voller Schrecken auf, ihr Schmerz muss doppelt
gewesen sein, doch der Volksglaube meinte Linderung
zu geben und alles Dagegenreden war umsonst.
Zu meinem Glücke brach bald nach Mitternacht eine
am Ende des Dorfes gelagerte Karavane auf, die aus
lauter von Kerbelah heimkehrenden Pilgern bestand.
Ich schloss mich ihr an und bereute auch nicht meinen
Schritt am nächsten Morgen; denn sie waren alle aus
Zerkum, der nächsten Station vor Schiras und hatten
hier übernachtet, um ihren Anverwandten und Freunden
zum feierlichen Empfange Gelegenheit zu geben. Als
wir uns dem Dorfe näherten, kamen uns schon unzählige
Schaaren der Bewillkommnenden entgegen. Es war ein
Umarmen, ein Küssen, ein Weinen, ein Hände- und Bu-
sendrücken, das gar nicht enden wollte. Jeder neue Ker-
belai ward von einem Haufen der Dorfbewohner umgeben, nicht er nur allein, sondern sogar sein Esel wurde
im Triumphe ins Dorf getragen und als wir durch die
Gassen des letztern einherzogen, bewunderte ich jene
Geduld, mit welcher die angekommenen Pilger, die hier
noch vermehrten Ehrenbezeugungen entgegennahmen.
Manche, besonders die wohlbeleibten unter ihnen schwitz-
ten, wie die Jagdhunde von lauter Umarmungen, wie
Strohmänner fielen sie von einer Hand in die andere,
sie waren auch ganz erschöpft und doch wäre eine Weigerung unmöglich gewesen, denn die Leute, welche das
Grab des Lieblingsmartyrers Hussein besucht haben,
sind mit einem Schritte aus der gewöhnlichen Sphäre
der Menschen getreten, sie zu umarmen ist äquale einer
halben Pilgerfahrt nach Kerbelah.

Als Merkwürdigkeit dieses Dorfes und letzter Station
von Schiras kann die auffallende Schönheit seiner Ein-

wohner erwähnt werden. Ferner auch die beträchtliche Judenkolonie, die seit alten Zeiten hier mit mehr Privilegien wohnt, als in Schiras selbst. Wie mir einer der letztern erzählte, soll ihre Synagoge im Besitze einer vom grauen Alterthume herrührenden Thora sein, welche in ganz anderer Schrift als die gewöhnliche Thora geschrieben ist und nur von einer Familie gelesen werden kann. In Ermanglung einer persönlichen Ueberzeugung könnte ich Genaueres über das angebliche alte Manuskript nicht mittheilen, doch scheint etwas an der Sache zu sein, denn ich habe die Aussage später von verschiedenen Juden bestätigen gehört.

Obwohl die Strassen hier ganz sicher waren und ein einzelner Reisender bequem seinen Weg fortsetzen konnte, so habe ich es doch vorgezogen, um einer etwaigen Verirrung vorzubeugen, mich einer Karavane anzuschliessen. Den ersten Tag fand ich keine, doch den zweiten brach gegen Abend ein langer Zug von beladenen Maulthieren mit einigen Reisenden auf, denen ich mich auch anschloss, um Schiras, die letzte Station desto sicherer erreichen zu können. Da der Tscharvadar (Inhaber der Lastthiere) sowohl als seine Gehilfen aus letztgenannter Stadt waren, so hatte unser nächtlicher Zug ein überaus fröhliches Bild angenommen. Alles brannte vor Begierde die schon lange entbehrte Vaterstadt zu sehen. Alle Perser zeichnen sich darin aus, dass sie ihrer speziellen Heimat viel mehr Vorzüge geben über alle andern Orte Irans. Doch waren die Lobeserhebungen und exaltirten Beschreibungen, die ich auf meinem Wege über die Hauptstadt von Fars hörte, von solch überschwenglicher Natur, von solch poetischem Schwunge, dass ich trotz der mir bekannten Rodomontaden der

Perser mir wahrlich etwas Ausserordentliches vorstellte. Mir fiel Hafis und seine gleichartige Poesie ein, besonders das Verspaar, in welchem er „die Ufer von Ruknabad" und „blumenbestreuten Platz von Musalla" nennt. Ich erkundigte mich um beide und hörte zu meiner Freude, dass wir Ruknabad in einer halben Stunde erreichen werden. Eine halbe Stunde dachte ich mir, ganz entzückt, die besungenen Ufer jenes Flusses zu sehen. Wir gingen weiter. Plötzlich riefen einige Stimmen auf einmal aus: Ruknabad, Ruknabad! und da ich dachte eine Brücke passiren zu müssen, stieg ich von meinem Bileamsgaule, um denselben an der Hand führend den Fluss zu übersetzen. Wir überschritten einen höchstens drei Spannen breiten und eine Spanne tiefen Bach, dessen Wasser über seinen Kieselgrund munter dahinrollte und als ich immer, mehr und mehr gespannt, nach Ruknabad aufs Neue fragte, hörte ich zu meinem Staunen, dass dieser kleine Bach, der von mir und gewiss auch von andern europäischen Lesern Hafis für einen stolzen Fluss gehalten wurde, Ruknabad heisse. Das kann man wohl eine reiche Phantasie nennen und das ist wohl echt orientalische Einbildungskraft. Natürlich hatte der gottselige Hafis gewiss in seinem Leben keinen stolzen Strom gesehen, im heissen Klima Schiras hat dieser einige Faden dünne Bach, dessen Wasser sehr schmackhaft ist, ergötzt und wie oft werden wir nicht auf gleiche Weise desillusionirt, wenn wir von den theoretischen Anschauungen orientalischer Dichter auf das praktische Feld des Ostens gelangen.

Die bittere Täuschung des Hafis'schen Verses hinsichtlich Ruknabads hatte mich betrübt. Ich blickte auf den kahlen Felsengegenden mit einem Widerwillen umher;

denn überall in der nächsten Umgebung von Schiras starrten mir von allen Seiten nur kahle, nackte Felsen ohne irgend eine Spur von Vegetation entgegen. Der Weg zog sich langsam von einem Passe in den andern, als wir endlich zu jener Mündung gelangten, welche die Perser Tengi Allah Ekber (der Pass von Allah Ekber) nennen. Von hier aus erhält der Reisende den ersten Anblick über das weite Kesselthal und über die in dessen Mitte sich erhebende Stadt Schiras selbst, die, umringt von Cypressenbäumen, das an der wüsten Gegend gelangweilte Auge wahrlich ergötzt. Wie die Eingeborenen meinen, muss jeder Reisende, der von diesem Orte die erste Ansicht der südlichen Hauptstadt bekommt, aus Verwunderung das übliche Allah Ekber (Gott ist der Grösste) ausrufen und daher auch die Benennung desselben. Obwohl mein Entzücken den Gemüthsbewegungen der heissblütigen Perser weit nachstand, so konnte ich dennoch diesem ersten Anblicke von Schiras das Epithet „reizend" nicht versagen. So weit das Auge auf die Ebene schweift, überall begegnet es dem herrlichsten dunkeln Grün. Die Stadt hat einen förmlichen Kranz von Cypressengärten, die ein breiter Bach schlängelnd durchzieht. Sowohl vor den Mauern als auch im Innern erheben sich stolze Gebäude und namentlich ist es die Kuppel der Moschee Schah Tschirag, die sich aus der Ferne recht imposant ausnimmt. Weit im Hintergrunde der Ebene erhebt sich die hohe Gebirgskette, welche über Kazerun bis an die Ufer des persischen Golfes sich erstreckt. Das Thal ist daher von Norden sowohl, als von Süden mit einer natürlichen Felsenmauer umschlungen und dass es auch hinsichtlich seines Klima's, des Reichthums seiner Produkte und der Klarheit seiner Luft sich von andern gleichgelegenen Orten auszeichnet, muss sogleich wahrgenommen werden. Wir zogen den ziemlich steilen Abhang hinab und gelangten bald durch eine breite Allee, durch das halb in Ruinen zerfallene Thor ins Innere des hochberühmten Schiras, Schiras, das die Perser trotz des Blüthenreichthums ihrer Sprache nicht reizend genug schildern können und das im Vergleiche mit andern persischen Städten wahrlich viele Vorzüge hat. Doch was ist an Schiras Reizendes, was sind seine Vorzüge, wird man mich fragen. Ich will dem Leser Rechenschaft geben und er kann meinen Worten um so mehr Glauben schenken, da ich nach vielartigen Enttäuschungen orientalische Schönheiten nicht mit den Worten ehemaliger theoretischer Begeisterung, sondern mit dem Pinsel der lebendigen Erfahrung zeichne. Schiras ist, wie gesagt, erstens wegen seiner schon geschilderten Lage schön zu nennen. Schiras hat zweitens durch die Fülle seiner Wässer eine derartige üppige Kultur, dass jeden Monat in dem dortigen Boden frische Rosen und andere Blumen gedeihen. Grünes Gras bedeckt weit und breit die Felder und während die Perser anderer Gegend nur einmal oder zweimal des Jahres das beliebte Lammfleisch geniessen können, so ist es hier durchgängig während des ganzen Jahres der Fall. Was aber am meisten die gerechte Bewunderung des abendländischen Reisenden hervorrufen kann, das ist die allerreinste ätherische Luft und der allerschönste blaue Himmel, den nicht nur Persien, nicht nur Asien, sondern die ganze Welt aufweisen kann. Diese dunkelblaue Azurfarbe des Horizontes wirkt so bezaubernd auf das Gemüth, dass man stundenlang den herrlichen Himmel bewundern kann, stundenlang mag das Auge an dem tiefen Blau sich weiden, ohne zu ermüden. Dabei ist noch die Luft trotz der südlichen Lage des Ortes mild, ja sehr mild zu nennen und ich wundere mich gar nicht, wenn die Schiraser selbst, hingerissen von den Vorzügen ihrer schönen Heimat, den ewigen Vergnügungen und Belustigungen, dem Saus und Braus so ergeben sind, dass ein Sprichwort mit Recht sagt:

Isfahan erzeugt der Künstler und Gelehrten viele,
Doch Tänzer, Sänger und Trinker, kannst du in Schiras finden.

Ja, ich kenne auch keine zweite Stadt in Persien, die eine solche lebenslustige Bevölkerung hätte, als dieser Hauptsitz der Provinz Fars. Jahrhunderte sind verflossen, seitdem Hafis, dieser Meistersänger des Weines und der Liebe, hier seine Oden gesungen, doch braucht man in Schiras nur einige Tage zu weilen, so wird man bald sehen, dass die Sitten sich wenig verändert haben, denn Wein, Liebe und Gesang sind noch immer so beliebt, als vor 600 Jahren. Trotz des strengen Verbotes des mohamedanischen Gesetzes huldigt hier Jeder dem Vater Bacchus. Der arme Taglöhner, der Handwerker, der Beamte, ja selbst die fromme Priesterwelt pflegt, sobald es Abend wird, zum Becher zu greifen, das Zechen dauert bis spät in die Mitternacht hinein und es ist wahrlich schwer einem Gelage, das im milden Freien unter dem nächtlichen Sternenhimmel Schiras gegeben wird, zu widerstehen. *)

---

*) Nächst dem angenehmen Klima ist es der berühmte Schiraser Wein, Chulari genannt, welcher Ursache dieser allgemeinen Zechlust ist. Der Chulari ist, was Geschmack und Stärke betrifft, mit dem Tokaier zu vergleichen. Er unterscheidet sich nur von letzterem in so viel, dass er länger als zwei oder drei Jahre sich nicht hält, und

Da ich hier am Endziel meiner Reise angelangt war und einen längern Aufenthalt zu nehmen gedachte, nahm ich mein Quartier in einem geräumigen Moscheenhofe. Mein Esel ward verkauft und obwohl die mitgebrachte Barschaft eine sehr geringe war, so war mir doch beim Anblicke der auffallenden Billigkeit und grossen Fülle der Viktualien nicht im mindesten um meine Zukunft bange. Dem angenommenen Derwischcharakter treu, streifte ich in den ersten Tagen schon in allen Gassen umher und Bekanntschaft ward auf Bekanntschaft gemacht. Als Sunnite hätte ich in dieser wilden schiitischen Stadt nicht die beste Behandlung erwarten können, doch weil ich in Hinsicht der Sekte nicht zu sehr skrupulös war, so hatte ich mitunter die Beschimpfungen gegen Omer und seine Gefährten, gegen Abdulkader Gilani und andere Zeitgenossen ruhig angehört. Dieses gefiel meinen Schirasern und in kurzer Zeit hatte ich unter allen Ständen des Volkes ein solche Anzahl von Freunden und Bekannten, dass ich meinen Aufenthalt nicht nur gemächlich, sondern sehr angenehm fand.

Da ich hörte, dass unter den Uebrigen auch hier ein europäischer Arzt wohne, so hatte meine Lust nach Abenteuern mich bald aufgestachelt ihn zu besuchen. Schon in Teheran erinnerte ich mich halbdunkel, von ihm gehört zu haben, dass er aus Schweden gebürtig sei und schon Jahre lang sich dort als Arzt im Dienste der Regierung aufhalte. Ein Besuch, dachte ich mir,

---

anstatt ihn versäuern zu lassen, trinken wir die jedesmalige Fechsung auf einmal aus, sagten mir die Perser. Denn nicht Armenier, wie sonst überall, sondern mohamedanische Perser sind hier mit der Weinproduktion beschäftigt.

konnte nicht schaden, um so weniger, da ich damit einen Spass vereinigen wollte, mich ihm nicht unter europäischem, sondern unter orientalischem Charakter vorzustellen. Ich betrat sein Haus in meinem bagdadischen Anzuge und als ich ihm die übliche Grussformel mit einem Ja hu! Ja hakk! (Derwischgruss) entgegendonnerte, glaubte der gute Europäer, einen Derwisch gleich den zahlreichen dieser Gegend vor sich zu haben und griff halb gleichgiltig in die Tasche, um durch Darreichung seines Obolus meiner los zu werden.

„Was Gold?" rief ich ihm entgegen, „dein Zutrauen will ich haben! Ich komme von fernen Gegenden her, geschickt von meinem geistlichen Oberhaupte, um dich von der irrigen Religion, die du gegenwärtig bekennst, auf die Pfade des wahren Glaubens zu führen, ich komme im Auftrage des Scheich von Bagdad, dich zum Muselmann zu machen. Der Arzt, dem derartige Bekehrungsversuche nicht fremd zu sein schienen, sagte halb lächelnd zu mir: „Ja, mein Derwisch, nicht mit Befehlen, sondern mit überzeugenden Worten pflegt man die Leute zur Religion einzuladen. Womit kannst du deine Mission beweisen, womit die Wunderkraft deines Oberhauptes bestätigen"?

„Du zweifelst? ein Hauch von meinem Pir genügte, mich in alle Künste der Welt, in alle Sprachen einzuweihen. Du bist ein Frengi, versuche mit mir, welche Mundart du immer willst". Der Arzt machte grössere Augen, ich bemühte mich meine feste Miene zu behalten und fest zur Erde sehend, hörte ich, wie er mich in seiner Muttersprache im Schwedischen ansprach.

„Schwedisch", rief ich, „ist mir besser bekannt, als dir selbst" und rezitirte zum Beweise einige Verse aus

Tegnér Frithiof Saga, die als Lieblingslektüre meiner Jugend mir noch frisch im Angedenken waren. Die Verwunderung des Arztes erreichte die höchste Stufe. Er spielte alle Farben und ohne mich weiter zu fragen, fing er in deutscher Zunge zu reden an. Auch dieses ward zu seiner Verblüfftheit beantwortet. Ebenso ging es ihm mit dem Französischen. Nachdem ich einige Worte in jeder Sprache gewechselt hatte, kehrte ich sogleich wieder zum Persischen zurück, rezitirte einen Koranvers zum Heile seiner Seele und als der arme Skandinave halb ausser sich vor Verwunderung nach dem räthselhaften Charakter seines Gastes forschte, erhob ich mich von meinem Sitze, ihm zurufend: „Bis Morgen um acht Uhr hast du Bedenkzeit; entweder du wirst Muselmann, oder du sollst die Zauberkraft meines geistlichen Oberhauptes fühlen".

Ich kehrte heim in meine Wohnung. Kaum hatte ich am nächsten Morgen mich von dem Bette erhoben, als der biedere Schwede schon vor mir stand. Meinen Besuch abzuwarten schien ihm zu langweilig, so sehr peinigte ihn die Neugierde. Anfangs wiederholte ich meine gestrige Rolle, doch hat die Bonhommie, die ihm aus allen Zügen heraussah, derartig auf mich gewirkt, dass ich den Spass zu Ende brachte und die Maske in einer kurzen Erklärung weit von mir wegschleudernd, dem wackern Nordländer in die Arme fiel. Seine Freude war grenzenlos und er rief immer: „Ich habe es vermuthet, doch ihre persische Konversation hat mich immer ausser Fassung gebracht." Er fragte mich über Teheran, über seine Bekannten und nachdem ich einige Zeit mit ihm gesprochen, musste ich meine Effekten zusammenpacken, ihn in seine Wohnung begleiten und die angebotene Gastfreundschaft, auf so lange es mir nur gefiele, annehmen. Bei der persischen Welt hiess es, dass der Arzt meine Gegenwart benützend von mir in der Alchymie, in der er ohnehin schon Vorkenntnisse hatte, weitere Lektionen nehmen wolle und mein Aufenthalt fiel um so weniger auf, als die Haushaltung des Europäers hier ganz persisch war. Ungestört, in wahrer Zufriedenheit lebte ich auch sechs Wochen in seinem gastfreundlichen Hause.

XII.

Da Doktor Fagergreen als praktizirender Arzt nicht nur in alle Häuser der vornehmen Welt, sondern selbst in die Harems Eintritt hatte, so hatte ich gute Gelegenheit durch ihn die Sitten und Gebräuche dieser südlichen Stadt genau zu studiren. Schiras ist, wie gesagt, einer der liederlichsten Orte, nicht nur in ganz Persien, sondern in ganz Asien. Die grösste Sittenverderbniss herrscht übrigens unter den Frauen, die nicht nur von aller Etikette und Haremsstrenge sich befreien, sondern sogar bei den abendlichen Zechgelagen viel mehr Antheil nehmen, als die Männer selbst. Seit meiner Rückkehr aus Persien, höre ich, hat der König alle französischen Offiziere aus seinem Dienste entlassen, weil der Graf Gobineau, der ehemalige Gesandte, in seinem Buche über Persien selbst die königlichen Gemahlinnen des Trunkes anklagt. Nun ich glaube, Seine Majestät sollte sich darüber gar nicht beleidigt fühlen, denn nicht nur seine Ehehälften, sondern sämmtliche vornehme Damen Persiens bringen gewiss mehr Abende im Jahre im Rausche zu, als im nüchternen Zustande. In Schiras zumal kennt man hierin nicht die mindeste Gêne. Mein schwedischer Freund versicherte mir, dass es Damen von hohem Stande gebe, die einige Halbe starken rothen schiraser Wein ohne irgend welche betäubende Folgen zu sich nehmen können. Derartige Zechgelage, wahre Bacchanalien, sind noch mit allem erdenklichen Unfug und Ausgelassenheiten begleitet. In erster Stelle figuriren bei solchen die Tänze, bei welchen es sich nicht um anmuthige Stellung, sondern um rein sensuelle Bewegungen handelt. Die Tänzer sind oft sehr geschickt und nicht nur Frauen, sondern selbst Männer und, was auffallend genug ist, zumeist Judenburschen pflegen in der terpsichorischen Kunst aufzutreten. Abgesehen von den ekelhaften Bewegungen und Krümmungen ist diesen Tänzern ein gewisser Grad von gymnastischer Kunst nicht abzusprechen. Man sieht oft eine solche Bajadere, die auf der Erde auf zwei Finger sich stützend sich unter die beiden Schulterbeine des der Länge nach ausgestreckten Körpers Gläser stellen lässt, mit welchen sie durch Zurückbiegung der beiden Schenkel taktmässig klingelt. Eine andere pflegt auf einen Fuss gestützt sich derartig zur Erde zu neigen, dass sie die in dem Knie eines Zuschauers oder an einem sonstigen Orte aufgesteckte Nadel mit ihren Augenlidern wegnimmt. Dieses gefährliche Kunststück hat mich oft schaudern gemacht; doch die Perser klatschen mächtig Beifall zu und die Tänzerin steckt die in den Falten der Augenlieder gehaltene Nadel, ohne sich der Hände zu bedienen, auf den frühern Ort zurück. Graziös möchte ich nur den Tanz, den man Herati heisst, nennen. Die Tanzende, ganz in ein Leintuch eingehüllt, wird auf eine Erhöhung gestellt und ihre im Takte der Musik ausgeführten Bewegungen, wobei sie die Hülle schleierartig lüftend bald coquettirend hervortaucht, bald sich aufs Neue vermummt, würden selbst einem Balletcorps unserer Bühnen gut stehen. Was die Musik anbelangt, sind es überall jene tief melancholischen Weisen, die, erst in kläglichen Tönen einsetzend, mitunter in ein wildes Geschrei ausbrechen, mit welchem der Schmerz des von der Liebe gemarterten Innern ausgedrückt wird. Dem Europäer dünken diese eher lange schmerzvolle Ausrufungen, als eine Musik und wird von derselben eben so sehr angeekelt werden, als der Orientale von irgend einer europäischen Oper oder Symphonie unserer Maëstros. Uebrigens ist die Musik sämmtlicher mohamedanischer Völker im Osten von den Persern entlehnt. Ich begegnete schon in Konstantinopel den Benennungen Husseini, Schirasi, Makami u. s. w. und kann mir leicht vorstellen, dass die Effendi's, die am Ufer des Bosporus bei ihren musikalischen Soireen mit so stiller Begeisterung den Takt auf den Knien schlagen, hier an der Quelle orientalischer Musik sich gewiss besser unterhalten hätten, als ich, ihr Pseudo-Landsmann. So wie alle Südländer excelliren die Schiraser in ihrer Stimme und wenngleich die Musik mir nicht besonders behagte, so fand ich doch kein kleines Vergnügen darin, die Lieder Hafis' in seiner Vaterstadt von seinen nächsten Landsleuten vortragen zu hören.

Eben so wie die Schiraser dem Vergnügen und dem dolce far niente ergeben sind, eben so heftig auffahrend, so wild aufbrausend ist ihr Gemüth. Jung und Alt pflegt ausser dem Hause sich selten ohne den krummen zweischneidigen Dolch in dem Gürtel zu zeigen. Beim kleinsten Wortwechsel sticht man auf einander los und ich kenne keine Stadt in Iran, wo so viele Mordthaten auf so leichtsinnige Weise begangen würden, als in Schiras. So sah ich im Bazar einst einen stattlich gekleideten Perser, der, einem andern auf einem schmalen Trottoir begegnend, blos einige Minuten wartete, dass ihm dieser ausweiche. Der gegenüber Stehende hatte vielleicht auch die Absicht aus dem Wege zu gehen; er bog sich rechts und links herum, doch schien die Bewegung Ersterem zu langweilig; er ward zornig, griff nach seinem Dolche und der Andere hatte kaum Zeit, sich zu entschuldigen, als er schon mit zwei tödtlichen Wunden bedeckt auf der Erde lag. Man kann sich vorstellen, welch' grässliche Thaten in einer solchen, dem allgemeinen Trunke ergebenen Stadt bei Nacht vorfallen. Haarsträubend sind die Gräuelszenen, doch auch nicht minder die verhängten Strafen des Gesetzes. Menschen den Bauch aufschlitzen, einzelne Glieder abschneiden, von Pferden zerreissen lassen ist gar nichts Ausserordentliches, ja ich hörte sogar, dass der Gouverneur vier Missethäter in eine Grube stellen und mit mehreren Scheffeln siedenden Kalkes übergiessen liess. Die Strenge des gerichtlichen Verfahrens stimmt ganz mit der Wildheit der Bevölkerung überein, nur ist es leider oft der Fall, dass die Schuldigen durch Bestechung der verdienten Strafe entgehen oder andere Unschuldige dafür leiden müssen. Es sind also mehr die Einwohner der Stadt, als die Stadt selbst, welche die Aufmerksamkeit der Reisenden fesseln.

Von merkwürdigen Gebäuden verdient ausser der schon erwähnten Moschee Schah Tschirag noch genannt zu werden die Moschee und der Bazar des berühmten Vekil, das heisst Stellvertreter, wie sich Kerim Chan Zend aus Bescheidenheit zu nennen pflegte, da er de facto Herrscher halb Persiens sich dennoch nur Repräsentant des legalen Königs nannte. Dieser Kerim Chan, berühmt wegen seiner Gerechtigkeitsliebe, hat für den südlichen Theil Persiens sehr viel geleistet und sein Name ist noch im frischen Andenken der Bevölkerung.

Ausser der Stadt sind bemerkenswerth: das am Fusse des nördlichen Berges befindliche Bagi Tacht (Throngarten), im Anfange dieses Jahrhunderts nach dem Muster eines französischen Lustschlosses erbaut. Das Innere selbst verräth nicht besonders viel Luxus, doch bieten die von mehr als acht Stockwerken sich künstlich herabstürzenden Wasserfälle und die unten im Garten hoch emporschlagenden Wassersäulen einen ergötzenden Anblick. Neue Reisende vermissen wohl in Schiras die so viel berühmten parterres des roses, doch stammt dieses blos aus einem sprachlichen Fehler her; denn Gulistan, wie die Perser ihre Blumenbeete nennen, ist nicht mit parterre des roses, sondern mit parterre des fleurs zu übersetzen und ich hätte gar keine Ursache die Ueppigkeit, den Wohlduft und Glanz der hiesigen Blumenbeete zu verneinen. Natürlich dort, wo Menschenhände sie nicht pflegen, wird man ihnen selten begegnen, doch wenige Sorge gibt reichliche Belohnung und so mancher kahle Platz kann in einigen Monaten in den herrlichsten Blumengarten umgewandelt werden.

Nach Bagi Tacht ist rechts auf dem Wege das Lustschloss Dilkuscha (Herzeröffner), welches dem berühmten Hadschi Ibrahim, dem mächtigen Parteigänger der jetzigen Dynastie, angehörte und noch heute im Besitze seines Sohnes, des steinreichen Hadschi Kavam, ist. Was Ersterer bei Begründung der Dynastie der Kadscharen leistete, ist wahrhaft ausserordentlich, aber eben so ist es auch sein Ende. Der Fürst, dem er zur Krone verhalf, liess ihn aus Dankbarkeit in einem grossen Kessel kochen und sein Fleisch ward dann den Hunden vorgeworfen. Seine Nachkommen erfreuen sich demungeachtet eines besondern Ansehens in Schiras. Ich ward in die Familie eingeführt und hatte in Dilkuscha so manchen köstlichen Abend zugebracht.

Weiter hinein von diesem Garten in einer verborgenen Bergschlucht ist das Grabmal des berühmten Dichters und Moralisten Saadis. Es besteht aus einem Gebäude und einem kleinen Garten von Kerim Chan erbaut. Man gelangt über einige Treppen durch eine niedere Thür in mehrere kleine Gemächer, von hier zu einer offenen Halle, in deren Mitte der marmorsteinerne Sarkophag mit herrlichen arabischen Inschriften zu sehen ist. Im Bassin des Gartens sollen früher Fische gewesen sein, die Goldringe um den Hals hatten, welche ihnen die begeisterten Besucher Saadis' anlegten und deren Berührung als grösster Kirchenraub betrachtet wurde. Heute ist in der Nähe dieses Grabes ein kleines ärmliches Dorf zu sehen, das den Namen Saadi führt. Auch ein Stadtthor, von welchem man hieher gelangt, heisst Dervazi Saadi (das Thor Saadi's), so auch eine Brücke Pul Saadi. Der berühmte Moralist, Gelehrte und Dichter ist übrigens mit Recht in Ansehen nicht nur beim Volke Persiens, sondern bei allen mohamedanischen Asiaten. Ja prophetisch waren die Worte, die er in der Vorrede seines „Gulistan" sagte:

> Was nützt dir das gewöhnliche Rosenbeet?
> Aus meinem Rosenhaine nimm ein Blättchen dir.
> Die gewöhnliche Rose, sie duftet vier, fünf Tage nur,
> Doch mein Rosenhain wird ewig blühend und duftend sein.

Ja, Gulistan, das heisst der Rosenhain, wie er sein Buch nennt, wird noch heute von allen Schichten der Bevölkerung mit Bewunderung gelesen am westlichsten Ende Afrika's sowohl, als inmitten China's. Ueberall, wo mohamedanische Jugend die Schulen besucht, wird dieses Buch als Grundstein der Erziehung gelegt. Unsere europäische Gelehrtenwelt hat schon längst darüber ihr Erstaunen ausgedrückt und wahrlich ist noch alles zu wenig, um die glänzende Sprache, die treffenden Gleichnisse und ewig frische Blüthe des Styls Saadis' zu schildern. In einem der Gemächer des Mausoleums begegnete ich einem ehrfurchtsvoll aussehenden Greise, dessen reine Kleidung und sanfte Miene stark im Kontraste standen mit der Derwischmütze, die seinen Stand bezeugte. Auch ihm schien meine Persönlichkeit aufzufallen, denn er näherte sich mir mit einer besondern Leutseligkeit und aus einer kurzen Konversation vernahm ich, dass er, ein Indier von Geburt, aus Achtung für Saadi trotz des hohen Standes, den er in seiner Heimat einnahm, sich hieher begab, um die letzten Tage seines Lebens am Grabe dieses merkwürdigen Mannes zuzubringen. Saadi war, wie bekannt, ein Derwisch, der nicht so, wie die übrigen im Oriente, nur unter ihrer Chirka (Derwischkleid) weltliche Zwecke verbergen. Saadi irrte dreissig Jahre in allen Theilen des damaligen Ostens umher. Auf seinen Wanderungen hatte er der Abenteuer gar viele zu bestehen; einmal war er Diener, ein anderesmal Sklave und wieder ein anderesmal Herr und gefeierter Gelehrter und um sich von allem genau zu unterrichten, hatte er es nicht gescheut auf eine längere Zeit selbst der Religion der Vischnuanbeter anzugehören. In seiner bunten Carriere hatte er über Charakter, Menschheit und Weltengang gar viele Erfahrungen gesammelt. Fürstengunst sowohl als Reichthümer verschmähend, fand er sein grösstes Glück darin, die Edelsteine der Erfahrungen, wie sich die Orientalen ausdrücken, mit den Diamanten des Geistes durchzubohren und auf die Schnur der Redekunst aufgereiht als Talisman um den Hals der Nachwelt zu hängen. Nicht weit von Saadi ist in einem grössern Friedhofe auch das Grab Hafis' zu sehen. Es ist auf Kosten Kerim Chans aus weissem Marmor geformt und die Aufschrift ist aus seinem eigenen Divan genommen. Ich habe sein Grab oft besucht und war höchst erstaunt einigemal fröhliche Zecher darum versammelt zu sehen, ein anderesmal dagegen reumüthige und fromme Wallfahrer. Die einen betrachten ihn als Meister in ihrem lustigen Lebenswandel, die andern als Heiligen und flehen ihn um seine Vermittlung an. Ja, das Buch Hafis', trotzdem es nur Wein und Liebe mit begeisterten Worten besingt, wird von Vielen als das frommste Religionsbuch angesehen*). Wein und Liebe, sagt man, wären nur irdische Symbole der göttlichen Begeisterung Hafis', der Rausch nur eine solche Extase, in welche ihn die Bewunderung des Allerhöchsten versetzt. So denken die hypokritischen

---

*) Denn während Einige seine Lieder bei fröhlichen Zechgelagen singen, pflegen Andere wieder das Buch als eine heilige Schrift zu betrachten, um aus demselben gleich einem Orakel ihre Zukunft zu erfahren. Nach dem Koran kennen Letztere das Buch Hafis' als das grösste, man öffnet es aufs Gerathewohl und recitirend die Verse:

»Ej Hafizi Schirazi
Ber men nazr endazi
Men talibi jek falem
Tu kaschifi her razi.

(O, du Hafiz, der Schiraser, wirf einen Blick auf mich, meine Zukunft will von dir ich lernen, denn du bist der Enthüller aller Geheimnisse«); will man aus dem aufgefallenen Blatt sein Glück oder Unglück erfahren.

Ausleger seiner Verse; Zeitgenossen Hafis' aber behaupten, dass er wirklich ein Trunkenbold gewesen sei und nur später aus Reue seinen Lebenswandel gebessert habe, was uns übrigens nicht hindert die poetischen Ergüsse seiner Feder zu bewundern, denn seit Hafis hat der Orient keinen Dichter aufzuweisen, der Liebe und Wein so glühend besingen konnte.

XIII.

Ruinen von Nakschi Rustem.

Mein Freund, Doktor Fagergreen, der mir alle Wohlthaten einer seltenen Gastfreundschaft zu Theil werden liess, kam während meines Aufenthaltes in seinem Hause auf die Idee einen Ausflug en famille zu den berühmten Ruinen zu machen. Ich entschuldigte mich vergeblich seine Güte nicht zu sehr in Anspruch nehmen zu wollen, da ich Persepolis auf meiner Herreise, so weit es einem Touristen gestattet ist, genügend besah. Nichts half und obwohl er diese merkwürdigen Alterthümer schon unzähligemal gesehen hatte, so wollte er von seinem Vorhaben nicht ablassen. „Jeder Europäer, der bei mir Gast war, hat in meiner Begleitung die Monumente Altpersiens besichtigt; Engländer, Franzosen, Italiener, Deutsche habe ich schon dorthin geführt, einen Ungarn aber hat mir das Schicksal noch nicht zugesandt und Sie thun mir wahrlich wehe, wenn Sie mich an der Ausübung einer meiner alten Lieblingssitten verhindern." Nachdem ein reicher Vorrath von Speisen und Getränken mit den Dienern vorausgeschickt worden, begaben wir uns in Begleitung der Madame Fagergreen, der Tochter eines ehemaligen Generals Semenoff, zuerst nach Bendemir, welches an dem gleichnamigen Flusse gelegen ist, der hier von einem ungefähr 18 Fuss hohen Damme mit wildem Gebrause auf die Ebene hinabstürzt. Nahe an dem Damme ist eine Brücke aus Stein gebaut, doch heute derartig verfallen, dass wir nur mit grosser Mühe ohne Gefahr zu Fusse dieselbe übersetzen konnten. Der Damm wurde von dem Emir Assad-ed Daule im 10. Jahrhundert gebaut, in der Absicht, dass der immer mehr und mehr sich verzweigende Fluss, in einem Bette gesammelt, der benachbarten Gegend besser zur Bewässerung dienen solle. Es ist dies ein sehr verdienstliches Werk und die Nachkommenschaft erwähnt noch heute mit den grössten Lobpreisungen den Namen seines Gründers. Wir zogen von hier aus in nordwestlicher Richtung über die grosse Ebene auf Persepolis zu. Die Damen unserer Begleitung, die in einer Kedscheve auf einem rüstigen Maulthiere sich befanden, ritten ungefähr zwei Stunden voraus, während ich und der Doktor auf feurigen arabischen Rennern die leere Ebene wild durchjagend bald rechts, bald links umherschweiften. An Weg oder Pfad dachte niemand, die nördliche Gebirgskette und namentlich die von der Ferne sich zeigenden Ruinen waren der einzige Punkt, der uns führte. Gegen Abend erreichten wir Persepolis und ich war freudig überrascht zu finden, dass unter der Säulenhalle schon unsere Wohnung und nicht weit davon die Küche aufgeschlagen war. Während man auf einer Seite mit Kochen und Braten vollauf beschäftigt war, klangen unter der Säulenhalle Musik und Lieder. Persepolis schien ein belebter Ort zu werden und die sumptuosen Mahle, die wir dort einnahmen, die fröhlichen Stunden, die dort verbracht wurden, werden mir lange unvergesslich bleiben. Von Persepolis führte mich der biedere Schwede zu den Ruinen von Nakschi Rustem, der prachtvollen Ruhestätte der ältern Könige Persiens, die, in die Façade eines senkrechten Felsens gehauen, wenn gleich nicht durch äussere Prachtwerke, aber doch durch innere Kunst und Riesenhaftigkeit der Arbeit den Reisenden in Staunen setzen. Es sind dies vier Gräber, von denen eins auf einer Ecke des steilen Felsens, die andern drei auf der andern Seite sich befinden und da sie ungefähr 40 Fuss hoch von der Erde und noch weiter von der Spitze des Felsens entfernt sind, so pflegen die neugierigen Besucher ihre Lust sehr theuer zu erkaufen. Man miethet nämlich Bauern aus dem nahe liegenden Dorfe, die, mit Stricken versehen, mit den Reisenden auf die Rückseite des Berges bis zum Rande des steilen Abhanges gehen. Hier wird ein Strick um die Lenden gebunden und in einer senkrechten Linie über die Oefnung des Grabes so tief herabgelassen, bis man vor letzterem anlangt. Diese schwebende Stellung zwischen Himmel und Erde ist eine äusserst unbehagliche, besonders da die gebrauchten Stricke durch das häufige Abreiben an dem Felsen nicht ganz sicher sind, und dass wenn durch ein Abreissen der letztern man auf den Felsenboden hinabplatzt, man ein zweitesmal schwerlich das Kunststück versuchen würde, ist sehr einleuchtend. Manchmal, so erzählte man mir, pflegen die schlauen Perser, entweder um dem betreffenden Europäer Furcht einzujagen, oder ihm ein fettes Trinkgeld abzulocken, mit dem Loslassen zu drohen und obwohl schon mehrere auf diese Weise geängstigt wurden, so ist doch hier Niemandem ein Unglück zugestossen. Die Oeffnung der Gräber besteht aus einem Vierecke, kaum mehr als $1\frac{1}{2}$ Ellen hoch und breit. Zur Jenseite gelangt man auf zwei Treppen und man stelle sich die Verwunderung vor, wenn man in dem, vom Fackellichte beleuchteten Raume umherblickend, wahrnimmt, dass man durch diese kleine Oeffnung in einer weiten, hohen, künstlich gewölbten Halle steht, in deren Mitte drei leere Sarkophage zu sehen sind. Die Halle, die allergrösste, ist mehr als 70 Fuss breit und 120 Fuss hoch und die Idee, wie der Meister dieses Riesenwerk von der kleinen Oeffnung aus mit dem Meissel ausgehauen habe, wie viele Hände Jahre lang daran gearbeitet haben müssen, muss jeden in die tiefste Verwunderung versetzen. So wie bei den Gräbern von Persepolis, so ist auch hier über der Oeffnung das Basrelief mit dem Könige zu sehen, der vor einem Altar mit loderndem Feuer sitzt, während eine symbolische Gestalt, die für den harrenden Schutzgeist gehalten wird, ihn umschwebt.

Zwischen dem zweiten und dritten Grabmal ist unten im Felsen ein prächtiges Basrelief mit lebensgrossen Figuren. Es stellt den siegreichen Schapur vor, der auf dem stolzen Rosse im vollen Ornate sitzt, während Valerian mit grossen Ketten belastet auf ein Knie niederfällt und ihn um Gnade bittet. Dieses sind die zwei Hauptfiguren, doch stehen sowohl hinter Valerian, als auch hinter Schapur noch viele andere Gestalten, und wenn im Ganzen die treue Ausführung des Werkes bemerkenswerth ist, so kann man nicht umhin, die Verschiedenheit der betreffenden Physiognomien am meisten anzustaunen. Schapur hat rein iranische Züge, so wie jeder Südperser heut zu Tage, während Valerian mit seiner römischen Adlernase und römischen Gesichtszügen auf den ersten Anblick gleich zu erkennen ist. Er trägt ein langes Kleid und ist barhaupt und das Bild ist so treu, dass selbst der flehende Ausdruck des unglücklichen römischen Kaisers nicht zu verkennen ist. Wie bekannt hat Schapur, der zweite König der Dynastie der Sassaniden, viele siegreiche Kriege gegen das römische Reich geführt; er verwüstete ganz Mesopotamien, bemächtigte sich in einem Treffen sogar des Kaisers Valerian, den er, um seine Triumphzüge zu schmücken, lange als Gefangenen mit sich herumschleppte. Dieses Bild ist auch anderswo zu sehen und wenn die Perser der Vorzeit mit Stolz auf die Grossthaten ihres Fürsten hinblickten, so pflegen auch die Perser der Neuzeit in diesen Basreliefs eine unversiegbare Quelle ihrer Grosssprechereien zu finden.

Unter dem zweiten Grabe stehen zwei Reiter mit langen Lanzen gegen einander gewendet, noch anderswo sind Figuren, theils verstümmelt, theils wohl erhalten und es ist höchst wahrscheinlich, dass sämmtliche Reliefs lange, lange nachdem die Gräber schon bestanden haben, hier ausgeführt wurden.

Vis-à-vis von diesem steilen Felsen ist ein viereckiges Gebäude, 24 Quadratfuss gross und 30 Fuss hoch, aus grossen Quadrat-Marmorsteinen zusammengestellt mit vier blinden Fenstern. Die Decke besteht aus zwei grossen Marmorplatten und ein einziger, 22 Fuss langer Stein bildet das Karniess der nördlichen Façade. Das ungefähr 5 Fuss 6 Zoll hohe und gegen 11 Fuss vom Boden erhabene Portal, führt durch eine 5 Fuss 3 Zoll dicke Mauer in ein 12 Fuss 3 Zoll Quadratmass grosses und ungefähr 20 Fuss hohes, vom Rauch geschwärztes Gemach, dessen Fenster dicht mit Steinen ausgefüttert sind. Es gibt keine Skulpturen an diesen Gebäuden, wohl aber entdeckt man an den äussern Mauern viele kleine Nischen. Die Perser nennen es Kaaba Zertuscht, das heisst die

Kaaba Zoroasters. Morrier hält es für einen Feuertempel, doch Bestimmtes kann niemand darüber aussagen. Denselben Tag besuchten wir noch die steile Felsenburg Istachr, von welcher eine herrliche Aussicht über die ganze Ebene von Mardeschd sich darbietet. Der Aufgang ist ein sehr steiler und an vielen Orten so schmal, dass sich ein einzelner Mensch nur mit Mühe durchdrängen kann. Von den ehemaligen Befestigungen ist ausser den mächtigen Wehrmauern, die die Natur selbst erhoben, gar nichts vorhanden. Es war zur Zeit der letzten Könige der Sassaniden die Reichsschatzkammer und das merkwürdigste auf derselben ist ein Brunnen von einigen hundert Klaftern Tiefe in den Felsen gehauen, über dessen frühere Bestimmung die buntesten Mährchen kursiren. Von Istachr kehrten wir nach Schiras heim. Die Annehmlichkeiten, die ich auf dem dreitägigen Ausflug hatte, werden mir lange unvergesslich bleiben.

XIV.

Rückkehr.

Nach einem dreimonatlichen Aufenthalte in Schiras hatte mir diese Stadt derart gefallen, dass ich mit der Idee umging, statt in Teheran zu überwintern, während der rauhen Jahreszeit hier zu verbleiben und im Frühjahre über Jezd und Tebbes eine von Europäern nur wenig besuchte Strasse nach Chorassan zu gehen. Ich hätte auch diesen Plan, der, wie sich herausstellte, nicht zu meinem grössten Vortheile gewesen wäre, ausgeführt, wenn nicht die Ankunft einiger europäischer Reisenden mich daran gehindert hätte. Während meines Aufenthaltes in Südpersien nämlich besuchten auch Graf Rochechouart und Marquis Doria diese Gegend. Ersterer, Attaché der französischen Gesandtschaft in Teheran, hatte als Ziel seiner Reise das Studium der kommerziellen Verhältnisse Persiens, der zweite, ein hervorragendes Mitglied jener ausserordentlichen italienischen Mission, die mit mir zugleich nach Iran sich begab, hatte mit botanischen und physiologischen Forschungen sich beschäftigt. Sie wurden zuerst von der Schiraser Behörde mit grossem Pompe empfangen. Da die Perser sehr prunksüchtig sind, so wurde diesen beiden europäischen Gesandtschaftsmitgliedern, obwohl der Frengi, den die Religion für unrein erklärt, nicht besonders beliebt

ist, doch ein glänzender Empfang zu Theil. Nach den
ersten offiziellen Gastmählern lud auch mein biederer
schwedischer Freund die Europäer zu sich. Seine Mahl-
zeit bot Alles dar, was nur der südliche Himmel Persiens
aufzeigen kann. Bordeauxwein und Champagner wetteiferten mit Chulari und als der gastfreundliche Wirth sich
erhob, um einen Toast auszubringen auf die drei Nationalitäten, die er an seinem Tische versammelt, da strahlten seine Augen von doppelter Freude. Dieser Mensch
schien nur dann glücklich, wenn er Leute bewirthen
konnte und unendlich gross war das Vergnügen, welches
ihm ein herbeigereister Abendländer verschaffte Wie
denn auch anders, wenn man 15 Jahre von der westlichen Zivilisation verbannt, nur von jenen sparsamen
Funken unseres geistigen Fortschrittes sich nähren
muss, die eine über Bombay zu ihm gelangende Zeitung
bringt. Ja, Doktor Fagergreen ist eine seltene Erscheinung unter den sich längere Zeit im Osten aufhal-
tenden Europäern. Ohne die Elastizität des Geistes verloren zu haben, ohne die den Abendländern eigene stete
Regsamkeit ablegen zu können, übertrifft er an Güte
und Gastfreundschaft jeden Orientalen und doppelt
schwer fiel es mir daher, mich von ihm zu trennen, als
der Graf Rochechouart, der die Rückreise nach Teheran
antrat, mich aufforderte, ihn zu begleiten, da sein
italienischer Gefährte, um das herrliche Klima dieser
Stadt besser zu geniessen, hier einige Zeit verweilen
wolle.

Das Anerbieten des französischen Edelmannes kam
um so mehr erwünscht, da ich, wie gewöhnlich blank
von allen Mitteln, auch mein bescheidenes Reitthierchen
beim Eintritte in Schiras verkauft hatte. Ausserdem

versprach die Rückkehr noch andere Reize. Her kam ich als Bettelderwisch, zurück werde ich als europäischer Reisender ziehen, theilnehmend an den Bequemlichkeiten, die einem Reisenden im Auftrage Sr. Majestät des Kaisers der Franzosen zu Gebote stehen. Dass ich daher nicht lange zauderte, ist wohl leicht begreiflich. Der Graf hatte noch drei Tage hier zu thun und nach Ablauf dieser Zeit sollten wir in beschleunigten Märschen unsere Rückreise antreten.

Der Morgen, an dem ich mich von dem edlen Freunde trennen sollte, nahte heran. Er war noch in seinem Schlafgemache im obersten Stockwerke des Hauses. Ich suchte ihn dort auf. Wir sprachen lange über die Möglichkeit einer zweiten Zusammenkunft und in seinen Augen glänzten Thränen, so oft ich von meinem gefährlichen Vorhaben in Turkestan zu ihm sprach. Die innige Theilnahme rührte mich. Ich wollte mich entfernen und als ich nach der letzten Umarmung ihm die Hand ergriff und sie fest schüttelte, da fühlte ich zu meinem grossen Erstaunen, dass mit dem Schütteln der Hand das ganze Haus stark erbebte. Ich blickte meinem Freunde ins Gesicht, er war todtenbleich. „Schnell, um Gotteswillen," rief er, „wecken wir Frau und Kinder auf, ein Erdbeben kommt über uns. Die Erdbeben in Schiras sind die schrecklichsten in ihrer Art und hundertmal fürchterlicher sind sie, wenn die ersten Stösse sich in dieser Zeit des Tages zeigen." Dass seine Worte ernst gemeint waren, las ich aus dem wirren Blicke seiner Augen. Frau und Kinder waren schnell zusammengerafft, und als wir auf der schmalen Treppe in den engen Hofraum hinunter kamen, da nahte mit einem düstern Gebrumme ein Getöse, als wenn der Bauch der Erde sich öffnen wollte, der

zweite Stoss, welcher weit heftiger war, als der erste.
Die hohen Mauern, wie auch das Gebäude, die uns umgaben, taumelten rechts und links mit einem schrecklichen Gekrache und Gekrächze und während ich stark betroffen den Himmel hinauf blickte, hörte ich von allen Seiten der Stadt ein fürchterliches „ja Aallah, ja Allah" entgegenschreien. Die Schiraser kennen die schrecklichen Folgen dieses elementarischen Uebels und wer das von dem Klagegeschrei Tausender untermischte Dröhnen der Erde gehört, das erschrockene Hin- und Herfliegen der Vögel gesehen, der wird beim festesten Willen auch seinen Muth verlieren müssen. Wir standen einige Minuten still. Meinem Wirthe war es nicht so sehr um sich, um sein Haus, um sein Hab und Gut gethan, als um das Leben der Seinigen. „Der Raum, der uns einschliesst," sagte er, „ist enge; eine zusammenstürzende Mauer könnte uns leicht begraben. Rette dich mit meiner Frau und meinen Kindern auf den nächsten offenen Platz. Ich will hier allein bleiben, da das Gesindel, diese Schreckensmomente benützend, gerne auf Raub und Plünderung ausgeht." Ich wollte antworten, doch er drang sehr in mich; ich ergriff die zitternde Frau mit den zwei Kindern und als ich durch den schmalen Gang hineilend sie ins Freie gebracht hatte, da bot die Stadt mit dem wilden Hin- und Herlaufen der von der Furcht blassen Bevölkerung einen so schrecklichen Anblick, wie ich keinen zweiten je gehabt habe. Auf dem offenen Platze war die Szene am meisten herzzerreissend. Weiber und Kinder lagen auf der Erde theils in Ohnmacht, theils die Haare sich ausraufend. Andere kamen halb angekleidet herbei geeilt, ja Viele waren ganz nackt, so wie sie aus den Bädern sich gerettet hatten. Religion, Anstand, nichts

wurde beachtet. Einige Minuten waren hinreichend, um die ganze Stadt ihres Bewusstseins zu berauben. Da ich unter dem Klagen und Schreien auch einige Mollahs reden hörte, dass das grosse Unglück von den Frengis, die in der Stadt wären, hergebracht wurde, so fürchtete ich für den allein zurückgebliebenen Freund. Ich eilte schnell zu ihm hin und war kaum im Hof angelangt, als das neue, wilde Herumschwirren der Vögel in den Lüften einen neuen Ausbruch verkündete und diese Thierchen schienen mit Recht ein Vorgefühl zu haben. Es wurde still. Das dumpfe Getöse nahte gleich dem Donner eines fernen Ungewitters immer mehr heran. Selbst das Zittern der Erde schien stufenweise vorzuschreiten und als die immer wachsenden Stösse den Platz, wo wir standen, erreichten, da erbebte der Fussboden unter uns so stark, dass wir trotz aller unserer Anstrengungen nicht auf den Beinen zu stehen vermochten. Arm in Arm gesunken fielen wir nieder. Ich hörte ein schreckliches Gekrache, fühlte bald darauf einen starken Guss von Wasser über mir und glaubte schon, dass es der letzte Moment meines Lebens sei. Es war der schrecklichste Stoss und doch waren wir glücklich entkommen. Eine Seite der Mauer war eingefallen, das Wasser, das uns übergoss, kam aus dem nahen Bassin. Ich sah immer um mich herum, um den einstürzenden Gebäuden ausweichen zu können, und eben in diesen Momenten der grössten Verwirrung hörte ich auch schon, wie einige Stimmen vor dem Hause „die Frengis! die Unreinen!" in Begleitung von Schimpfworten und Drohungen riefen und wahrscheinlich suchte man das Haus zu stürmen. Es war ein kritischer Moment. „Waffen!" rief mein Freund; doch wer wagte dieselben aus den mit Einsturz drohenden Gemächern zu holen! Der Hof war wohl gefährlich, doch dem Einsturz nahe Räumlichkeiten eines Gemaches noch gefährlicher. Wir sahen uns eine Zeit lang an und beide auf einmal stürzten wir in das Innere, um Waffen und Munition herauszubringen. Einige Flinten und Pistolen mit den nöthigen Patronen wurden zusammengerafft, wir erreichten glücklich den Hof, legten die Gewehre vor uns nieder und mussten nun gegen die Bosheit der Menschen und die Wuth der Elemente auf einmal uns schützen.

Diese Momente werden mir ewig unvergesslich bleiben.

Die unter einem plötzlichen Gekrache aufsteigende Staubwolke zeigte uns, dass die Missethäter von den fallenden Ruinen eines in der Nähe eingestürzten Gebäudes sich gerettet und die Thür verlassen hatten. Es war bald darauf in der Umgebung stille. Neue Stösse wurden nicht verspürt, obwohl der ganze Horizont der Stadt in die dichtesten Staubwolken gehüllt war, ja selbst ein auf der südlichen Seite befindlicher Berg hatte sich gespalten und das Gerolle der riesigen Felsenblöcke widerhallte weit in der Ferne. Nach einem halbstündigen Warten, ob die Wuth der Elemente sich nicht erneuere, fasste ich Muth das Haus zu verlassen. Die Verwüstungen der Stadt übertrafen Alles, was meine Feder beschreiben kann, und als ich eben die Thür erreichte, um in des Doktors Haus einzutreten, kam mir auch bald Graf Rochechouart mit einer nicht wenig bestürzten Miene entgegen und forderte mich auf in aller Eile die Stadt zu verlassen. Der Abschied von meinem Freunde war ein kurzer, aber desto innigerer. Als ich die schmalen Strassen der Stadt durchritt und auf die von allen Seiten weit aufgesprungenen Mauern umherblickte, war es nicht so sehr die eigene Gefahr, als das unsägliche Elend der hartbetroffenen Bewohner, welche mich zittern machte, und als ich durch das Stadtthor ins Freie gelangte, fand ich, dass unsere kleine Gesellschaft schon schlagfertig zum Aufbruche nur unsere Ankunft erwartet hatte. Ich sah hier eine noch grössere Menschenmenge als im Innern der Stadt, die, in peinlicher Ungeduld ihrer im Innern verbliebenen Familienglieder harrend, von uns, von den Fremden, Nachricht verlangten und ich war völlig froh, als ich wieder zu Tengi Allah Ekber, oder an jenem Punkte anlangte, von wo aus ich bei meiner Ankunft den ersten Anblick der südlichen Hauptstadt Persiens genoss.

Schiras, das vor 12 Jahren von einem eben so gefährlichen Erdbeben heimgesucht wurde, hat seit Menschengedenken von diesem elementarischen Unglück sehr oft und viel zu leiden gehabt. Das Kesselthal, wahrscheinlich den Ort eines frühern See's einnehmend, verbirgt in seinem Busen viele vulkanische Elemente, und die Volkssage, dass der im Osten befindliche See Derjai Nemek einst das ganze Thal bedeckte, ist nicht unwahrscheinlich. Ja, dieses wird auch seinen Untergang herbeiführen, sagt die Religionssage, denn zur Zeit der Auferstehung wird Schiras überschwemmt sein. Durch den Genuss verbotener Flüssigkeiten begeht es die grössten Sünden und Flüssigkeit wird sein Ende herbeiführen.

Mehr als drei Stunden Weges sahen wir links und rechts auf der Strasse Spuren der schrecklichen Verwüstung. Die Stösse kamen von Süden her, weshalb auch jener Theil der Gegend am meisten gelitten hat; doch erstreckt er sich weit über Persepolis hin und als wir den zweiten Tag unter den Ruinen ankamen, hörten wir von einigen Nomaden, die den gestrigen Tag zufällig dort verlebten, dass die Säulen gleich betrunkenen Menschen hin und her schwankten und sonderbarer Weise hatte sich doch kein Stein verrückt, ja viele Kapitale, die vorher dem Herabsturze nahe waren, nahmen auch jetzt noch die halbsinkende Stellung auf den Spitzen der Säulen ein. Die lange Existenz dieser Ueberreste machte mich nun doppelt staunen. Wie viele Erdbeben, wohl stärker als dieses, hat Persepolis nicht mitgemacht, und natürlich haben ihm diese mehr geschadet, als der eiserne Zahn der Zeit, dennoch aber stehen diese Ueberreste schon länger als 4000 Jahre und wer weiss, wie viele Reisende späterer Jahrhunderte sie noch bewundern werden.

Wir zogen in schleunigen Märschen dieselbe Strasse hin, die ich in langwierigem Karavanenschritte vor einigen Monaten zurückgelegt. Dass der Weg bei den Annehmlichkeiten, die mir die Gesellschaft des gastfreundlichen Franzosen verschaffte, unbemerkt schnell dahinflog, lässt sich leicht denken. Auf meiner Hinreise war ich, wenngleich nicht der Unbeachtete, doch der bedrohte und angefeindete Sunnite; auf meiner Rückreise war ich im europäischen Anzuge und Begleiter eines Diplomaten im Dienste eines mächtigen Kaiserreiches. Variatio delectat, doch muss ich offen gestehen, dass die Derwischrolle weit interessanter war, als meine jetzige. Als Europäer sieht man Alles nur oberflächlich und oft im falschen Lichte der Vorstellung, als Derwisch blickt das Auge in das tiefste Innere der Verhältnisse. Man leidet wohl, doch lernt man viel. Bequemlichkeit kann man nur zu Hause finden, doch der Fremde, der vorzüglich asiatische

Länder bereisen will, soll es nie unterlassen, sich in seinem Aeussern so viel als möglich den Eingeborenen anzupassen.

Vor einigen Monaten auf der Herreise von der Hitze gepeinigt hatte ich auf der Rückkehr nun die Beschwerden der kalten Jahreszeit zu ertragen. Letzteres war jedoch nur in den Morgen- und Abendstunden der Fall. Bei Tag herrscht das allerlieblichste Frühlingsklima, und wenn der französische Graf, der aus der Familie des berühmten Cardinal Richelieu abstammte, auf den öden Strassen Süd-Persiens von dem Salonleben im Quartier St. Germain, von seinen Abenteuern in der alten und doch ewig jungen Lutetia zu erzählen anfing, da schwanden mit den Bildern aus dem fernen Westen auch die Fersache (Meilen) bald dahin. — Mittlerweile war die Monotie der Reise durch ein Jagdabenteuer auf ein Rudel Gazellen unterbrochen. In einem Nu von den Luchsaugen der persischen Vorreiter entdeckt, hatten flüchtige Hunde sie bald eingeholt, und zum Aerger der jagdlustigen Perser mehrere erlegt. Ein anderesmal gab es wieder beim Eintritt in einer grössern Stadt einen feierlichen Empfang. Auf reich gezierten Pferden mit Saus und Braus führte uns der grosse Cortége in die Stadt. Glückwünsche, Süssigkeiten und Scherbete wollten nicht enden, doch war mir Alles überdrüssig und ich wäre schon lieber am Endziel meiner Reise gewesen.

Ich machte daher in Isfahan nur einen zweitägigen Halt und kehrte im Kloster der von Frankreich protegirten katholischen Armenier ein. Ich hätte des Spasses halber nun dem Imam Dschuma, den ich vor einigen Monaten als Sunnite besuchte, meine Aufwartung machen können, Takijje oder Verstellung, was nach dem schiitischen Gesetze erlaubt ist, wäre ihm nicht im mindesten aufgefallen, doch verspürte ich wenig Lust zu fernern Abenteuern und war höchst erfreut, als wir von hier aufbrachen und nach einigen Tagen Teheran wieder glücklich erreichten.

Von
Teheran bis zum kaspischen Meere.

Der geneigte Leser, der mich auf die, was persönliche Abenteuer betrifft, interessanteste Strecke meiner Wanderungen in Persien begleiten will, soll die Mühe nicht scheuen das zweite Kapitel meiner „Reise in Mittelasien" durchzulesen. Dort habe ich in kurzen bündigen Worten meinen Ritt durch den nördlichen Theil Persiens beschrieben. In genanntem Buche handelt es sich um Mittelasien. Von dem durch so viele Meisterfedern beschriebenen Persien sollte ich wie möglich nur wenig sprechen, daher kam es auch, dass die Erlebnisse dieser ersten Tage meines Inkognito's, der Eindruck, den die Umgebung und sonderbare Lebensweise auf mich im Anfange ausübte, auch verschwiegen wurde. Kargheit in Worten ist übrigens selten ein Fehler und wenn auch, so kann er leicht ausgebessert werden. Dies wollen wir nun beginnen und in die Beschreibung des nördlichen Theiles von Iran jene Skizzen einweben, um die merkliche Lücke, die sich in meinem ersten Reisebuche fühlbar machte, auszufüllen. Von dem Kampfe, den der abenteuerliche Entschluss in den ersten Tagen mich kostete, soll nicht viel gesprochen werden. Von der ungarischen Akademie sowohl als von meinem Freunde Dr. Joseph Budenz in Pest hinsichtlich einer fernern Unterstützung nicht die besten Hoffnungen und Erwartungen hegend, hatte ich doch in einem vom 20. März 1863 datirten Schreiben der Akademie mein festes Beharren auf meinem frühern Vorhaben berichtet. Der Brief war schon versiegelt und zur Postübergabe bereit, als ich eben denselben Tag Bekanntschaft mit den tartarischen Pilgern machte und nur einige Stunden vor meiner Abreise erbrach ich das Schreiben aufs Neue, schrieb noch einen Zusatz dazu, welchen der verstorbene Sekretär Ladislaus Szalay, wie aus dem Protokoll der ungarischen Akademie 1863, I. Band, I. Heft S. 97. zu ersehen ist, in folgender Weise vortrug: „Zu diesem Briefe ist noch ein Stückchen Papier hinzugefügt, auf welchen folgende mit Bleifeder geschriebene Zeilen sind: Ich erbreche den Brief noch einmal. Eine Gesellschaft mohamedanischer Pilger aus Kaschgar, auf ihrer Heimreise aus Mekka begriffen, mit der ich auf der Gesandtschaft bekannt wurde, hat mich eingeladen den Weg durch die Wüste entlang dem kaspischen Meere mit ihr zu machen. Ich habe das Anerbieten angenommen. Schon morgen reise ich im strengsten Derwisch-Incognito ab. Wenn mir dieser Weg, auf dem mir im Ganzen noch kein Europäer vorschritt, gelingt, wenn ich nicht verrathen werde, dann . . . . . Vámbéry". — Als der Brief aufs Neue gesiegelt worden, war mein Plan definitiv beschlossen. Umkehren schien mir unmöglich und mein Zustand glich dem eines halb Berauschten. Nur einen neidischen Blick warf ich auf den Brief, der von hier in die theuere Heimat ging, während ich auf eine gefährliche Tour nach fernem Osten ziehe; nur einen Blick, sage ich, und verliess das Zimmer.

Zwei Stunden darauf war ich in der bekannten Gesellschaft meiner Reisegefährten in nordöstlicher Richtung von Teheran. Genannte Residenz verschwand nach einstündigem Ritte auf dem durch ein niederes Hügelland sich schlängelnden Wege bald vor unsern Augen. Ich hatte mich wohl mehrmals umgekehrt, um sie nochmal sehen zu können und wenngleich der Verlust dieses letzten Sitzes abendländischer Erinnerung mich ziemlich schmerzte, so hatte die interessante Konversation meiner neutartarischen Gefährten mich bald getröstet. Wir ritten einen langsamen, ja sehr langsamen Karavanenschritt, denn erstens hatten wir viele Fussgänger mit uns, zweitens war der Zustand unserer Mieththiere ein solch armseliger, dass schnelleres Fortkommen unmöglich wurde. Zu dem langweiligen Schneckenritte, zu meinem, trotz aller Anstrengung dennoch düstern Gemüthe gesellten sich bald noch klimatische Schwierigkeiten. Der Himmel umwölkte sich, es fing erst langsam, bald darauf stark zu regnen an. Mein dünner faseriger Bettleranzug war bald durchnässt und noch hatten wir zwei Stunden, bis wir die erste Station Kemerd erreichen konnten.

Ich sage Station Kemerd, doch woraus bestand diese? Mein Leser stelle ich eine inmitten der Einöde liegende halb eingefallene Lehmhütte vor, deren Mauer, von Regen durchweicht, mit Einsturz drohte und in deren Innerem man wegen des vom durchlöcherten Dache herabtriefenden Wassers nur mit grosser Mühe ein kleines trockenes Plätzchen finden konnte. Es war schon dunkel, als wir anlangten. Alle Welt stürzte auf die vom Regen mehr verschont gebliebenen Theile des verfallenen Karavanserais und auch ich mischte mich unter die Menge. Mein Freund Hadschi Bilal liess einen Pilaf kochen, der aus Mangel an Fett mit einer aufgelösten Kerze geschmalzt und zu welchem ich geladen wurde. Ich schlug es höflich ab und in dem Chaos von Bettlern und persischen Maulthiertreibern niedergekauert, dem Pfeifen des Windes, dem Fallen des Regens in der stillen Nacht draussen zuhörend, konnte ich nicht umhin folgende Reflexion anzustellen. Gestern Abend eben zu dieser Zeit war ich im Gesandtschaftshôtel und zwar beim Abschiedsmahl, welches der türkische Gesandte im Kreise meiner Freunde mir gab. Man wollte mich zuletzt, wie man sich ausdrückte, um mir Furcht vor dem abenteuerlichen Vorhaben einzujagen, europäische Kost nach europäischer Weise geniessen lassen. Der niedliche Speisesaal des Gesandtschaftshôtels war glänzend erleuchtet, die besten Gerichte wurden aufgetragen, die feinsten Weine wurden herumgereicht, mit einem Worte man wollte mir eine starke Dosis von Erinnerung an europäischen Komfort auf den Weg mitgeben. Man lachte, spottete und witzelte über meine Zukunft. Ich sass in dem weichen, sammtenen Sessel und erhitzt von dem Rebensafte spielte die Phantasie mit den herrlichsten Bildern, die meiner auf der sonderbaren Tour warten. Sarkastische Bemerkungen, gutgemeinte Rathschläge, Alles prallte von meinem Ohre ab, denn meine Träumereien machten mich überglücklich. Dieses war vor nur vierundzwanzig Stunden.

. . . .

Nun befand ich mich in dem schroffsten Gegensatze zu meiner gestrigen Lage. Ohne den geringsten Appetit etwas zu geniessen, hätte ich am meisten gewünscht, mich der Länge nach behaglich ausstrecken zu können, um dem süssen Schlafe mich in die Arme zu werfen. Doch auch hiezu hatte ich keinen Raum. Von den zerlumpten, übelriechenden, mit Ungeziefer bedeckten Reisegefährten legte sich einer rechts, der andere links an mich an und um die Pein vollkommen zu machen, hatte noch ein von der Gicht geplagter persischer Maulthiertreiber sich nahe bei mir niedergeworfen. Er schrie und ächzte, während meine Kameraden wacker schnarchten. Mein durchnässter Anzug machte mir so kalt, dass mir die Zähne klapperten. Nicht wahr, dieser Abend stand zu dem gestrigen in merklichem Kontraste? Die plötzliche und radikale Veränderung meiner Lebensweise war mir wohl befremdend, doch bedauerte ich dies nicht. War ich ja selbst der Urheber des Schicksals und was ich mir selbst auferlegt, muss ich geduldig ertragen. Schlaf beglückte die erste Nacht nicht meine Augenlider und dass ich den nächsten Morgen in einem schwachen halb berauschten Zustande mein Pferd bestieg, braucht kaum gesagt zu werden. Unser Weg ging immer höher aufwärts in der Richtung des Demavends, dessen Fuss wir zu passiren hatten. Die Morgenluft der ersten Frühlingstage liess sich daher auf den Anhöhen desto stärker fühlen, ich musste vom Pferde absteigen und einem oder dem andern ermüdeten Fussgänger meinen Sitz übergebend, mischte ich mich unter die vor der Karavane in rüstigem Schritte zu Fuss herziehenden ärmern Hadschigefährten. Ihre Gesellschaft bot mir den höchsten Genuss, den ich mir vorstellen konnte und ihre Konversation über die fernen Regionen, nach denen ich mich sehnte, war mir so angenehm und reizvoll, dass ich Beschwerden und Gefahren meines Abenteuers bald zu vergessen anfing. Durch diese zeitweilige Einmischung in ihre Gesellschaft wurden auch die Bande unseres freundschaftlichen Verhältnisses mehr und mehr befestigt. In Teheran sah man in mir noch den Effendi, den Protegé der türkischen Gesandtschaft, den in allem Komfort lebenden Herrn und wagte nicht sich zu nähern. Auf dem Wege ist die Scheidewand allmälig geschwunden, man wurde vertraulicher, man spasste und in kurzer, ja unglaublich kurzer Zeit gelang es mir die aufrichtige Sympathie meiner Reisegesellschaft zu gewinnen. Den zweiten Abend brachten wir schon bequemer zu, wir hatten das Dorf Gilard erreicht und hier mit der kleinen Karavane aus Sari, der wir uns in Teheran anschlossen, ein gemächliches Unterkommen gefunden. Wir theilten uns in kleinere Abtheilungen, ich hielt mich, wie dem Leser meiner Reise in Mittelasien bekannt ist, an Hadschi Bilal und seinen nächsten Verwandten. Mit ihnen bezog ich ein kleines Zimmer im Hause eines Bauern, ich wurde aufs Neue zu ihrem Nachtmahle geladen, und der Hunger liess mich nun den übeln Geruch der Speise, die schmutzigen Fäuste meiner Gefährten, die in derselben Schüssel mit mir herumpatschten, bald vergessen. So hatte auch die Mattigkeit, trotz der nächsten Berührung, in welche ich mit diesen entstellten, schmutzigen aber guten Leuten kommen musste, mir einen guten Schlaf bereitet und als ich mit restaurirten Kräften den nächsten Morgen zur Weiterreise mich anschickte, hatte das Bild meiner Zukunft bei weitem nicht mehr so viel schreckliche Schattenseiten, als am ersten Tage des Aufbruches.

Der Weg, ein minder besuchter als alle übrigen Strassen in Iran, ging durch die nur schlecht bevölkerte Gegend über beträchtliche Hügel, rauschende Bergströme gegen Firuzkuh. Wir waren nur zwei Stunden von dem hohen Berge Demavend entfernt, doch war dieser nicht sichtbar, was mich sehr kränkte, denn der Anblick seines schneebedeckten Hauptes hatte, von Teheran aus gesehen, mich oft ergötzt, und ich hätte ihn auch gerne in der Nähe bewundert. Der Demavend soll nach neuesten Messungen mehr als 22 tausend Fuss hoch sich über die Meeresfläche erheben, eine Höhe, welche dem Augenmass nach zu urtheilen beinahe unglaublich scheint. Er ist nur von einigen Europäern bestiegen worden, unter denen in neuester Zeit die wissenschaftliche Abtheilung der italienisch-persischen Mission sich auszeichnete. Von diesen Herren ist, wenn ich nicht irre, Professor Filippi der erste gewesen, der die Spitze erreichte, zu welcher ein schwerer Aufgang ist und die Italiener waren mit Recht erfreut, als sie die stolze Trikolore auf dem Gipfel dieses schon im grauen Alterthum berühmten Berges aufpflanzten. Das Freudengeschrei von Viva Italia muss gar fremdartig geklungen haben in jenen Thälern, in welchen der König Altpersiens gegen unterirdische Geister so lange kämpfte, dort, wo Zohak, der wilde Tirann, an einer scharfen Klippe gekettet sein soll.

In Aru, auf unserer dritten Station, musste ich wieder die Gastfreundschaft einer andern Abtheilung meiner Reisegefährten annehmen. Sie waren alle Chokander und bewirtheten mich mit einem Nationalgerichte, welches aus einer dicken mit Fleisch, Reis, gelben Rüben, Bohnen und Mehl vermischten Suppe bestand. Dass ich bei jedem Bissen „ha, wie köstlich, ha, wie deliziös," ausrufen musste, wird Niemanden wundern; es war mit wahrer Gutherzigkeit angeboten und nur Wohlgefallen konnte der wärmste Dank sein. Zum Thee lud mich eine dritte Abtheilung ein. Alle wetteiferten, um das neue Mitglied ihrer Reisegesellschaft aufs Beste regaliren zu können. Ich nahm Alles wohlgefällig an, verwehrte aber streng jeden Akt, der nur im mindesten auf Auszeichnung hinzielte; nur vollkommene Gleichstellung kann vollkommene Freundschaft erzielen und da meine Anstrengungen hierin noch ziemlich erfolgreiche waren, so hatte ich schon in den ersten drei Tagen bemerkt, dass ich mir ächte, treue, ungeheuchelte Freundschaft erworben hatte.

Recht amusant erschienen mir die Bemerkungen der persischen Dorfbewohner über mein Verhältniss zu den tartarischen Pilgern. Einige waren scharfsinnig genug zu errathen, dass ich nicht nur kein Tartar, kein Osmanli, sondern durch und durch Frengi wäre, der in Gesellschaft dieser Leute das sonst europäischen Augen verschlossene Mittelasien besuchen wollte. Ich sage Viele merkten es, doch mündlich äusserte sich fast Keiner darüber, denn der Hass zwischen den schiitischen Persern und sunnitischen Mittelasiaten ist so gross, dass ein Iraner sich innerlich freuet, seine Erzfeinde angeführt zu sehen.

Den nächsten Morgen sollten wir den beträchtlichen Firuzkuh, nämlich unsere vierte Station erreichen. Es musste früh, ja sehr früh aufgebrochen werden, denn die Strecke war eine ziemlich lange und ging noch dazu über eine wilde, ungebahnte Berggegend. Die schneidende Kälte machte sich in den hohen Regionen schrecklich fühlbar. Ich musste alle Minuten absteigen, um mein armseliges Thier über die steilen Abhänge zu führen oder einem andern Fussgänger zum Uebersetzen eines Stromes meinen Klepper zu leihen. Ich versuchte es auch einmal einen rüstigen Gefährten mit mir in den Sattel zu nehmen, doch war die Last zu schwer, das Pferd glitt aus und warf uns beide in die zwar nicht tiefen aber eiskalten Fluthen. Nach dem unfreiwilligen

Bade musste ich noch eine Stunde zu Fuss gehen, um
mich zu erwärmen. Sonderbar genug hat selbst dieser
Unfall meinem in den harten Reiseplagen ungeübten
Körper nicht geschadet. Beim Tage wurde es eben so
warm, als es in der Frühe kalt war. Wir langten in Firuzkuh, das am Fusse eines mit einer schönen Ruine
gekrönten Berges liegt, in später Nachmittagsstunde an.
Die Gegend sowohl als genannter Ort hatten durch die
reizende Lage etwas Ueberraschendes für mich, eben so
auch die Häuser, deren Bauart halb den übrigen persischen Häusern, halb den mazendranischen ähnlich ist.
Ein grosser und tiefer Waldstrom durchläuft in drei
Richtungen die kleine Stadt, die den Mittelpunkt bildet
auf der Strasse zwischen Mazendran, Chorassan und
Irak. Sie barg viele Karavanen und alle waren ziemlich
besetzt. Die Karavanen waren zumeist mit Pomeranzen,
Melonen, Zuckerrohr oder sonstigen Produkten des kaspischen Uferlandes beladen, führen diese nach Scharud
und Teheran aus und bringen dafür Getreide zurück,
welches in den Gebirgsgegenden beinahe gänzlich fehlt.

Da ich auf dem ganzen Wege hieher so viel über das
schreckliche Toben eines Windes, Badi Firuzkuh genannt,
der den Reisenden sehr gefährlich wird, sprechen hörte,
so war mir ziemlich bange, als wir den nächsten Morgen
schon im Thale genannten Ortes denselben verspürten.
Der Weg geht hier immer steil aufwärts, mit jedem
Fuss höher wurde auch der Wind stärker und als wir
auf die Spitze gelangten, hatte der Orkan wirklich eine
solche Gewalt und tobte mit solch intensiver Wuth, dass
Keiner auf seinem Reitthiere verbleiben konnte. Selbst
Lasten wurden herabgeworfen und es kostete viele Mühe,
bis wir die kleine Strecke vom Anfange der Anhöhe bis

zum Karavanserai, den Schah Abbas zum Schutze der Reisenden erbauen liess, gelangen konnten. In den Schluchten war noch hie und da Schnee zu sehen und man kann sich leicht vorstellen, wie schrecklich dieser Wind bei den Schneegestöbern sein muss, und er soll auch jährlich in der rauhen Jahreszeit wirklich viele Reisende im Schnee begraben.

Nur einige Schritte brauchten wir genannten Gipfel abwärts zu schreiten, als der Wind plötzlich aufhörte. Die Luft und so auch die Gegend fingen an sich zu verändern. Es zeigten sich anfangs einige kleine Stauden, wieder einige Schritte weiter wurden diese zu Bäumen und als wir ungefähr eine halbe Stunde abwärts gezogen waren, sah ich mich plötzlich von der schönsten und reichsten Vegetation umgeben. Welch herrlich entzückender Anblick für den Reisenden in Iran, der, nur an die kargen Baumpflanzungen in der Nähe der Dörfer gewöhnt, auf tagelangen Märschen nicht einen Grashalm sieht, den die Natur freiwillig gespendet hatte. Auch der Weg wird immer schmäler und schmäler, zieht endlich am Saume eines hohen Abgrundes hin, in dessen Tiefe ein grosser, ja ich möchte sagen der grösste Waldstrom, den ich je gesehen habe, mit mächtigem weittönenden Gebrause hoch schäumend über Riesenblöcke hinfliesst, sich hie und da auch in ziemlich hohen Wasserfällen hinabstürzt. Ich war wirklich in jedem Augenblicke mehr und mehr überrascht. Die auf beiden Seiten sicherstreckenden dichten Wälder waren mit Blüthen vom herrlichsten Weiss und Roth bedeckt, die Luft, ätherisch rein, duftete von den tausendartigen Pflanzen und Blumen, und wenn ich noch die bizarren Gestalten der hohen Berge, hie und da aus dem Grün empor tauchend, Sennhütten mit den rothen Dächern ansah, glaubte ich mich wirklich plötzlich in die schönste Alpengegend Europas versetzt. Selbst meine für Naturschönheiten sonst unempfindlichen Gefährten waren in hohem Grade begeistert und das Frühstück, welches wir unter den Ruinen des auf einem spitzigen steilen Felsen gelegenen Divsefid einnahmen, wird mir unvergesslich bleiben. „Dieser Felsensitz," sagte mir einer meiner persischen Begleiter, „war die Lieblingsresidenz des weissen Riesen, den Rustem bekämpft und zum Ufer des kaspischen Meeres in die Flucht geschlagen hatte. Zu damaliger Zeit war das paradiesgleiche Mazendran fast durchgängig von unterirdischen Geistern bewohnt und wirklich ist es ein Glück, dass es Helden gab, die sie verjagen konnten, denn unsere heutigen Perser wären es nicht im Stande."

Im obern Theile des steilen spitzigen Felsen ist die Oeffnung einer grossen Höhle sichtbar, über welche hundert und hundert der buntesten Fabeln kursiren. Nicht weit davon ist eine andere gleiche Vertiefung zu sehen, welche als das Privatgemach der Tochter des fürchterlichen weissen Riesen bezeichnet wird. Der Vater ist vor vielen tausend Jahren verschwunden, sie aber soll noch immer dort wohnhaft sein, sie erscheint auch zu gewissen Jahreszeiten, umgeben von ihren Zofen, in schneeweissem Anzuge und wehe dem Erdgeborenen, der diese zu Gesichte bekömmt, denn er ist ein Kind des Todes.

Nach einer einstündigen Rast zogen wir weiter. Die Gegend, obwohl immer mehr und mehr romantisch, ist doch nicht ganz unbewohnt zu nennen. Eigentliche Dörfer gibt es zwar nirgends, man entdeckt aber auf gelichteten Seiten in den Waldungen einzelne Häusergruppen, höchstens in einer Entfernung von einer halben Stunde von einander. Auf dem Wege selbst aber, der immer an dem steilen Ufer des genannten Baches hinzieht, sind in Zwischenräumen von ungefähr einer Stunde Karavanserais anzutreffen. Die Perser rühmen auch die auffallende Menge dieser Bauten in Mazendran, doch sind dieses nichts anderes, als grosse längliche Holzschoppen, deren einen Winkel der Inhaber mit den ärmlichen Viktualien, die er verkauft, bewohnt. In einen solchen, der den Namen Surch Abad führte, kehrten wir auch gegen Abend ein und trennten uns von den persischen Reisegefährten. Die Tartaren hatten eine grosse Freude an der Fülle des guten Wassers, an dem Reichthum des Holzes, das hier, wie sonst an keinem Orte in dem ihnen bekannten Asien zu finden ist. Während früher 6—8 an einem und demselben Herde kochten, zündete heute Abends Jeder sein eigenes Feuer an. Theetöpfe wurden auf Theetöpfe aufgestellt und selbst die riesige Glut des verbrannten Holzes wurde benützt. Meine Gefährten hatten nämlich, als sie, gesättigt, sich recht wohlbehaglich fühlten, ihrer Kleider sich entledigt, zwei fassten das Ende eines Garderobestückes, welches über die Glut gehalten wurde und während der Dritte mit einem Stäbchen leise darauf klopfte, liess sich in der Glut ein sonderbares Zischen und Knistern hören. Es ist dies die leichteste Manier sich der plagenden Thierchen zu entledigen und wie sehr mir der erste Anblick auch Ekel verursachte, so hatte ich doch bald, von innern Verhältnissen gezwungen, dasselbe nachahmen müssen.

Der Schlaf war unter dem leichten Gebäude, trotz des wilden Brausens des nahen Flusses, trotz des Geheuls der Schakale, die in auffallender Menge die Wohnplätze umgeben und selbst bei helllichtem Tage in Rudeln von 10—20 vor uns herliefen, ein äusserst süsser und angenehmer. Das Klima hatte von der empfindlichen Kälte in eine laue Frühlingstemperatur sich verwandelt und wie mir zu Muthe war, als ich, bei Nacht erwachend, die wunderschöne Gegend mit den phantastischen Bergspitzen, unabsehbar weit sich erstreckenden Waldungen bei den Silberstrahlen des aufgehenden Mondes sah, kann ich wahrlich nicht beschreiben. Wir standen früh auf und setzten unsern Weg immer in derselben Richtung am Ufer des immer breiter und tiefer werdenden Flusses fort, der, wie ich hörte, Talar genannt wird. Der Weg war bald am rechten, bald am linken Ufer, bald ganz nahe am Bette, bald wieder in unendlicher Höhe und wenn die gestern zurückgelegte Strecke romantisch war, so war die heutige imposant schön. Nur selten ist der Fussweg so breit, dass zwei neben einander reiten können. Die Karavane bildete eine lange, ununterbrochene Kette und sonderbar waren meine Empfindungen, als wir gegen Mittag auf der Anhöhe eines Berges von einer dichten, feuchten Wolke umhüllt, den einige Schritte abwärts befindlichen Gefährten auf einmal unsichtbar wurden. Es schien, als wenn ein sehr dünner, leichter Schauerregen uns befallen hätte, wir hörten das Geschrei der Rufenden, antworteten auch und nur als die Sonnenstrahlen den atmosphärischen Schleier lichteten, bekamen wir uns gegenseitig zu Gesichte. „Wir waren im Himmel," sagte einer meiner Freunde im Spass. „Ein solcher Himmel," sagte ich, „wäre nicht sehr erwünscht, denn im Falle in der verdichteten dunkeln Luft unser Reitthier nur einen kleinen Fehlschritt machen würde, so könnten wir gleich von dem höchsten Sitz in den tiefsten Abgrund spazieren. Und dies wäre wirklich ein schrecklicher Tod." Die gegenseitigen Ufer des Stromes sind in gewissen Entfernungen mit Brücken verbunden, doch sind diese meistens in einem sehr ärmlichen Zustande, grösstentheils aus Holz und nur sehr selten aus Stein. Es ist auch nicht anders möglich, denn den Fluthen des sich wild hinwälzenden Flusses könnte gar keine Gewalt widerstehen. Wir begegneten heute gegen Mittag schon mehreren Einwohnern dieser Gebirgsgegend. Es ist ein besonderer Schlag von Menschen, wie ich ihn sonst nirgends in Iran gesehen, von nicht besonders hoher Statur, merklich dünn gebaut und von blasser, lebloser Gesichtsfarbe. Sie tragen nicht die Spuren ihrer paradiesischen Heimat auf ihrem Gesichte, und als ich mich über die Ursache ihres kränklichen Aussehens erkundigte, sagte man mir, dass Mazendran ein ebenso tödtliches Klima hätte, als seine Gegend reizend schön sei. Kein Wunder! den grössten Theil des Flächenraumes bedecken Waldungen, die Luft ist sehr feucht, der Regen sehr häufig und selbst dort, wo jahrelang existirende Kolonien sind, selbst dort ist Alles derartig mit Gesträuch und Gras bedeckt, als wenn die Leute sich erst gestern angesiedelt hätten. So ist auch der Weg, der einzige und also der meist besuchte, oft von den stärksten Baumstämmen und riesigen Zweigen so verrammt, dass man nur mit Mühe durchkommen kann, ja, die Axt hätte hier unendlich viel zu thun und wenn einem in dieser Ueberfülle der Brenn- und Baumaterialien einfällt, wie andere Orte Irans so blutarm an Holz sind, kann man erst wirklich begreifen, welch grosser Segen eine gute Kommunikation ist.

Die heutige Station war eine kleine; der Ort, wo wir

anhielten, hiess Zirab. Mühlen gab es genug da, aber Karavanserai nur einen einzigen. Ich ritt voran um Besitz zu nehmen und ward von den Persern höflich empfangen, doch kaum folgten meine sunnitischen Reisegefährten hinter mir, als der schiitische Gastgeber seinem Fanatismus freien Lauf liess und die armen Sunniten mit einem Regen der grässlichsten Schimpfworte zurücktrieb. Ich musste mich ihrer annehmen. Der Perser, vor einigen Minuten Freund, begegnete auch mir ziemlich derb, von harten Worten kam es bald zu Schlägen, und nur nachdem die Tartaren mit ihren Pilgerstäben, die als heilige Reliquien aus Arabien kommen, ihm genug Furcht eingejagt hatten, wechselte er den Ton und wurde freundlich. Ja, als wir ihn zu einer Tasse Thee einluden, gab er uns einige historische Anekdoten von seinen heimatlichen Bergen zum Besten. Hier bezeichnete er eine Bergspitze, auf welcher Rustem einen Fuss, zwei Stunden weit eine andere, auf der er den zweiten Fuss stehen hatte, als er mit gewaltigen Hieben seines Schwertes unter sich und über sich dreinschlug, um die Dive gegen Amul zu verscheuchen. Gegen Abend, als wir schon abgespeist hatten, langte eine Truppe von Mazendranern beiderlei Geschlechtes an, sie trugen alle seidene Hosen, die bis zum Knie reichten, auch andere Kleidungsstücke waren von Seide, ein röthlich grauer Stoff, der an den Strahlen der Sonne Regenbogenfarben spielt. Um die Lenden hatten viele von ihnen einen breiten Gürtel, von welchem ein oder mehrere Säckchen herabhingen. Es ist dies ihr Vorrathssack; denn Brod gehört in Mazendran zu den seltenen Gerichten. Die Leute nähren sich nur von Reis, von welchem jeder in der Früh eine gute Quantität kocht, in dieses Säckchen steckt und als Reisevorrath bei sich trägt. Auch sie fingen von Muthwillen getrieben meine sunnitischen Gefährten zu beleidigen an, ich musste mich aufs Neue ins Mittel legen und wenngleich das Persische, das ich sprach, ihnen genau zeigte, dass ich nicht Mittelasiate wäre, so hatte mir während der Neckereien einer mit seinem Stocke einen derartigen Hieb versetzt, dass ich gleich zu bluten anfing. Dieses brachte meine Reisegefährten in Feuer, sie erhoben sich en masse und hätte ich sie nicht beschwichtigt, wer weiss, wie es uns ergangen wäre. Uebrigens hatte die Hingebung, die ich für sie zeigte, mir sehr viel genützt, sie sahen, dass sie in mir einen aufrichtigen Freund gewonnen und brannten vor Begierde, bei Gelegenheit mir Revanche zukommen zu lassen, was sie auch wirklich thaten, denn in Mittelasien war ich mehr in Gefahr als sie hier, und dass sie ihre Schuld glänzend bezahlt haben, ist die einzige Ursache der glücklichen Durchführung meines Inkognito's.

Diese immer mehr und mehr innig werdende Freundschaft hatte am Anfange meiner schweren Rolle auch viel Unangenehmes für mich. Je mehr der Titel eines Effendi schwand, desto mehr musste ich Bettler und Mittelasiate werden. Ich sah, wie bald einer bald der andere die Regeln des Kommunismus befolgend, sich meine Kleider anzog oder mit denselben sich während des Schlafes zudeckte, ja ein jüngerer Hadschi hatte bald darauf, in den nächsten Tagen, sogar den Einfall während seiner Reinigungstoilette mir sein Hemd zuzuwerfen, damit ich dieses von den ungebetenen Gästen befreien möge, da er mit Brodbacken beschäftigt sei. Ich musste es annehmen, und mit welchen Gefühlen ich mich meiner Pflicht entledigte, wird der Leser sich vielleicht vorstellen können. Heute, nachdem mein Buch über Mittelasien, in Europa sowohl als in Amerika einer unverdienten Aufnahme sich erfreuend, von vielen Tausenden gelesen wurde, sind es nur immer noch diejenigen, welche längere Zeit im Oriente sich aufgehalten haben, die von den Entbehrungen und Drangsalen meines Abenteuers sich eine Idee machen können. Der Abendländer im Innern Kleinasiens schimpft auf jedem Schritte über den Schmutz der Orientalen, in Persien ist er noch mehr aufgebracht; doch was würde man sagen, wenn ich behaupte, dass Türken sowohl als Perser gegenüber den Mittelasiaten gleich fashionable gentlemans dastehen.

Den nächsten Tag hatte die Station, obwohl eine sehr kurze, uns dennoch früh aus dem Schlafe erweckt. Sie ist des schlechten Weges halber in ganz Persien berühmt und wenn eine Strasse schon von den Persern schlecht genannt wird, kann man sich leicht vorstellen, wie sie beschaffen sei. Das schmale Thal fing hier sich immer mehr zu erweitern an und wir sollten uns gegen Abend auf die sich nahe zeigende Niederung begeben, die, mit dichten Urwäldern bedeckt, bis ans Ufer des kaspischen Meeres sich hinzieht. Der Weg ging grösstentheils bergabwärts zwischen riesigen Steinblöcken, die, von der Höhe herabgerollt, dorthin fielen; denn der Boden selbst ist weich und lehmig und da die Sonne durch das dichte Laub der Waldungen nur selten dringen kann, so ist der Koth hier beinahe ein ewiger zu nennen. Wenn ich sage, dass die Strasse von ununterbrochenen, oft drei Fuss tiefen Gruben bedeckt, aus deren Mitte einzelne spitzige Felsenstücke hervortauchen, von riesigen Baumstämmen verlegt ist, so werde ich mich noch immer nur beschönigend ausgesprochen haben. Im

Sattel zu bleiben ist keine Möglichkeit, denn obwohl Viele behaupten, dass der Fuss der Reitthiere der beste Führer sei, so habe ich doch gleich in den ersten Schritten einige so denkende Perser im Kothe untertauchen sehen. Es blieb daher nichts anderes übrig, als auf den an der Oberfläche sich zeigenden Steinspitzen hinzuhüpfen oder auf dem Rande des schlammigen und schlüpferigen Fussweges auf allen Vieren hinzukriechen, ja es war eine Höllenqual und der Leser wird sich am besten einen Begriff machen können, wenn ich sage, dass wir die Strecke von einem Fersach in sechs Stunden erst zurücklegten. Als wir in die Ebene gelangten, waren Menschen und Thiere derartig erschöpft, dass wir eine vierstündige Rast nehmen mussten und nur gegen Nachmittag konnte der Weg fortgesetzt werden. Die Strasse theilt sich hier in zwei. Links führt sie nach Bafurusch, rechts nach Sari, welch letztere wir auch einschlugen, und ich war sehr überrascht gleich bei unserem Eintritte in den immer dichter werdenden Wald auf einer schön gepflasterten Chaussée, aus regelmässigen viereckigen Steinen gebaut, auf beiden Seiten mit einem Graben versehen, mich zu befinden. Eine Chaussée in Persien ist wirklich etwas seltenes; sie ist auch kein Werk der neuern Zeit, denn Schah Abbas soll sie erbaut haben, um sich den Weg zu seinem Lieblingsschlosse Eschref, das am kaspischen Meere gelegen ist, zu erleichtern. Uebrigens hatte der ausserordentliche Anblick dieses Baues, vereint mit den auf beiden Seiten sich befindlichen dichten Urwäldern, mich in der Phantasie nach Europa versetzt. Der Wald selbst war so dicht und undurchdringlich, dass mir alle die Fabeln, die mir von den Verirrten erzählt wurden, glaublich schienen. Er wimmelt von Vögeln und Thieren der sonderbarsten Art und mag nach Dschengels in Indien der meist anziehende Ort für unsere europäischen Sportsman sein. Meine Gefährten konnten ihre Freude nicht unterdrücken, als sie die grosse Menge von Buchsbaumholz sahen, welches hier herrenlos wächst und das in ihrer Heimat sowohl als auch anderswo in Asien einen ziemlich guten Preis hat. Aus Buchsbaum nämlich werden die halbrunden Holzkämme verfertigt, die jeder Muselmann nach den Vorschriften des Koran bei sich tragen muss, um die von der Religion vorgeschriebene Toilette des Bartes damit zu besorgen. Die Jüngern konnten nicht widerstehen einige gewaltige Zweige abzuschneiden, um solche nach dem fernen Chokand mitzunehmen, doch sahen sie bald die Unmöglichkeit ihr Vorhaben auszuführen und verbrannten sie Abends auf der Station.

Da der mühsame Marsch der Morgenstunde uns ziemlich ermattet hatte, so spähten wir alle bei der herannahenden Abenddämmerung nach einem Ort, wohin wir uns für die Nacht zurückziehen konnten. Wir hätten auch den ersten besten ausgewählt, wenn nicht einige mit uns ziehende Perser auf die zahlreichen wilden Thiere aufmerksam gemacht hätten, die in dem Walde besonders zu dieser Jahreszeit bei Nacht selbst die festen Wohnungen in ihrer Raublust anfallen und den auf freiem Felde Kampirenden desto gefährlicher werden. Besonders waren es Tiger, die, wenngleich weniger wild als die bengalischen, uns dennoch Ursache zur Vorsicht gaben. Wir mussten daher trotz aller Mattigkeit bis spät in die Nacht durch den Wald ziehen, bis wir eine vereinzelte Häusergruppe erreichten, die den Namen Hefften führte, in deren Nähe wir auch am Saume des Waldes unser Nachtlager aufschlugen. Wir beschlossen die ganze Nacht hindurch ein möglich grosses Feuer zu unterhalten und dabei wollten wir abwechselnd wach bleiben; denn ich fand die Erzählungen der Perser weit entfernt eine Einschüchterung zu sein. Wir hatten schon mit den Flammen unseres Nachtfeuers die ganze Umgebung beleuchtet und dennoch hörten wir in dem nahen Dickicht immer starkes Knistern und Grunzen. Es war ein Rudel hungriger Eber, die auf irgend eine Prise ausgingen und nur durch wiederholtes Abfeuern eines Gewehres gelang es, sie ein wenig in Schach zu halten. Die Schakale wurden gar so unverschämt, dass sie wie Hausthiere sich um uns herum bewegten, dass selbst Stockhiebe nichts halfen und man brauchte nur, im Gespräch vertieft, eines seiner Kleidungsstücke oder seinen Speisevorrath unbemerkt zu lassen, als diese gleich den Katzen sich derselben bemächtigten. Es war uns demungeachtet die ganze Nacht nichts Besonderes zugestossen, vielmehr liess dieses Nachtlager inmitten des riesigen Waldes ein angenehmes Andenken in mir zurück; denn ich kaufte da für einen Penabad (ungefähr ein halber Franc) zehn Stück Fasane, sämmtlich gross, fett und von vorzüglichem Geschmacke. Auch meine tartarischen Reisegenossen machten einen beträchtlichen Einkauf in diesem Artikel, der hier in derartiger Ueberfülle vorhanden ist, dass man in den dichten Theilen des Waldes, dort, wo das Auffliegen ihnen unmöglich wird, hunderte mit dem Stocke erlegen kann und noch drei Tage später vertrat Fasanbraten die Stelle des hierorts theuern Brodes.

Während ich so nach Mitternacht, als die Reihe des Wachens an mich kam, mit meinen Freunden aus der chinesischen Tartarei um das munter knisternde Feuer herum, inmitten dieses romantischen Waldes sass, konnte ich meinen Gefühlen es nicht verwehren beim Anblicke dieser im nächtlichen Gewande noch schönern Natur in der Phantasie nach dem Westen zu ziehen. Auch meinen Freund Hadschi Bilal ergriff die Erhabenheit der Szene, auch er erinnerte sich an Haus und Hof in der chinesischen Tartarei; er wurde geschwätzig, fing von seinem Weibe und seinen Kindern zu reden an, was ein Muselmann nur selten thut, und tief seufzte er auf, als er den Namen eines Mädchens, seiner jüngsten Tochter, über die Lippen brachte. „Wahrscheinlich dein Lieblingskind," fragte ich ihn. „Ja, Effendi," antwortete mir der Tartar, „sie ist die Tochter meiner vierten Lieblingsfrau, die ich nicht für Geld mir gekauft, sondern die aus Anhänglichkeit für meine Person, trotzdem ich doppelt so alt bin als sie, meine Frau geworden ist." Er erzählte mir, dass in seiner Heimat die Mädchen die allerbilligsten in der ganzen Welt sind. „In der Türkei, Persien, ja selbst in Mittelasien muss man seine Zukünftige theuer bezahlen, bei uns jedoch kann man für sechs Tilla (Dukaten) sich eine Ehehälfte erwerben. Auch das Leben ist billig und da du, wie du mir sagtest, noch unverheirathet bist, so komme mit mir nach Aksu, lasse dich bei uns nieder und du wirst glücklich sein."

Ein Anderer fing mir die Reize seiner Besitzung in der Umgebung von Namengan zu schildern an. Auch er lud mich ein. Alles sprach von seiner Heimat und ich fühlte tief beklommen, dass mein Inkognito mir es strenge verbot von jener Erde zu sprechen, auf der ich geboren wurde, und die ich für die schönste und herrlichste auf der ganzen Welt halte. So wechselte Gespräch und Gespräch, bis das Morgenlicht durch den dichten Wald zu brechen anfing. Als es Tag wurde, bepackten wir unsere Thiere, um von Heftten nach Sari, der Hauptstadt Mazendrans zu ziehen. Zu unserem grossen Leidwesen endete hier die breite, prächtige Chaussée und eben so gut, wie der Weg bis hieher war, eben so unaussprechlich schlecht wurde er von da an weiter. Wir gingen theils auf einigen armseligen Dämmen, die in der Mitte unabsehbarer Sümpfe gleich einem dünnen Faden sich hinzogen, bald gingen wir wieder über nur halb getrocknete Moräste, auf denen Menschen sowohl als Thiere tanzend sich bewegten und das Gefühl, durch einen Fehltritt auf den minder harten Theil zu gelangen und in den tiefen Schlamm zu versinken, war Alles, nur nicht behaglich.

Nach einem zweistündigen Marsche gelangten wir in einen Wald, in welchem uns beim Eintritte gleich ein starker Geruch von Limonen und Pomeranzen überraschte und wirklich waren auch an vielen Orten grosse Gärten von genannten Südfrüchten. Die gelben Früchte nahmen sich unter dem prangenden Grün der Blätter herrlich aus und dabei waren die Bäume so reichlich beladen, wie ich es sonst bei keiner Frucht gesehen habe, und jeder Stamm musste beinahe durch einen Pfeiler gestützt werden. Nahe an derartigen Gärten erhob sich auf vier starken Säulen ein viereckiges Häuschen, der Wohnort des Pflanzers und Eigenthümers, der nur auf einer ziemlich hohen Leiter in sein Haus gelangen kann. Als ich um die Ursache dieser sonderbaren Bauart fragte, sagte man mir, dass die allzu grosse Feuchtigkeit sowohl als die ungeheure Anzahl der quälenden Insekten das Wohnen auf der Erde unmöglich machen, und wenngleich nur einige Fuss von der Erde entfernt, sei der Schlaf doch bedeutend leichter und die Atmosphäre viel gesünder. „Nichts ist vollkommen auf der Welt," sagte ein frommer Pilger unserer Gesellschaft, „jede Rose muss ihre Dornen haben und wenn diese schöne paradiesgleiche Gegend wirklich ohne Insekten und böse Feuchtigkeit wäre, so möchten sich diese ketzerischen Schiiten noch einbilden, dass ihnen schon während der Lebenszeit das Paradies zu Theil geworden sei. Uebrigens habe ich auch hier das kränkliche Aussehen der Mazendraner in starkem Kontraste zur üppigen Natur ihrer Heimat gefunden. Und wenn ich die Leute fragte, warum sie nicht ihre Gärten hier pflegen und ihre Häuser anderswo bauen, hörte ich überall zu meiner grossen Verwunderung, dass der Wald, wenngleich ungesund, doch eine feste Burg gegen die menschenräuberischen Turkomanen wäre, denen auf freiem Felde in dieser Umgebung Niemand widerstehen könne.

Beim Dorfe Ali Abbad, Dorfe sage ich, doch besteht dieses kaum aus einigen Häusern, wurde Halt gemacht und das Frühstück eingenommen. Meine tartarischen Reisegenossen machten sich über die Pomeranzenbäume her, für einige Heller wurde ihnen Erlaubniss ertheilt so viel zu essen, als sie nur vermögen und dennoch war die Gier bei ihnen eine so grosse, dass sie die ersten Stücke sammt den Schalen verzehrten. In ihrer Heimat ist diese Frucht nur dem Namen nach bekannt und das Frühstück zu Ali Abad wird gewiss einem Jeden von ihnen, so lange er lebt, unvergesslich bleiben. Ich mischte mich indess wie gewöhnlich unter die Perser, hörte ihren Gesprächen über Gouverneur, Schah und Turkomanen mit Interesse zu und da ich unter andern auch

vernahm, dass Scheich Tabersi, die berühmte Festung
der Babis, jener Religionsschwärmer, die einst die ganze
Umgebung mit Schrecken erfüllten, auch hier in der
Nähe sei, so hatte ich eine wahre Freude aus dem Munde
einiger Augenzeugen über die Kämpfe dieser berühmten
Fanatiker sprechen zu hören. Ja, die Sekte der Babi's ist
eine seltene Erscheinung in der Kulturgeschichte Persiens und da die Geschichte des Auftretens und Unter-
gehens dieses notorischen Propheten auch für meine
vaterländischen Leser von Interesse sein mag, so wollen
wir hier einen kleinen Abstecher machen und während
unsere Karavane auf dem Wege nach Sari langsam hinzieht, wollen wir erzählen, wer dieser Bab war, wie er
zu so hohem Rufe kam und wie er unterging.

Bab und Babi's.

In Schiras lebte 1843 ein junger Mollah, Namens
Mirza Ali Mohamed, der durch seinen Scharfsinn, seine
Bewandertheit in den heiligen Büchern, sein angenehmes
Aeussere, seine wohlklingende Stimme und sonstige
grosse Rednergaben sich schon früh im Kreise seiner
Bekannten hervorthat. Zu diesen Eigenschaften gesellte
sich noch der Umstand, dass er als Seid seine Abkunft
in erster Linie von der Familie des Propheten ableitete
und die doppelte Achtung vor seiner Individualität sowohl als vor seinen Fähigkeiten hat das von Natur aus
erhitzte Gemüth des jungen Mollahs auf gar sonderbare
Gefühle der Selbstbewunderung und Selbstüberschätzung
gebracht. Sich nicht begnügend mit dem gewöhnlichen
Lauf der Studien, welchen die Religionsgelehrten in Persien obliegen, fing er schon frühzeitig an sich mit Rumu-
zat, d. h. verborgenen Wissenschaften zu beschäftigen,

verkehrte viel mit Gebern, Juden und Armeniern und
da er, mit dem alten Zustande der Dinge unzufrieden,
stets im Grübeln nach Neuem und Ausserordentlichem
sich vertiefte, da er mit einem Worte im Wahne seiner
Grösse auch mit einer überraschenden Produktion seiner
Geistesfähigkeiten hervortreten wollte, so hatte den feurigen Südländer schon früh die Idee beschlichen, das
alte religiöse Gebäude des Islams über den Haufen zu
werfen, an dessen Stelle einen neuen Glauben zu
errichten und sich als Propheten dieser neuen Lehre
der Welt zu zeigen. Dass man mit diesen Ansichten
im islamitischen Osten nicht so plötzlich hervorrücken
kann, wird Jeder leicht einsehen und Seid Ali Mohamed wusste dieses am allerbesten. Um sich seine fernere Macht zu verbürgen, durfte er seinen Ruf als
frommer begeisterter Schiite nicht im vorhinein zerstören. Er führte deshalb lange Zeit ein strenges Ascetenleben, hielt Mohamed und die Imame für Gegenstände
seiner tiefsten Verehrung und um im Lichte eines von
Gott begeisterten Mannes noch besser prangen zu können, trat er sogar eine Pilgerreise nach Mekka an. Von
da ging er nach Bagdad, um die in der Umgebung befindlichen heiligen Orte der Schiiten zu besuchen. Auf
dem Wege hatte er es immer verstanden eine neugierige
Menge seiner Landsleute an sich zu locken. Seine begeisterte Rhetorik soll Wunder gewirkt haben und man
erzählt, dass Leute, die zu ihm gingen, um sich im Islam unterrichten zu lassen, durch die Macht seiner Worte
derartig bethört worden, dass sie im Feuer ihres Enthusiasmus es kaum bemerkten, dass der Mollah, anstatt
sie in ihrem Glauben zu stärken, eben von demselben
abgelenkt habe. Von den Ufern des Tigris nach seiner

Vaterstadt zurückgekehrt, hatten seine Reisegefährten, welche seine ersten Anhänger waren, ihm bald eine grosse Zahl von Proselyten verschafft. Von Gründung einer neuen Religion war öffentlich noch nicht die Rede. Man erzählte sich nur, dass Hadschi Ali Mohamed gar wunderlich schöne Dinge spreche. Sein Haus war daher bald bestürmt von Zuhörern, auf der Strasse zeigte er sich stets in grosser Begleitung aller Klassen der Bevölkerung, Mollahs sowohl als Handwerkern und Bauern, und wie man mir in Schiras erzählte, war es zu dieser Zeit nicht so sehr die Idee einer neuen Religion, als seine schlagende Logik, mit der er die Missbräuche der übrigen Mollahwelt rügte, seine kühnen Behauptungen über manche zweifelhaften Stellen in der heiligen Schrift, von welchen alle Welt sprach. Dass diese Mollahs bald seine bittersten Feinde werden mussten, ist begreiflich; er wurde von ihnen für einen Verführer erklärt und als ein Ketzer verachtet, was ihm aber bei seiner Partei, da die herrschenden Mollahs in Iran nicht besonders beliebt sind, um so mehr Ansehen verschaffte. Als er in mehreren öffentlichen Disputationen die ersten Notabilitäten der Ulemawelt Schiras durch seine unvergleichliche Beredsamkeit schlug und dieser Sieg ihm die Palme der unbestrittenen Superiorität brachte, so fing unser Schwärmer auch bald an mit seinen wirklichen Absichten hervorzutreten. Er deutete darauf hin, dass nicht nur die Mollahs von Schiras, nicht nur die Mollahs von Iran, sondern sämmtliche Mollahs im Islam im Irrthume wären und dass er, im Besitze des Diamanten des wahren Glaubens, denselben bald derartig werde glänzen lassen, dass seine Strahlen die Rechtgläubigen aus den fernsten Regionen zu ihm locken und die Widerspenstigen mit Verblendung bestrafen werde. Ja er ging bald noch weiter und das Verhältniss zwischen ihm und dem Allmächtigen seinen entflammten Jüngern einmal schildernd, soll er im Arabischen ausgerufen haben: „Hu el ilm, ve ena babi hi, (er ist die Wissenschaft, ich bin seine Pforte,") d. h. wenn ihr zu ihm gelangen wollt, könnt ihr nur durch mich dahin kommen. Und da er sich mit dem Prädikate von Bab (Pforte) bezeichnete, so wurde dieses bald sein gewöhnlicher Name und Babi hiessen die Bekenner seines Glaubens.

Es ist wahrlich sonderbar, wie die Perser, die doch dem Anscheine nach eifrige Mohamedaner sind, und besonders ihrer Sekte mit einem seltenen Fanatismus anhängen, den mit ihren frühern Glaubensgrundsätzen ganz widersprechenden Lehren des neuen Propheten sich so blindlings ergeben konnten und es bestätigt dieses am allerbesten meine oft geltend gemachte Ansicht, dass sie trotz aller äussern Bigotterie die schwächsten Mohamedaner im Osten sind. Ihr leicht zu entflammendes Gemüth findet in Neuerungen und in Ausserordentlichkeiten befriedigenden Genuss, und wenngleich nur Wenige die Essenz der babischen Lehre verstanden und sich vielleicht in dieselbe auch nicht vertiefen wollten, so wurden sie demungeachtet seine eifrigen Anhänger, betrachteten ihn als ein übernatürliches Wesen, und beehrten ihn mit dem Titel Hazreti Ala (die höchste Hoheit).

Die Behörde von Schiras, die das Auftreten Bab's lange als einen unschuldigen Spass betrachtete, kam erst später, als Bab's Macht schon bedeutend angewachsen, zur Besinnung. Der Gouverneur Mirza Hussein

Chan beschloss im Vereine mit den geistlichen Autoritäten die Sachlage dem Hofe von Teheran zu unterbreiten, bei welcher Gelegenheit man natürlich mit den schwärzesten Farben die Gefahren malte, die durch das Auftreten des ketzerischen Seids der wahren Religion drohten. Aber Bab selbst, dem dieses sogleich hinterbracht wurde, gerieth nicht im mindesten in Verwirrung. Auch er schrieb einen Brief an den König und dessen Minister, äusserte sich in bittern Klagen über die Verworfenheit der Ulemas und sagte, dass er, durch eine göttliche Mission aufgefordert, diesem Uebel abhelfen wolle. Er wisse, dass seine mächtige Gegenpartei ihm grossen Kampf verursachen werde, doch vertraue er der Gerechtigkeit seiner Sache, für welche sowohl er, als alle seine Gefährten gerne ihr Leben aufopfern. Es regierte damals der schwache Mehemed Schah oder besser gesagt, sein Minister Hadschi Mirza Agasi, dessen bizarre Ideen über Religion, dessen Anhänglichkeit an das Sofiwesen und merkliche Freundschaft mit den Gebern die ächt muselmannische Welt ohnehin erbitterten. Wie vorauszusehen war, hatte dieser Minister trotz aller Einflüsterungen der hohen Mollahs dem Schiraser Seid nicht nur nicht mit genügender Strenge begegnet, sondern wie Viele behaupten, im Verborgenen noch Schutz angedeihen lassen. Statt ihn aus dem Wege zu räumen, wurde er zu Hausarrest verurtheilt, welche gelinde Behandlung seine Anhänger noch mehr frohlocken machte und die Zahl der durch ihn Bekehrten vermehrte sich wirklich von Tag zu Tag. Auch Bab selbst sprach klarer und deutlicher über seine Mission, ja er bewegte sich ganz frei und vermochte seine Lehre nicht nur in der nächsten Umgebung, sondern in allen Theilen des Reiches durch ausgeschickte Apostel zu verbreiten. Unter diesen letztern that sich besonders ein gewisser Mollah Hussein Buschrevie hervor, dessen grosse Fähigkeiten selbst seine Feinde anerkennen. Er kam von Chorasan, wo er seine Jugendjahre mit Religionsstudien und Kasuistik verlebte, nach Schiras, machte Bekanntschaft mit der *Höchsten Hoheit* und ward sogleich einer seiner thätigsten und eifrigsten Helfershelfer. Auf seiner Rückreise trat er in Isfahan öffentlich auf, und erwarb sich eine beträchtliche Zahl von Anhängern, so auch in Kaschan und Teheran, wo er ein so grosses Aufsehen erregte, dass selbst der König ihn zu sehen wünschte. Auch diesem und seinem Minister machte er Bekehrungsvorschläge, indem er ihnen das neue Religionsbuch seines Chefs einhändigte. Wie uns Graf von Gobineau erzählt, soll er unter andern auch darauf hingewiesen haben, dass man in Hinblick auf die immer wichtiger werdenden Beziehungen zwischen Iran und Europa einer solchen Religion bedürfe, die die separatistischen Ideen, als: die Verabscheuung des Frengi als unrein, die Vielweiberei u. s. w., aus dem Wege räume und dass eine derartige Idee schon drei grosse Monarchen Mittelasiens, nämlich: den Grossmogul Schah Achbar, Schah Ismael und Nadir Schah beseelt hätte. Bab strebe nun nichts anderes als eine derartige Fusion an und sollte der König ihm Unterstützung leisten, so würde er sich mit unvergänglichem Ruhme krönen. Mehemed Schah, ein Orientale pur sang, dem das laisser aller am allerliebsten war, strebte nach ganz andern Dingen, als die ihm Mollah Hussein versprach. Er wollte nur von den Qualen der heftigen Gicht befreit sein, die ihn peinigten, er wollte Ruhe und ohne gegen das Auftreten Bâb's mit besonde-

rer Erbitterung erfüllt zu sein, waren diese weitgreifenden beunruhigenden Worte genug, um Mollah Hussein anzuzeigen, dass es ihm, wenn er nicht augenblicklich sammt seinen Angehörigen Teheran verlasse, schlecht ergehen werde. Dieser entfernte sich, doch der gezeigte Widerstand vermehrte nur seinen Eifer und wo er immer im Lande sich zeigte, konnte die Kraft seiner Worte Viele zur neuen Lehre bekehren. Er wurde nach Bab als zweite Person betrachtet und man betitelte ihn den Stellvertreter der *Allerhöchsten Hoheit.*
Ausser diesem gab es aber noch zwei Haupträdelsführer. Der eine hiess Hadschi Mohamed Ali Barfuruschi (nämlich aus Barfurusch in Mazendran und der zweite, oder besser gesagt, die zweite eine Frau aus Kazvin, deren eigentlicher Name Zerin Tadsch von Bab in Gurretül Ain, das heisst Augenblende, verwandelt wurde. Von der Schönheit und den Geistesfähigkeiten dieser letzteren Frau werden Wunderdinge erzählt. Sie war die Tochter eines Mollahs, hatte sich schon früh mit Theologie beschäftigt und wurde, nachdem sie die Lehren des neuen Propheten erfasst, eine seiner eifrigsten Bekennerinnen. Dem Flehen ihres Vaters, Onkels und Gemals widerstehend, bekannte sie sich öffentlich zur neuen Religion, zeigte sich ohne Schleier auf öffentlichen Plätzen und verkündete überall laut die Lehre, von deren Vortrefflichkeit sie durch und durch überzeugt war. Es war dies in der Islamwelt Irans eine seltene Erscheinung. Eine schöne, junge Frau, nicht nur gebildet, sondern gelehrt, die unverschleiert, aber mit seltenem tugendhaften Charakter umherzog, und es war kein Wunder, wenn ihr apostolisches Auftreten Ausserordentliches wirkte.

Diese drei theilten unter sich die Bekehrung ganz Irans und es ist wahrlich merkwürdig, wie die Regierung sowohl in den letzten Jahren Mehemed Schahs als auch zu Anfang der Thronbesteigung Nasr-ed-din's mit ruhigem Auge zusah, wie Bab durch seine Agitatoren das Land in allen Richtungen unterminirte, wie er durch seine neuen Lehren nicht nur zwischen Volk und Behörde, sondern auch zwischen den einzelnen Mitgliedern derselben Familie Zwietracht säete und damit Unheil stiftete, ja, wie er Iran ganz gemächlich zu einer grossartigen Revolution vorbereitete. Die ersten öffentlichen Unruhen brachen in Chorasan aus. Mollah Hussein, der sich dort an die Spitze der Neubekehrten stellte, hatte der Regierung, die ohnehin mit Bekämpfung des empörten Salars beschäftigt war, viel zu schaffen gegeben. In Meschen sowohl, als in Nischabur kam es in den offenen Strassen zu mehreren Gefechten. Die Babi's waren von dem Momente, da sie die neue Lehre annahmen, auch erbitterte Vertheidiger derselben und Mollahs und ruhige Kaufleute, die früher Waffen nur selten handhabten, wurden durch den Eifer für die neue Religion in tapfere Krieger verwandelt. In Chorasan jedoch konnte Mollah Hussein Buschrevi keine Aussicht auf eine grosse Partei erlangen. Er zog sich deshalb mit den Seinigen nach den Gebirgen Mazendrans zurück, wo seine Bestrebungen ein glänzender Erfolg krönte. Denn kaum war er einige Wochen dort, als sich eine solche Menge des Volkes zu ihm bekehrte, dass der Gouverneur Chauler Mirza, einer fernern Vertheidigung der Provinz unfähig, bald in Teheran um Hilfe bitten musste. Ein regelmässiger Feldzug wurde gegen die neuen Anhänger geführt. Obwohl das Kriegsglück immer den schwärmerischen Religionskämpfern günstig war, so zwang sie doch die Uebermacht sich zurückzuziehen, und da Schlupfwinkel im gebirgigen und waldigen Mazendran nicht schwer zu finden sind, so hatten sie den auf dem Wege zwischen Sari und Barfurusch befindlichen Wallfahrtsort Scheich Tebersi zu ihrem festen Platze auserkoren. Mollah Hussein, der wie immer an der Spitze stand, liess den Ort befestigen. Gräben wurden um denselben gezogen und in kurzer Zeiten hatten die kampffähigen Babi's ihn mit Speisevorrath derartig versehen, dass sie eine beträchtliche Zeit auch den heftigsten Angriffen widerstehen zu können glaubten. Von hier aus wurde die Bekehrung in der Provinz immer lebhafter betrieben. Die beiden Führer Mollah Hussein Buschrevi und Mohamed Ali Barfuruschi waren unermüdlich in ihrem Eifer und man erzählt auch Wunder von der blinden Unterthänigkeit, mit welcher ihre Befehle befolgt wurden. Als sie später, zernirt, hart bedrängt, viel zu leiden hatten, zeigte sich auch die Entschlossenheit und Todesverachtung unter ihnen in solch glänzender Weise, wie sie sonst bei Orientalen nur erhitzter Religionseifer hervorzubringen vermag. In Folge der Energie des Emir Nizams, des tüchtigen Grossvesiers bei der Thronbesteigung Nasreddin Schahs, zog eine grössere Armee zur Einnahme Scheich Tabersi's. Anfangs gelang es den Babi's mehrere glückliche Ausfälle zu machen, bei denen sie unter den Persern schreckliche Verwüstungen anrichteten. Die Grausamkeiten, die bei derartigen Kämpfen auf beiden Seiten ausgeübt wurden, werden noch heute in Mazendran mit den gräulichsten Farben geschildert. Bis endlich die Zahl der halbtollen Babi's sich immer mehr verminderte, bis endlich Mollah Hussein Buschrevi selbst

im Kampfe fiel und die übrig gebliebenen, vom Hunger
gepeinigten den letzten Verzweiflungskampf aufnahmen,
gelang es den königlichen Truppen dieses Nest, das weit
und breit Schrecken verbreitete, einzunehmen, doch nur
über den Leichenhaufen der fanatischen Vertheidiger
konnten sie den Weg dazu finden.

Während dieser Kampf in Mazendran ganz Iran in
gespannter Neugierde erhielt, lebte Bab selbst internirt
in seinem eigenen Hause in Schiras mit Wenigen verkehrend, wenn nicht mit übernatürlichen Geistern, wie die
Seinigen behaupten, und wirklich muss er nun selbst an
die Wahrheit seiner Mission geglaubt haben, denn ist es
nicht wunderbar, dass während er dort im Stillen sass,
seine Lehre in allen Theilen des grossen Reiches unter
allen Ständen sich immer mehr verbreitete. Es waren
nicht nur Bauersleute, sondern viele Mollahs, ja besonders Seide, die dieser neuen Lehre zufielen und selbst
die Juden Persiens hatten sich für dieselbe interessirt.
Viel hatte zu ihrer Ausbreitung beigetragen, dass unter
ihren ersten Vorkämpfern energische Männer waren,
wie Mollah Hussein Buschrevi, der es selbst mit dem
Schah aufzunehmen wagte, und die häufigen Niederlagen
der königlichen Truppen waren die beredtesten Wunderthaten der neuen Lehre.

Kaum waren die Flammen der Revolution mit mächtigen Blutströmen in Mazendran unterdrückt, als sich
der Kampf an einem andern Orte mit nicht weniger
Erbitterung entspann. Es war dies in Sendschan, der
Hauptstadt des gutbevölkerten Distriktes von Chamsa,
wo Mollah Mohamed Ali Zendschani mit eben solch
erstaunlicher Energie, wie sein Glaubensgenosse in
Mazendran, die Bevölkerung erst gegen den dortigen

Gouverneur, später gegen eine grosse von Teheran gesandte Truppe anführte. Man findet noch heute allenthalben die Spuren der Verwüstung, welche dieser fürchterliche Kampf in Sendschan nach allen Richtungen anrichtete. In der Zitadelle der genannten Stadt verschanzt, führten die Babi's, welche grösstentheils aus friedlichen Bürgern sich rekrutirten, mit unerhörter Erbitterung den Kampf, leisteten Wunder der Tapferkeit, bis auch sie endlich, von der Ueberzahl der königlichen Truppen hart bedrängt, sich nur dem Verzweiflungskampfe hingaben. Bei einem solchen wurde nun Mollah Mohammed Ali schwer verwundet und als er nach einem mehrtägigen Leiden sein Ende herannahen fühlte, versammelte er die Obersten seiner Anhänger um sein Sterbelager, gab ihnen unter Kanonendonner seine letzten Instruktionen; „er forderte sie auf", erzählt uns Graf Gobineau, „sich durch seinen Verlust nicht entmuthigen zu lassen und bis zu Ende dem Feinde zu widerstehen. Er bewies ihnen, dass dies ein übrigens nicht sehr kostspieliges Heldenstück wäre, denn was ihn betreffe, werde er nach 40 Tagen wieder auferstehen und sie selbst werden den Tod ·nicht viel härter empfinden. Er ermahnte Jeden lächelnd, sich fröhlich und wohlaufgelegt zu zeigen; denn nichts darf betrüben, sagte er, in derartigen vorübergehenden Zufällen. So sprechend gab er seinen Geist auf." Er wurde in den Kleidern mit dem Schwerte an der Seite begraben. Doch seine Abwesenheit aus der Reihe der Kämpfer machte sich bald fühlbar. Die königlichen Truppen gewannen immer mehr an Terrain und die fanatischen Anhänger Bab's, zur Strekkung der Waffen genöthigt, wurden trotz des versprochenen Pardons auf die grausamste Weise hingemetzelt.

Auch an andern Orten gab es weniger bedeutende Aufstände und der schon genannte energische Premierminister Persiens dachte, es sei hohe Zeit dieses Uebel von der Wurzel aus zu vertilgen. Der Prophet von Schiras wurde in seiner eigenen Wohnung gefangen genommen, erst nach der Zitadelle Tschejrek in Gilan gebracht, von wo er zusammen mit zwei seiner treuesten Bekenner nach Tebris in die Zitadelle versetzt wurde. Hier lud man ihn erst vor eine grosse Versammlung der ersten und gelehrtesten Mollahs der Stadt, die die Falschheit seiner Lehren aussprechen sollten, um auf diese Weise im Auge der Bevölkerung sein Ansehen zu vernichten. Bab bestand die heftige Kontroverse mit merklichem Genie und Geistesgegenwart, doch da er eines grellen Irrthums überwiesen werden musste, so halfen alle seine Anstrengungen nichts und als Ketzer, Verführer und Rebell gegen König und Religion angeklagt, wurde er zum Tode verurtheilt. Um die Welt von der Sterblichkeit des Propheten zu überzeugen, wollte man die Exekution unter möglichster Oeffentlichkeit ausführen. Seine zwei treuen Schüler begleiteten ihn auf dem letzten Wege. Der eine, Namens Aga Seid Senveizi, fiel von Martern und Qualen erschöpft zur Erde und weinte bitterlich. Man versprach ihm Pardon unter der Bedingung der Abnegation und Beschimpfung Bab's. Von Schmerz überwältigt, vergass sich dieser und spuckte seinem Herrn ins Gesicht, worauf er entlassen wurde. Er floh nach Teheran, doch hat seine spätere Reue ihn zu einem noch wildern Babi gemacht und er starb auch einen der schrecklichsten Martertode. Der zweite Schüler war aber ganz standhaft, er wurde neben seinem Meister an die Wand gelehnt, um erschossen zu werden. Beide waren mit Stricken gebunden und man stelle sich die ausserordentliche Verwunderung vor, als nach den Schüssen, die eine ganze Compagnie auf beide Delinquenten abfeuerte, man aus dem dichten Qualme Bab, den Propheten selbst, unbeschädigt und unversehrt hervortreten sah. Die Kugeln hatten auf eine fast unglaubliche Weise sämmtliche Stricke, mit denen er gebunden war, zerrissen, ohne ihn im mindesten beschädigt zu haben und da er von der Ferne ein Wachhaus sah, so stürzte er in aller Eile sich in dasselbe.

Hätte Bab genug Geistesgegenwart gehabt, in diesem Momente der äussersten Verwunderung der grossen Menge, unter welcher er gewiss auch Anhänger hatte, sich als einen durch ein göttliches Wunder Geretteten zu zeigen, dieselbe zu harangiren, so ist es gar keinem Zweifel unterworfen, dass weder die Truppen, noch der König, ja irgend eine Macht ihn ein zweites Mal hätte vor den Tod stellen können. Doch die Qualen der letzten Stunde hatten ihn aller Geistesfähigkeit beraubt, er wurde ergriffen, ein zweites Mal angebunden und wenn man auch jetzt nur mit Mühe Leute fand, die auf ihn schiessen wollten, so hatte die zweite Decharge dennoch seinem Leben ein Ende gemacht. Er fiel zusammen und seine Leiche wurde drei Tage lang, um das Volk genau zu überzeugen, in allen Strassen herumgeschleppt.

Bab war todt, doch das Feuer seiner Anhänger war mit seinem Hinscheiden nicht nur nicht erloschen, sondern es loderte mit doppelter Wuth auf in Liebe für den gefallenen Märtyrer und in Rache gegen seine Henker.

Der jugendliche König Nasreddin Schah, den man immer anspornte die Babi's energisch zu verfolgen, liess auch wirklich alle erdenklichen Grausamkeiten an diesen verüben, welche die Rachegefühle nur noch mehr anfachten und der König selbst entkam nur mit grosser Mühe den Gefahren eines Attentates, welches einige entschlossene Babi's an ihm ausführten. Von Zeit zu Zeit tauchen immer neuere Gerüchte über Verschwörungen und Attentate dieser geheimen Sekte auf und die leichteste Ahnung genügt, um ganze Familien ausrotten zu lassen. Als unerhörte Tortur wird selbst von den Persern die Hinrichtung eines gewissen Suleiman Chans betrachtet, der als Hauptverschwörer der Schuld überwiesen und zum Tode verurtheilt wurde. Suleiman Chan, ein wohlbeleibter Mann, hatte zuerst vier Schnitte in die Brust bekommen, in welche brennende Kerzen gesteckt wurden und man führte ihn so lange im Bazar herum, bis das Wachs der Kerzen von den Flammen verzehrt war und der Docht sich später am herausfliessenden Fett des' Delinquenten nähren musste. Darauf wurde ihm glühende schwere Hufeisen auf die nackten Fusssohlen angeschlagen und aufs Neue wurde er herum geführt, bis man ihm endlich alle Zähne vom Munde herausriss und in der Form eines Halbmondes auf den Schädel einschlug. Da starb er erst. Es waren nicht nur Männer, nicht nur Greise, sondern selbst Kinder und Frauen, die den Martertod des Babithums mit seltenem Stoizismus ertrugen. Viele wollte man retten, indem man sie zur Abschwörung aufforderte, doch selten, ja fast nie gelang es ein Mitglied abtrünnig zu machen. Der Tod, nach ihren Begriffen ein sehnsuchtsvoll erwünschtes Ende, ein nur vorübergehender Schlaf, aus dem sie bald erwachen sollten, wurde von Vielen auf alle mögliche Weise gesucht und überaus glücklich schätzten sich diejenigen, die von ihrem geistigen Oberhaupte als solches Werkzeug gebraucht wurden, als welches sie sich die Krone des Märtyrerthums erwerben konnten.

Nachdem wir nun so Vieles über die Babi's selbst gesprochen haben, wird der Leser mit Recht auch etwas über ihr Gesetzbuch oder über den Geist jener Lehre von uns verlangen können, die in einem kurzen Zeitraum sich so viele Anhänger verschafft hat und trotz aller möglichen Ausrottungsversuche noch heute in Persien, wenn auch nur verborgen Bekenner zählt. Ich habe während meines Aufenthaltes in Persien Vieles von dem Kanun (Gesetzbuch) der neuen Sekte sprechen gehört, welches Bab selbst verfasst haben soll und von dem eine ächte Kopie sich in der königlichen Bibliothek zu Teheran befindet. Ja, neuerer Zeit soll auch eine Abschrift davon nach Petersburg gegangen sein. Von Abschriften dieses Buches im Besitze von Privaten kann man nur selten etwas hören, denn der Ruf eines solchen Eigenthums könnte einem als vermeinten Babi sehr gefährlich werden und Niemand wagt es auch, sich eines solchen Besitzes zu rühmen. So wie die Bücher selbst daher nur in Verborgenheit gehalten werden, so schwebt auch über die eigentliche Wissenschaft der neuen Lehre ein dichter Nebel. Der Eine behauptet, Bab hätte Kommunismus gepredigt, den Koran geleugnet und die Institutionen des Islams gänzlich über den Haufen geworfen. Andere gehen noch weiter und erzählen, dass er ein juste milieu zwischen den Lehren der altpersischen und christlichen Religion schaffen wollte; am allerwahrscheinlichsten aber dünkt mir jene Version, nach welcher Bab die Prophetenreihe, die Mohamed aufgestellt hat, gutheissend, sich nur in so fern von ihm unterscheidet, dass er den arabischen Religionsstifter nicht den letzten der Propheten nennt, sondern die Fortsetzung der von jeher von Zeit zu Zeit eintretenden göttlichen Missionen für nothwendig hält, und da die Menschheit seit Mohamed schon wieder ins grosse Meer der Sünden versunken ist, so hat Gott es wohl befunden, nun ihm eine Mission der Verbesserung und Belehrung anzuvertrauen.

Als Prophet beginnt er die Eigenschaften der göttlichen Individualität zu detailliren, eine Abhandlung, die viele Zeichen seines häufigen Verkehrs mit Christen und Gebern an sich trägt. Er geht sodann zu den Institutionen der neuen Gesellschaft über, deren Leitung er einer gewissen Anzahl von Priestern anvertraut. Tempel gibt es keine, ausgenommen die Gräber der gefallenen Märtyrer des Babithums. Auch die Kible, nämlich der Punkt, in welchem bestimmt ist sich beim Gebete nach Jerusalem oder Mekka zu wenden, wird ausgelassen. Die Babi's brauchen von geistigen Getränken oder sonstigen dem Islam verbotenen Speisen sich nicht zu enthalten, sind mit einem Worte von allen Aeusserlichkeiten enthoben, die Mohamed seinen Anhängern strenge befiehlt. Sehr streng verfährt er gegen die Nichtbabi's. Von diesen darf man keinen Pardon verlangen, auch ihnen keinen geben. Sie dürfen nichts besitzen, folglich müssen sie aller Habe und alles Gutes beraubt werden, was auch ein vorzüglicher Magnet für die habsüchtigen Iraner war. An der Beute betheiligen sich nur das Volk und die Priester, der König und die Behörden spielen überall eine sehr untergeordnete Rolle. Steuern oder sonstige Kontributionen brauchen nicht gezahlt zu werden. Nicht ohne Interesse sind seine Vorschriften über die Ehe, welche er Jedem zur strengen Pflicht macht und wenn er gleich dem Manne erlaubt eine zweite Frau zu nehmen, so würde er solches Niemandem anrathen und hält übrigens die Polygamie für sehr gefährlich. (Diese Vorschriften sollen Ursache gewesen sein, dass viele Frauen seine eifrigen Anhänger wurden; er erlaubte ihnen auch den Schleier zu beseitigen. Sie dürfen gleich den Männern sich überall zeigen und haben im öffentlichen Leben dieselben Rechte wie die Erstern.)

Ein buntes Gemisch daher von Gutem und Schlechtem, von Bizarrem und Merkwürdigem ist es, was das heilige Buch der Babi's enthält. Näher ist mir keines von den sogenannten Kanuns (Gesetzbüchern) zu Gesichte gekommen und die schwachen Notizen, die wir hierüber geben, stammen theils aus dem Munde der Perser, sind aber auch theils in Gobineaus Abhandlung über Bab in dem Buche „Les Religions et les Philosophies dans l'Asie centrale" zu finden. Auf mich hat Bab sowohl als seine Lehre Alles, nur nicht den Eindruck einer ernst gemeinten Reform, einer wirklichen Begeisterung machen können. In meinem jahrelangen Verkehr mit den Orientalen habe ich es gefunden, wie im Laufe dieser Blätter oft bemerkt wird, dass eine grosse Neigung, von dem einen Extrem in das andere zu fallen, bei ihnen vorherrschend ist. Während der Zeit, die ich in Konstantinopel verlebte, sind zwei derartige Propheten aufgetreten. Beide wurden von der mehr wachsamen türkischen Regierung sogleich arretirt und beseitigt. In allen Theilen des

dem Islam gehörigen Landes tauchen von Zeit zu
Zeit einige erhitzte Köpfe auf, die mit dem Aufgebot
ihrer reichen Phantasie auf kurze Zeit die öffentliche
Meinung in Anspruch nehmen. In einer Periode der
Anarchie ist es ihnen viel leichter sich Bekehrte zu
schaffen, doch wo nur ein Schatten der Regierung ist,
werden sie, als gefährlich der bestehenden Ordnung, beseitigt und vernichtet. Und da die besondern Glückszufälle, die gewissen Propheten und Reformatoren zur
Verewigung ihres Namens grosse Dienste leisten, nur
selten sind, da der Orientale, trotz aller seiner momentanen Aufregung dennoch mit zäher Festigkeit an alten
Institutionen hält, so ist es leicht begreiflich, dass das
Werk der neu auftauchenden Propheten nur selten sie
selbst überlebt.

Sari, das sich in der Mitte einer morastigen Gegend
erhob, war in einer Entfernung von drei Stunden schon
sichtbar, doch wird mir die Strecke, die wir bis zur genannten Stadt zurücklegten, was Schwierigkeit anbelangt,
eben so, wie der frühere Weg von Mazendran, unvergesslich bleiben. Da es den Tag zuvor hier geregnet hatte, so
war der lehmige Boden beinahe einen Fuss tief aufgeweicht, dabei ging der Weg ununterbrochen über tiefe
Abgründe oder entlang eines gegrabenen Kanals, immer
aber auf solchem Boden, wo der klebrige Lehm die Füsse
unserer Reitthiere und Fussgänger derartig belegte, dass
man immer nach einigen Schritten zum Reinigen der Hufe
oder Fussbekleidung sich anschicken musste. Es war eine
unaussprechliche Qual. Hie und da fielen auch die armen
Thiere auf dem schlüpferigen Boden nieder. Nur weni-

gen von uns gelang es trocken in Sari anzukommen, Jeder hatte sich ein- oder zweimal im Kothe gewälzt und als wir, an Kleidern und Gesicht beschmutzt, endlich in der Stadt anlangten, hatte ich es gar nicht übernatürlich gefunden, dass die schiitischen Perser über die kleine Karavane der gelb beschmierten Sunniten so herzlich lachten und das Mass ihrer Fröhlichkeit uns vollauf fühlen liessen. Besonders stark war die Heiterkeit, welche unser Erscheinen in dem Karavanserai verursachte. Ein Haufe Gassenbuben schloss sich uns an und begleitete uns unter bedenklichen Schimpfworten und Zetergeschrei bis zum Thore des Karavanserais, in dem wir uns niederliessen. Obwohl ein Gegenstand des öffentlichen Hohnes, hatte ich dennoch schon bemerkt, wie einige sonderbar coiffürte Leute mit rothgestreiften Röcken im Bazar stehen blieben und mit aufgehobenen Händen ehrfurchtsvoll zu uns hinblickten. Es waren dies Turkomanen, die sich gelegentlich hier aufhielten und von ihren sunnitischen Glaubensgenossen, die aus dem gesegneten Lande kamen, gleich aus frischer Hand eine Fatiha (Segen) haben wollten. Wir waren kaum eine Stunde im Karavanserai, als sich einige schon persönlich vorstellten und reichliche Geschenke in Viktualien und Futter für unsere Thiere mitbrachten. Auch mir machte einer seine Aufwartung und als ich den ersten Turkomanen, dieses Schreckenswort für ganz Persien, mir gegenüber sah, konnte ich mich trotz der frommen Zerknirschung meines Gastes eines gewissen Grades von Ueberraschung nicht erwehren. Dem Beispiele meiner übrigen Gefährten folgend, ertheilte ich ihnen den Segen, welcher mir eine Spende von einigen Francs einbrachte. Ich theilte meine Verwunderung

Hadschi Bilal mit und er rief mit freudigen Augen: „Ja, Effendi, wir werden bald erlöst sein, wir erreichen bald das Land der Turkomanen, unserer Glaubensgenossen, unserer Landsleute und wie viel Schimpf, Entbehrung und Verachtung wir unter den Persern antrafen, eben so viel Ehre und Auszeichnung ist unserer dort gewärtig." Ist es nicht sonderbar, dass diese Trostesworte auf mich eine angenehme Wirkung hatten. Das kurze Inkognito hatte durch das innige Verhältniss, in dem ich mit meinen Freunden lebte, mich selbst in einen Tartaren und Sunniten verwandelt und ganz vergessend die so oft gehörte Grausamkeit und Wildheit der Steppenbewohner, fühlte ich in meinem Innern auch einen merklichen, sehnlichen Wunsch schon unter den Turkomanen und Sunniten zu sein.

Wir blieben in Sari zwei Tage. Meine Gefährten waren mit dem Verkaufe ihrer Esel beschäftigt, da wir auf der nächsten Station uns schon einschiffen mussten und die Transportirung der Thiere sehr schwer gewesen wäre. Ich ging indessen in der Stadt umher, um einige von frühern europäischen Reisenden beschriebene Monumente, welche aus dem vorislamitischen Zeitalter noch übrig wären, zu besehen. Ich fand nichts, als einige unbedeutende Erdhügel und nur eine einzige Kuppel, welche den Namen Kumbezi Kaus führt, doch weder in Hinsicht ihrer Schönheit, noch des antiquarischen Interesses der gleichnamigen Kuppel unter den Göklen-Turkomanen gleichkömmt. Dass Sari im grauen Alterthume ein blühender Ort gewesen sein muss, ist auch aus der Geschichte und namentlich aus Firdusi's Schah Name ersichtlich. So soll Kejkaus von den Einwohnern Mazendrans als Gefangener lange Zeit zurückgehalten worden sein,

bis endlich die Tapferkeit seines Generals Rustem ihn
befreite. So liess auch Efrasiab die Edlen des Reiches
als Gefangene nach Sari bringen, ja sogar im Anfange
des Mittelalters war es noch ein bedeutender Ort. Der
Geograph Ibni Haukal erzählt uns, dass es auch damals
schon der Sitz eines Gouverneurs war. Die heutige Stadt
ist weder ihrem Umfange noch ihrer Einwohnerzahl nach
eine grosse zu nennen. Der Bazar ist einer der schlechtesten, denen wir in Persien begegneten, auch ist der
Handel bei weitem nicht so bedeutend, als er sein könnte,
wenn wir auf die Ergiebigkeit des mazendranischen
Bodens hinblicken. Denn, wenngleich genannte Provinz
mit Südfrüchten einen grossen Theil von Nordpersien,
der Tatarei und Russland versieht, wenngleich Zuckerrohr hier sehr leicht gedeiht, dessen dünne Rohr-
halme als Schreibfedern nach allen Theilen des Islams
ausgeführt werden, weungleich Reis im Ueberflusse
wächst, so sind die Einwohner Sari's dennoch arm, ja
sehr arm zu nennen. Die Natur spendet wohl verschwen-
derisch ihre Gaben, doch fehlt es an Strassen, die den
Export erleichtern könnten.

Um den Uebergang vom schiitischen Persien zum
sunnitischen Turkestan zu erleichtern, fand ich sehr gelegentlich die in Sari und Karatepe befindliche afganische
Kolonie, die, von Nadir Schah hieher verpflanzt, obwohl
nicht durchgängig ihre Sprache, doch ihre sunnitischen
Glaubensgefühle treu bewahrt hat. Einige der angesehen-
sten Mitglieder dieser Gemeinde hatten uns gleich am
ersten Tage unserer Ankunft zum Nachtmahl geladen,
und da auch vom erstgenannten Dorfe, welches am Ufer
des kaspischen Meeres gelegen ist, einige Kaufleute
eben in Sari anwesend waren, so hatte man unsere ganze

kleine Karavane deren Obhut anvertraut. Auf ihrer Rückkehr nahmen sie uns auch bald mit sich und wir gingen ungefähr zwei Stunden lang auf einer gutgepflasterten Strasse, einem Ueberbleibsel der früher erwähnten Chaussee Schah Abbas, die nach Astrabad führt. Wir lenkten dann links über Felder und Wiesen auf einen pfadlosen, mit Morästen und Sümpfen bedeckten Boden jenem schwarzen Hügel zu, welcher auf einer Ebene schon von Ferne sich zeigte und es war schon spät Nacht, als wir ganz abgemattet dort ankamen. Wenn der äusserlich armselige Anblick der afganischen Kolonie mich genügend überraschte, so war ich vom schmutzigen und nothdürftigen Aussehen ihrer innern Wohnungen noch mehr betroffen. Nicht dass sie unbemittelter wären als die Perser, es ist einzig allein die charakteristische Eigenschaft der ganzen afganischen Nation und besonders ihre starke Hinneigung zu den tatarischen Elementen, welche sie, was Komfort und Reinlichkeit betrifft, den Persern so weit nachstellt. Ein acht Meilen langer Ritt war es von Sari bis hieher, eine ununterbrochene Kommunikation verbindet die beiden Orte und dennoch habe ich zwischen den sozialen Verhältnissen einen derartigen Unterschied gefunden, als wenn hunderte von Meilen sie von einander getrennt hätten, und so begegnet es einem oft im Oriente. So wie der Tag ohne eine längere Dämmerung sich plötzlich in Abend verwandelt, so unterscheiden sich die sozialen Verhältnisse ohne besondere Abstufungen plötzlich von einander. Man merkt es kaum, dass man auf der Grenze der einen oder andern angelangt ist, so gering sind die Spuren eines Uebergangspunktes.

Während unsere Vorbereitungen zur Fahrt auf der

turkomanischen Küste, welche den Lesern meines Buches über Mittelasien bekannt sein werden, stattfanden, fühlte ich mich oft unwillkürlich zu einem Spaziergange in der Ebene gezogen, von wo aus ich noch einmal persische Dörfer und namentlich das auf der Höhe gelegene Lustschloss Eschref zu Gesichte bekam. Dieses Gebäude, welches Schah Abbas sich als Sommerwohnung erbauen liess, wird von den europäischen Reisenden seiner Zeit als äusserst prachtvoll geschildert. Der grosse König der Perser hatte während der heissen Jahreszeit sich hieher zurückgezogen und ich kann mir vorstellen, wie wohl es thut, wenn man von der brennenden Hitze Mittelirans sich ans kühle Ufer des kaspischen Meeres flüchten kann. Vom Schlosse aus hat man rechts und links eine herrliche Aussicht über die mit Urwäldern bedeckten Hügel und Berge Mazendrans und vor sich die blauen Wellen des kaspischen Sees, die mit der dünnen Landzunge von Aschurada das Auge ergötzen. Der Palast ist später abgebrannt, Nadir Schah liess ihn aufs Neue aufbauen, und obwohl die Perser das jetzige Gebäude nach der üblichen Landessitte Tschil Sutun (vierzigsäuliges) nennen, so hat Ouseley kaum die Hälfte davon gefunden. Das Schloss selbst ist ein gewöhnliches Gebäude, welches auf zwei Reihen von Holzsäulen ruht. Nur die weit ausgedehnten Gärten verdienen besonders erwähnt zu werden. Die übrigen Theile dieses einst luxuriösen Königssitzes sind im gänzlichen Verfalle, auch würde kein Regent Irans mehr zu seiner Erholung hieher einen Ausflug unternehmen, denn die schönste Augenweide, der Spiegel des Meeres hat aufgehört, persisch zu sein. Nur die russische Flagge weht auf den Schiffen, die denselben durchfurchen und die Fahne mit

Sonne und Löwen hat schwinden müssen, um sich vielleicht nie mehr dort zu zeigen.*)
Indessen nahete der denkwürdige, der verhängnissvolle Morgen der Abreise vom persischen Küstenlande auch heran. Es war ein kalter düsterer Morgen, der stark umwölkte Himmel und der bald darauf folgende kalte Regen hatte das traurige Bild der öden Ufergegend mit meinem noch mehr wüsten Innern in völlige Harmonie gebracht. Da sass ich am Ufer eines kleinen in die See sich stürzenden Baches, auf dem wir in einem ausgehöhlten Baumstamme auf das nicht minder primitive turkomanische Fahrzeug eingeschifft werden sollten. Meine tatarischen Reisegefährten kauerten in stummer Niedergeschlagenheit um mich herum, mit Ungeduld den Nachen erwartend, der der Reihe nach sie aufs Schiff zu bringen kam. Ich blieb der Letzte. — Jeder Augenblick, mit dem ich den definitiven Abschied von Persien verzögern konnte, schien mir ein Gewinn, und als der Schiffer das allerletzte Mal mich abzuholen kam, da schien es mir als wenn er mich aus den letzten Umarmungen eines allerliebsten Gegenstandes reissen wollte. Noch einen Blick, einen tiefen wehmuthsvollen, einen thränenfeuchten Blick warf ich auf die von den Himmelsthränen durchnässte Gegend, während unaussprechliche, unbeschreibliche Gefühle mein Inneres bewegten.

Ob Furcht oder Freude, Reue oder Hoffnung, Vorgefühle des Erfolges oder unglücklichen Endes Ursache

---

*) Wie wir gelegentlich des Friedensvertrages von Turkmantschaj schon erwähnten, hat Persien kein Recht das kaspische Meer zu befahren.

miner Bewegtheit waren, wäre heute schwer zu sagen. Ich hatte den Rubicon meines Marsches überschritten und mit dem Augenblicke, da der Nachen in die See stach, hatte ich eine solche Fahrt begonnen, auf der mir Niemand sagen konnte, ob das Schifflein über die trügerischen Wellen dem sicheren Hafen oder dem sicheren Verderben zueilen wird.

Durch Chorasan gegen Westen

auf meiner Rückreise aus Mittelasien.

I.

Die Gefühle, die mich bei Annäherung Mescheds, der Hauptstadt Chorasans, beseelten, glichen jenen, die ein Schiffbrüchiger empfindet, der Tage lang, an einen Balken geklammert, auf der wilden stürmischen See umhergetrieben worden und nun endlich auf dem Verdeck des Rettungsbootes sich befindet. Mesched war der Ort, wo ich mit der Maske des lästigen Inkognito zugleich das zerlumpte Kleid, die drückende Armuth und so viele Qualen eines mehrmonatlichen gefährlichen Abenteuers fallen lassen konnte. Hier sollte ich einen aufgeklärten Prinzen, Gouverneur der Provinz und Onkel des sich scheinbar europäisirenden Königs von Persien antreffen. Ja noch mehr, ich hatte Hoffnung einen alten Bekannten, den einzigen Europäer, der sich hier im fernen Osten aufhält, umarmen zu können. Kein Wunder also, wenn das Funkeln der goldenen Kuppel, unter welcher Imam Riza *) ruht, mit den meilenweit in die

---

*) Imam Riza, ein Sohn Imam Musa's, hatte als Alevit von hoher Abkunft, durch die grosse Anhänglichkeit, welche ihm die damals noch verborgene schiitische Sekte bezeigte, die Eifersucht und den Neid des Kalifen Meemun, des Sohnes von Harun al Raschid, erweckt, der ihn nach Tus, einer Stadt in der Nähe des heutigen Mesched verbannte. Da er auch hier ein Gegenstand der allgemeinen Verehrung war, soll ihn der Kalife vergiftet haben. Sein Tod wird als Märtyrthum betrachtet und die Stadt wurde deshalb Mesched, d. h. Ort des Märtyrthums, genannt.

Ferne dringenden Strahlen unaussprechlich freudige
Empfindungen in meinem Busen erweckte; kein Wunder, wenn ich die Wonne der Wallfahrer theilte, die zu
Tausenden zum Grabe ihres Heiligen ziehen, die Pilgrime,
die aus Turkestan, Afghanistan und Indien sich nach
mühevoller, beschwerlicher Reise am Endziel ihrer heissen Wünsche sahen.

Beim ersten Anblick des berühmten Mesched pflegen
die frommen Schiiten unter Aufhäufung kleiner Steinhügel und Behängung der Gesträuche mit verschiedenen
bunten Fetzen ihrem gepressten Herzen durch Anstimmung von Hymnen und Liedern Luft zu machen. Imam
Riza, der sie aus der fernen Heimat hiehergelockt, ist
der achte unter den zwölf Imam's. Er führt den Ehrentitel Sultan el Gureba (Fürst der Fremden) und ist Patron der Reisenden; da er selbst im Exile starb, so
konnte ich die Begeisterung verstehen, die seine Anhänger empfinden, wenn sie, glücklich entronnen den Turkomanenbanden, nahe am Bereiche seiner Stadt angelangt sind.

Es war einer jener schönen Herbstmorgen, an denen
das östliche Iran so reich ist. Die Gegend, ein kahles
Flachland mit wenigen Hügeln, hat wenig Romantisches;
desto schöner aber ist die oasengleich sich erhebende
Stadt, von Gärten umgeben, in strahlenden und bunten
Kuppeln prangend. Was um mich her in der Karavane
vorging — ich sah es nicht, denn ich starrte immer mit
freudigen Blicken auf die Häusermasse. Nicht des Imam's
Sarg, nicht die Ueberreste des grossen Harun al Raschid,
die daselbst ruhen, nicht die Grabmäler des gelehrten
Astrologen Nasreddin Tusi, oder Gazali's oder Nisam ül
Mulk's und Anderer zogen mich an, — es war mein eige-

nes Schicksal, das alle historischen Denkwürdigkeiten in den Hintergrund drängte; es war das süsse Bewusstsein, dass die lange Pein endlich zu Ende ist und dass mit dem Eintritt in diese Stadt ein neues Leben für mich beginnen wird.

Aus meinen Träumereien erwachte ich erst, als die Karavane durch Dervaze-i Herat (das Herater Thor) die lange breite Strasse Pajin Chiaban (untere Allee) entlang, gegen das Sahni Scherif (heiliger Vorhof) hinzog. Der breite Graben, dessen Ufer mit schattigen Bäumen bepflanzt sind, gewährt einen freundlichen Anblick und trägt viel dazu bei, diese Strasse zu einer der schönsten in Persien zu machen. Besonders frappant ist die wogende Menge, die sich ruhelos hin- und herbewegt. Alle Trachten Persiens, ja man könnte sagen Ostasiens sind hier vertreten. Hier ist der Sammelplatz der schiitischen Welt. Der Indier, der Hezare, Herater und Buchariote, die in ihrer Heimat wegen der sunnitischen Herrschaft stets gekrümmten Nackens gehen müssen, heben hier ihr Haupt stolz empor, und kontrastiren seltsam mit dem Turkomanen oder Özbeg, der furchtsam an der Wand hinschleicht. Er ist Sunnite, also ein Fremder, und noch dazu ein verhasster Gast. In Iran kann ihm wohl kaum eine Misshandlung widerfahren, doch fühlt er hier doppelt die Bürde der Grausamkeit, welche er im eigenen Lande an Ali's Anhängern ausübt, — und spielt den Bescheidenen.

Leer sind die Strassen Mescheds selten; doch besonders voll, ja, ich möchte sagen, gestopft voll sind sie an den klaren Herbsttagen, und wer zu solcher Zeit zwischen zehn und zwölf Uhr einen Blick wirft auf das bunte Gewühl in allen Strassen, der wird von den Hun-

derten von Gegenständen, welche ihn umgeben, gewiss
so betäubt sein, dass er sich kaum einen einzigen wird
genau einprägen können. Vom Prunkgebäude des Imam's
bis etwa 200 Schritt hinab, sind neben den an beiden
Seiten postirten Buden auch noch an den Ufern des
Grabens Trödler und Kleinhändler aufgestellt, die ihre
Waare auf Händen, Schultern und Kopf umhertragen
und durch ihre singenden Ausrufungen und Gestikulationen einen besonderen Lärm machen. Käufer und Verkäufer sind bunt durcheinander gemischt und es ist oft
unmöglich, sich durch diesen Menschenknäuel einen
Weg zu bahnen. Dennoch kommt selten eine Strassensperrung vor. Fussgänger, Reiter, beladene Kameele, ja
hinter einander angekettete Maulthiere, belastet mit
Waarenballen, mit Kedscheves (Reisekörbe), aus denen
die frommen, persischen Damen halbverschleiert hervorkokettiren, — ziehen theils aus, theils in die Pforten
des heiligen Wallfahrtsortes. Dem Abreisenden schallt
überall ein Ziaret Kabul (dein Wallfahrten sei angenommen!), dem Ankommenden ein Iltimasi dua (bete
für mich!) entgegen. In diesem Lärm, in diesem Chaos
der Stimmen, in diesem betäubenden Wirrwarr können
die Bettler dennoch durch ihr gewaltiges Geschrei den
Tribut der frommen Pilger erlangen. Die zahlreichen
Seide (Nachkommen des Propheten) mit dem grossen
grünen Turban vermögen selbst hier mit feurigem Späherauge den Frischangekommenen zu entdecken; sie
drängen sich um denselben, um ihm ihre Dienste als
Cicerone in der heiligen Stätte zu offeriren. Man singt,
schreit, heult, der heissblütige Schiraser Maulthiertreiber flucht und schlägt wild umher, Weiber und Kinder
stossen Angstgeschrei aus, ja, unserem europäischen

Auge wird dies Treiben immer schrecklicher, immer furchtbarer, wir glauben die grösste Gefahr naht schon und doch, — und dennoch entwickelt sich Alles in Ordnung aus der Masse, Jeder zieht ruhig dem Orte seiner Bestimmung zu, ohne einen Verlust zu erleiden, ohne sich über ein Unglück beklagen zu müssen.

Gewöhnt an die schwere, gedrückte Stimmung der turkestanischen Städte hatte mich dieses Bild beinahe betäubt. Ich ging in einen Karavanserai, wusch mich und machte meinen Fetzenanzug in Ordnung, um vor Allem den früher erwähnten europäischen Freund Colonel Dolmage aufzusuchen. Den Namen eines Frengis in der heiligen Stadt Mesched zu erfragen, ist immer eine unangenehme Sache, und noch mehr, wenn der Fragende ein Hadschi ist, dessen äusseres Attribut an mir zu sehen war. Nach vielem Hin- und Herlaufen gelang es mir endlich die Pforte zu erreichen, und wer kann wohl meine Gemüthsbewegung beschreiben, als ich die eiserne Klinke ergriff, um zu klopfen? Ein Diener erschien, doch kaum hatte er mich erblickt, als er mir mit einigen Flüchen und Schimpfworten die Thüre vor der Nase zuschlug und sich entfernte. Ich klopfte ein zweites Mal. Dieselbe Person erschien. Nun wartete ich aber nicht auf seine Frage, sondern stürzte gewaltsam in den Hof hinein. „Wer bist Du, Hadschi? was willst Du?" donnerte er mir entgegen. „Was hast Du mit meinem Herrn zu thun? Weisst Du denn nicht, dass er ein Ungläubiger ist?" — „Gläubig oder ungläubig!" rief ich zornig, „gehe schnell, rufe deinen Herrn und sage ihm, ein Gast aus Bochara sei gekommen!"

Der Diener entfernte sich. Ich trat indessen in ein Zimmer, und wie gross war meine Freude, als ich zum ersten Male wieder Tisch und Sessel, Gegenstände europäischer Lebensweise erblickte. Wie vor heiligen Reliquien blieb ich vor ihnen stehen, starrte sie lange mit nassen Augen an und hätte bald das Zeitungsblatt übersehen, das auf dem Tische lag. Es war eine Nummer des Stambuler „Levant Herald". Welche Fülle von Neuigkeiten entdeckten nicht meine gierigen Blicke in demselben! Ich war tief im Lesen versunken, als ich plötzlich den stattlichen jungen Briten in europäischer Militärtracht vor mir stehen sah. Er starrte mich an, konnte mich jedoch nicht erkennen. Eine Zeit lang standen wir uns stumm und regungslos gegenüber. Als ich endlich sah, dass er sich meiner keinesfalls erinnern konnte, was bei der grässlichen Entstellung meines Aeusseren nicht zu verwundern war, unterbrach ich die Pause mit einem: „What you dont recognize me?" (Was, Sie erkennen mich nicht?) Meine Stimme brachte ihm wieder meine Person, meine Abenteuer, die er theilweise kannte, in Erinnerung. Ohne zu antworten, stürzte er auf mich los, umarmte mich und weinte wie ein Kind beim Anblicke meines zerlumpten, elenden Aussehens.

Gleich diese erste Umarmung bedeckte ihn mit einer Fülle jener Thierchen, von welchen meine Kleidungsstücke wimmelten. Er achtete wenig darauf, aber in seinen Fragen: „Um Gottes Willen, was haben Sie gethan? was ist aus Ihnen geworden?" — hatte ich Gelegenheit zu erkennen, welche Veränderungen der gefährliche Spass in meinem Aeusseren zurückgelassen hatte. Meine Erzählungen erstreckten sich bis in den späten Abend. Man wird leicht begreifen, welche Gefühle des Mitleids dieses Bild der Leiden in dem Herzen eines gefühlvollen Europäers erweckte. Im Abendlande trennen uns Nuancen

der Nationalität und des Standes, doch im fernen Osten
sind sich Europäer wie Blutsverwandte. Obrist Dolmage
bewies dies in ausgezeichneter Weise. Während meines
vierwöchentlichen Aufenthaltes verursachte ich ihm
manche Unannehmlichkeit und dennoch war er stets
gütig, überhäufte mich immer mit Wohlthaten und
machte es möglich, dass ich von hier meine Reise gestärkt und gekräftigt weiter fortsetzen konnte.

Nach den ersten Tagen der Erholung begann Mesched, diese in so vieler Hinsicht interessante Stadt
Ostpersiens, auch in anderer Beziehung meine Aufmerksamkeit zu erregen. Von den mannigfaltigsten Merkwürdigkeiten überhaupt wusste ich kaum, ob ich meine
Revue derselben mit historischen, religiösen oder literarischen Denkmälern beginnen soll. Bei meinem ersten
Eintreten in Sahni Scherif zog ich durch mein gieriges
Gaffen mehrere hungrige Seids an mich, die mich für
einen sunnitischen Pilger hielten und sich eifrig bemühten, mir die Sehenswürdigkeiten des heiligen Grabes zu
zeigen. Sonderbar, dachte ich mir, Conolly, Fraser, Burnes, Chanikoff, ja selbst der offizielle Eastwick hatten
Mühe, selbst aus der Ferne einen Blick auf dieses Sanktuarium zu werfen. Sie hätten für den Eintritt gerne
Hunderte gezahlt, und ich, ich werde beinahe dazu
gezwungen. Doch hatten diese islamitischen Heiligkeiten, nach einem zehn Monate langen Pseudopilgerthum
etwas Ermüdendes für mich; ich schlug daher die zudringlich angebotenen Dienste aus und besuchte allein
das vom Sahn links sich befindende Grabmal, wie auch
die herrliche Moschee Gowher Schah.

II.

Das Grabmal *) von Aussen wie von Innen mit Gold bedeckt, ist unstreitig das reichste Grabmal der islamitischen Welt, dem selbst Medina, Nedschef (wo Ali ruht), Kerbela und Kum an Pracht und Reichthum nachstehen. Obwohl seit seiner Erbauung mehrmals beraubt und geplündert **), so bergen doch Kuppel, Thürme, das innere massive Gitterwerk noch heute einen unermesslichen Schatz. Dabei sind die Wände des Grabmals mit den seltensten Kleinodien behängt, welche von den eifrigen Schiiten aus Liebe zu ihrem Heiligen dargebracht wurden. Hier sieht man einen diamantenen Federbusch

---

*) Das Gebäude über dem Grabe Imam Riza's wurde in seiner heutigen Gestalt durch Schahruch Mirza, den Sohn Emir Timur's aufgeführt. Seinen Glanzpunkt erreichte es unter den Sefevi's, welche die Wichtigkeit Mescheds immer mehr heben wollten, um die Rechtgläubigen von der kostspieligen Pilgerfahrt nach Mekka abzulenken.

**) Unter diesen Verwüstungen litt Meshed am meisten durch die Özbegen; sie plünderten die Stadt im Jahre 1587 unter ihrem Anführer Abdul Mumin Chan aus Bochara, der einen grossen Theil der Einwohner in die Gefangenschaft abführte; ausserdem noch durch die Afghanen und durch die Bürgerkriege, welche innerhalb der Mauern Mescheds wütheten. Die Söhne Nadir's sollen die 420 Pfund schwere goldene Kugel vom Dome des Grabes geraubt haben; in neuerer Zeit hat auch der Rebelle Salar viele Kleinodien entwendet.

(Dschikka), dort ein Schwert und Schild mit Rubinen und Smaragden besät, reiche antike Armbänder, grosse massive Kandelaber, Halsgehänge von sehr hohem Werth; -- dieser und sonstiger Schmuck üben auf den Eintretenden einen derartig blendenden Eindruck aus, dass er kaum weiss, ob er die zierliche Bauart des Domes, die buntfarbigen Fenster, die reichen Arabesken, die prachtvollen, mit Diamanten besäeten Teppiche, das dicke massive Silbergitter oder die andächtige Menge zuerst bewundern soll. Und dennoch ist die letztere das Interessanteste. Mit welcher Zerknirschung, mit welcher Inbrunst und Demuth, mit welcher Begeisterung und Freude steht der Schiite hier! Tafeln, auf denen sich die üblichen Gebete befinden, hängen von den Gitterstäben herab; vor jeder einzelnen hat sich ein kleines Häuflein Andächtiger geschaart, die theils selbst beten, theils dem Vorbeter die Gebete nachsagen, schluchzen und klagen, als wenn sie an des Paradieses Pforten ewige Glückseligkeit erflehen wollten. Der wilde Bachtiare und Kurde, der schlaue Isfahaner und Schiraser, der einfache Türke von Aserbaidschan, der beklommene Mittelasiate, hohe Chanc und Mirzas, arme Bauern und Diener, — — Alles ist hier bunt durcheinander gemengt, und es ist ein in der That einziger und erhabener Anblick, wie die rauhen Söhne Asiens mit erzwungener Zärtlichkeit Gitter, Fussboden, besonders aber das grosse, von der Gitterthür herabhängende Vorlegeschloss küssen. Nur die Priester und Seide sind nüchtern von Begeisterung. Ihnen ist es allein an den Pfennigen gelegen. Sie drängen sich überall um die Andächtigen, und entfernen sich nicht eher, als bis sie durch Glückwünschungen oder sonstige Gefälligkeiten das erwünschte

Scherflein erhalten haben. Wenn der Pilger, ehrfurchtsvoll rückwärts gehend, die weissen Marmortreppen mit Andacht geküsst und das Innere des Grabmals verlassen, hat er sich den Ehrentitel Meschedi erworben, ein Titel, den er auf Siegel und Grabmal trägt, den er immer als Prädikat seinem Namen vorsetzt, und der seinem Namen eben so viel Weihe und seiner Person eben so viel Glanz verleiht, wie der Titel eines Hadschi (Wallfahrer nach Mekka). Ins Freie angekommen, pflegt der Pilger tief aufzuathmen; seine Augen strahlen vor Freude, er ist überglücklich, denn nicht nur die Wucht seiner früheren Sünden ist dahin, sondern er kann auch auf seiner ganzen zukünftigen Lebensbahn ruhig und sicher wandern.

Die Moschee Gowher Schah, die sich in demselben Hofe, gegenüber dem Grabmale Imam Riza's befindet, zeichnet sich mehr durch Kunst als durch Reichthum aus. Das hohe Portal mit den buntesten Kaschi-Arbeiten bietet, von den Sonnenstrahlen beschienen, durch seine prachtvollen Farben einen feenartigen Anblick, und ich war lange mit mir im Streite, ob ich den Samarkander oder Herater gleichartigen Kunstdenkmälern den Vorzug geben soll. Gewiss ist, dass diese Moschee zu Zeiten Scharuch Mirza's, wenn auch nicht von demselben Meister, so doch im selben Style geschaffen wurde. Die Ruinen von Medresse Chanum in Samarkand, wie auch die auf dem Musalla zu Herat waren vielleicht luxuriöser und prächtiger, — doch schöner glaube ich kaum. Auch im Innern ist die Kunst der Kaschi-Arbeiten vorherrschend. Gold und Silber ist wohl anzutreffen, doch hat der Perser Recht, wenn er Imam Riza's Grabmal das fürstliche, dieses aber das kunstreiche nennt.

Bei meinem Austritte aus diesen Prachtgebäuden wurde ich vom Strome der übrigen Bettler und Pilgrime gegen das Refektorium Imam Riza's, oder, wie es die Eingebornen nennen, Aschbazchane Hazret (die Küche Sr. Hoheit) fortgerissen. Der Hazret, wie Se. Heiligkeit par excellence titulirt wird, gilt als ausserordentlich reich. Er hat Bäder, Karavanserais, Bazare, Kosthäuser, Seifensiedereien, mit einem Worte Alles, was die Bequemlichkeit der zu ihm strömenden Gäste erfordert. Sein Gast kann jeder Angekommene werden, doch nur während sieben Tagen. Die Reicheren natürlich bedanken sich, die Aermeren hingegen lehnen es selten ab, während der üblichen sechs Tage sich am Pilow Sr. Hoheit zu sättigen. Obwohl die Küche meines Freundes Dolmage nichts zu wünschen übrig liess, konnte ich mir es aus Neugierde doch nicht versagen, meine Hadschirolle dieses letzte Mal noch geltend zu machen. Da ich noch meinen buchariotischen Anzug trug, so war es Niemanden auffallend, mich in die Reihe der übrigen schiitischen und sunnitischen Derwische niedergekauert zu sehen. Nachdem wir eine kleine Weile in der grossen Halle gewartet, erschien endlich der Tross der Diener mit Schüsseln voll dampfenden Reises. Wunder werden von der Wirkung, der Schmackhaftigkeit und dem Segen der hoheitlichen Kost erzählt, doch überzeugte mich das ranzige Fett und der verdorbene Reis gründlich vom Gegentheil. Ich fuhr wohl mit der Faust in der Schüssel umher, wie meine übrigen Gefährten, doch hütete ich mich vor dem Genusse und war höchst erfreut, als ich mich nach Aufhebung der Tafel und nach Erhaltung der üblichen Spenden entfernen konnte.

Uebrigens ist, wie mir scheint, mehr als die hochberühmte Heiligkeit, mehr als das unverletzliche Asylrecht, der fabelhafte Reichthum, den man Imam Riza zuschreibt, die wahre Ursache der Verehrung der geldgierigen Perser. — Nur Rechtgläubigen ist es gestattet, die heilige Stätte zu betreten. Hindu's, Armenier und Juden dürfen sich selbst mit Blicken nicht nahen. Ihr Auge hat selbst aus einer Entfernung von fünfhundert Schritten entweihende, entheiligende Wirkung. Da ich eben von den Juden rede, muss ich der Ueberraschung erwähnen, welche mir ein Sohn Israels, den ich aus Bochara als Reisegefährten kannte, hier in Mesched verursachte. Als ich ihm in den Strassen „Jahudi! Jahudi!" zurief, näherte er sich mir zitternd und sprach: „Um Gottes willen, Hadschi! nenne mich nicht Jahudi hier. Ausser Mesched gehöre ich meinem Stamme an, hier in Mesched aber muss ich den Mohamedaner spielen!" Die Ursache dieser Furcht und Verstellung der Juden ist folgende charakteristische Geschichte. Eine Jüdin, welche vor einigen Jahren an einem Ausschlage an der Hand litt, ging zu einem persischen Arzt, um seinen Rath einzuholen; da ihr nun dieser vorschrieb, die Hand in die Gedärme eines frisch geschlachteten Hundes zu stecken, so blieb ihr trotz allen Widerstrebens nichts übrig, als eines dieser armen Strassenthiere aufzufangen und zu opfern. Unglücklicher Weise fiel dieser Heilungsversuch auf denselben Tag, an welchem die Mohamedaner das Eidi Kurban (Opferfest) feierten. Die Geschichte wurde bald bekannt und Bosheit und Neid hatten ein leichtes Spiel, das Schlachten des Hundes als Hohn und Spott des Gebrauches der Rechtgläubigen auszulegen. Die auf eine günstige Gelegenheit lauernden Massen stürzten nun wüthend über das Judenviertel, mordeten, raubten und plünderten nach Herzenslust. Die sich mit dem nackten Leben gerettet, mussten sich dem Islam in die Arme werfen, wenn sie ihre Existenz weiter fristen wollten. Die erzwungene Bekehrung war, wie sich leicht denken lässt, nur in Mesched's Mauern giltig, ausserdem blieb der Jude seinem Glauben treu, und obwohl im Laufe der Zeit und unter europäischem Einflusse die Intoleranz der Rechtgläubigen etwas abgenommen hat, so wünscht der Jude in der heiligen Stadt doch nur für einen Mohamedaner gehalten zu werden.

Höchst komisch erschien es mir, dass ich durch Kostüm und Sprache — der längere Gebrauch hatte mir den Dialekt von Mittelasien beinahe zur Natur gemacht — von den übrigen Pilgrimgefährten für einen echten Bucharioten gehalten wurde. Vergebens betheuerte ich, dass ich ein Sohn des schönen Stambul wäre; die Leute erwiederten immer pfiffig: „Ja, wir kennen euch Bucharioten schon; hier bei uns wollt ihr Farbe wechseln, weil ihr in Folge eurer Grausamkeiten Vergeltung fürchtet. Doch ihr bemüht euch vergebens; wir durchschauen euch doch immer!" — Also Buchariote in Mesched, in Buchara Mescheder, auf dem Wege Russe, Europäer oder sonst ein mystischer Charakter! — Was werden die Leute nicht noch aus mir machen? Dergleichen Ahnungen und Muthmassungen sind doch glücklicher Weise hier, wo wenigstens der Schatten eines Regierungssystems existirt, ohne ernstliche Gefahr. Im fernen Asien ist Alles im Inkognito, besonders aber der Reisende. Wie hoch schlug meine Brust bei dem Gedanken, dass ich bald aus dieser Welt der Täuschungen und Verstellungen nach dem Westen ziehen werde, der mit all' seinen Lastern, all' seinen Missbräuchen doch unendlich erhaben über dem uralten Osten dasteht; gegen Westen, wo meine Heimat, das heissersehnte Ziel meiner Wünsche, liegt. Vom regierenden Statthalter gut aufgenommen, mit Ehrenbezeugungen und Geschenken überhäuft, konnte ich die Vorkehrungen zu meiner Weiterreise nach Teheran mit Musse vollenden. Und obwohl letztere Stadt von Mesched dreissig Tage entfernt ist, und der Winter einen Ritt von so langer Strecke ziemlich unangenehm macht, so war dennoch der Moment, als ich durch die Stadtthore ritt, für mich ein überseliger.

Bevor ich der heiligen Stadt den Rücken kehrte, unternahm ich einen Ausflug zum Grabe des grössten iranischen Barden, zum Grabe *Firdusi's*, dessen Stelle man mir in den nördlich von der Sadt gelegenen Ruinen von Tus andeutete. Das Grabmal ist ein sehr bescheidenes und dennoch ruht unter demselben einer der grössten nationalen Dichter der Welt, der die Geschichte seines Volkes in 60,000 Versen besang, ohne in seine Sprache mehr als zwei fremde — arabische — Worte aufzunehmen, trotzdem das Persische der damaligen, wie der gegenwärtigen Zeit unter zehn Worten gewiss vier arabische zählt. Er wollte treuer Iranier bleiben und hielt es für eine Schande, die Sprache der Unterdrücker seines Volkes zu benützen. Firdusi ist auch als Charakter eine Seltenheit in Asien. Sultan Mahmud der Ghaznevit übersandte ihm statt der versprochenen grossen Summe nur 30 Drachmen. Der Dichter fühlte sich beleidigt, und da er sich eben im Bade befand, theilte er das Geld unter seine Diener aus. Später soll es der Fürst bereut haben; und als er ihm eine Karavane mit Schätzen beladen sendete, begegnete diese eben dem

Leichenzuge des Dichters. Auch die Tochter verschmähte
die Gabe des undankbaren Fürsten. Die Schätze kehrten
zurück; der Dichter war in Ehren gestorben; des Fürsten Name jedoch brandmarkt ewige Schmach, denn die
Satyre:

„Oh Schah Mahmud, wenn du Niemanden
fürchtest, fürchte doch Gott!"

wird noch lange, lange im Munde des Volkes leben.
Welch' ein Unterschied zwischen dem grossen Dichter
und den heutigen Persern!

III.

Sowie Alles in Persien von der regierenden Person abhängt, so ist auch Sicherheit und Komfort der Strassen dem herrschenden Offiziere der Provinz zuzuschreiben. Von Mesched nach Teheran zu reisen, gilt immer für ein gewagtes Unternehmen; besonders aber ist es Chorasan, wo die Furcht vor Turkomanen, Beludschen und Kurden Jedem, besonders aber dem feigen Perser Vieles zu denken gibt. Zur Zeit, als ich meinen Rückweg antrat, kommandirte Sultan Murad Mirza, das Schwert des Reiches genannt, jene Gegend. Er war ein energischer und talentvoller Mann und nebst andern Lobeserhebungen, die man ihm verdientermassen spendete, war die Redensart: „ein Kind könnte mit einem Teller voll Dukaten auf dem Kopfe sicher und ruhig die Strassen durchziehen" — die würdigste Anerkennung seiner Bemühungen um die Sicherheit des Landes und zugleich die grösste Ermunterung für den allgemeinen Verkehr.

Frohen Muthes machte ich mich in Begleitung meines Tartaren auf den Weg. Es führen zwei Strassen nach Nischapur: die eine über eine gebirgige Gegend, die andere über ein niederes Hügelland. Ich wählte die letztere. Als ich auf meinem rüstigen Gaul in Begleitung meines Tartaren, dessen Pferd mit den nöthigen Reiserequisiten reichlich versehen war, dahinzog, da versetzten mich die Gefühle der glücklichen Heimkehr und die Annehmlichkeiten einer gut equipirten Reise in seltene fröhliche Laune. Man begegnet immer Karavanen von Pilgern oder Waaren hin- und herziehend, bei solchen Gelegenheiten werden immer Grüsse gewechselt. Wie gross war mein Erstaunen, als ich in einem der Karavanenführer, der aus Südpersien der heiligen Stadt zuwallte, jenen Schiraser erkannte, in dessen Gesellschaft ich vor zwei Jahren die Ruinen von Persepolis, Nakschi Rustem und die schöne Vaterstadt des herrlichen Hafis besuchte. Mit Jemandem längere Zeit gereist zu haben, wird in Asien als halbe Verwandtschaft betrachtet. Der redselige Schiraser war hocherfreut, als er mich erkannte; die Karavane musste sich einen viertelstündigen Aufenthalt gefallen lassen, und während wir auf dem Sandboden den freundschaftlichen Kalian (die persische Pfeife) mit einander schmauchten, traten so viele Bilder der schönen Vergangenheit lebhaft in meine Erinnerung. Herrliche Monumente altpersischer Zivilisation! Wie belebte, wie begeisterte mich die Erinnerung an euch! Valerin mit seinen Ketten, Schapur mit seiner stolzen Gestalt, der wohlthuende Ormuzd — alle jene meisterhaften Basreliefs schienen wie eine Fata Morgana in den Lüften vor mir zu schweben; tausendfach war aber jetzt ihr Zauber, denn ich hatte das fabelreiche Baktrien und Sogdien, — diese Schreckensorte selbst für alexandrinische Truppen — hinter mir.

Ich musste meinem Schiraser geloben, seine Heimat bald wieder zu besuchen; nachdem er sich durch dieses Versprechen beruhigt, trennten wir uns. — So munter dahinziehend hatte der erste Tagesmarsch gar nichts Ermüdendes für mich; bei Nacht langte ich in der Station Scherif Abad an. Es war dies der erste Abend, den ich als gut ausgestatteter Reisender verlebte. Früher hatte ich immer erst Holz und Mehl zusammenzubetteln, ich musste für die Herberge Segen und Gebete sagen; ich musste immer fürchten, hungrig aus dem Hause gewiesen zu werden. Jetzt aber war ich Herr; stolz ritt ich in die Tschaparchane (Posthaus) ein, mit barschem Tone wurde das Quartier eingenommen; denn, obwohl ich dem Aeusseren nach ganz Orientale schien, so merkte der Postmeister doch bald, dass er es mit einem Reisenden zu thun habe, der über das mächtige Elexir des Lebens verfügen könne. Und was thut nicht der Perser Alles für Geld! Mein Tartar bereitete ein gutes Nachtmahl; Reis, Zucker, Fett, Fleisch, — Alles war im Ueberflusse vorhanden; die Augen des armen Özbegen strahlten vor Freude, als er, die Vergangenheit in der Erinnerung, auf den ihn umgebenden Reichthum sah; und unser Nachtmahl war denn auch, — wenn schon kein lukullisches, so doch ein sehr gutes, wenigstens für einen persischen Stationsort.

Den nächsten Morgen galt es, das neun Meilen entfernte Kademgiah zu erreichen. Neun Fersache in Chorasan sind sehr viel, denn das Sprüchwort sagt: die Meile in jener Provinz sei endlos, wie das Geplausch der Weiber, und der sie gemessen, dem sei die Kette abgerissen. Europäische Reisende klagen insgesammt über die Langwierigkeit der Wege. Doch, was waren diese Lappalien für mich, der ich aus dem qualenreichen Turkestan zurückkam. Ganz allein mit meinem Tartaren, gut bewaffnet und beritten, begann ich erst jetzt die Reize des wahren Reisens zu empfinden, und oh ihr, die ihr euch im geschlossenen Waggon, in grösster Julihitze, an dem Gesichte des bestaubten und berussten Konduk-

teurs ergötzen müsst, wisst ihr denn, was Reisen heisst?
Besser als eure gepolsterten Sessel ist der gute Sattel.
Der Mensch bewegt sich ungehindert und frei; sein Leitseil ist sein „*Bädeker*", sein Schwert ist sein Gesetz,
seine Flinte ist die Behörde, die ihn schützt; er ist
vogelfrei für Jeden, aber Jeder ist auch vogelfrei für ihn;
und wenn er noch dazu die Sprache und die Sitten des
Landes kennt, wenn er Dolmetscher, Protektionsschreiben und Schutzwachen entbehren kann, — dann ist sein
Reisen ein wahrhaft herrliches! Den ganzen Tag in der
freien Luft, schmeckt seine Mittagsrast doppelt süss,
und wer kann die Wonne des Abends beschreiben, wenn
der Reisende am Haltorte, in der Nähe seines grasenden
Pferdes, vom Sattelzeuge und von Reiserequisiten umgeben, dem lustig prasselnden Feuer gegenüber sitzt,
welches ihm sein Nachtmahl bereitet! Die Strahlen der
untergehenden Sonne wetteifern vergebens mit dem
Glanz der Freude, die aus seinen Augen strahlt. Nach
dem Tagesmarsch schmeckt das Abendmahl unaussprechlich süss! Der Schlaf unter dem sternenreichen Baldachin des freien Himmels ist hundert Mal erquickender,
als auf luxuriös ausgestatteten Betten in fürstlichen
Schlafgemächern!

. Kademgiah, der Name meiner zweiten Station, bedeutet Fussstapfe und ist ein heiliger Wallfahrtsort, wo
religiöse Ueberzeugung auf einem harten Marmorstein
die Fussspuren Ali's, der einst dort gestanden haben
soll, entdecken will. Spuren heiliger Fussstapfen sind
nicht selten im Orient. Christen, Mohamedaner und Buddhisten verehren solche auf gleiche Weise. Es gibt deren
unzählige und es wunderte mich nur immer, dass diese
Wunderdenkmale von so grosser Dimension sind, dass

man dieselben eher für Spuren eines riesigen Elephanten halten sollte. Doch kümmert sich ja religiöse Schwärmerei wenig um Logik und Formenschönheit. In den Gebirgen von Schiras z. B. gibt es eine Fussspur von, drei Fuss Länge, die in Herat ist eben so gross; so auch die auf dem Berge Sinai und auch im fernen Choten, in der chinesischen Tartarei, wird eine Fussspur gezeigt wo der heilige Dschafer Bin Sadik einst gewandelt haben soll. Die Frommen kümmern sich aber, wie gesagt, wenig um diese Bedenken. Mundus vult decipi, ergo decipiatur.

Unter dem Schutze dieser heiligen Orte stehen zahlreiche Herbergen für die frommen Pilger. In einer derselben hatte auch ich mich mit Komfort einquartiert und war schon eben daran, im Schatten der schönen Pappeln meinen Thee zu geniessen, als einer der Priester erschien und mich mit frommwichtiger Miene zum Besuche des heiligen Ortes einlud. Da es dem Priester momentan blos um eine Tasse Thee zu thun war, so befriedigte ich seinen Wunsch. Sein ferneres Drängen bewies mir, dass er auch pekuniäre Absichten hätte, und da der kalte Marmorstein, der die heilige Spur bewahrt, für mich um so weniger Interesse hatte, als ich auf meiner Reise deren genug kennen gelernt, so so blieb mir nichts übrig, als mich durch einige Krans (gleich Francs) des Gastes und der heiligen Pflicht zu entledigen.

Der dritte Tagesmarsch führt über ein niedriges Hügelland auf die in Persien, ja, ich möchte sagen, in ganz Asien hochberühmte Ebene Nischapurs. Dschölgei Nischapur (Ebene Nischapur) ist in den Augen des Persers das non plus ultra von Schönheit und Reichthum.

Für ihn ist die Luft dort klarer und duftender, als anderswo, ihr Wasser das süsseste auf der Welt, ihre Produkte die unvergleichlichsten in der Schöpfung, und wenn er noch auf die gegen Nordost liegenden Gebirge, die reich an Türkisenminen und edlen Metallen sind, mit Stolz und Freude hinweist, — so lässt sich verstehen, wie sein Auge vor Wonne strahlen kann, wenn er von diesem Punkte seiner Heimat spricht. Auf mich machte sowohl die Ebene als auch die in der Mitte derselben liegende Stadt wohl einen angenehmen, aber durchaus keinen bezaubernden Eindruck. Die historischen Denkwürdigkeiten wären mir kaum eingefallen, wenn sich mir auf dem Wege nicht ein Perser, der in mir den Fremden entdeckte, mit seinem Reitthier genähert und mir ohne Aufforderung das Lob seiner Vaterstadt in überschwenglicher Weise gepriesen hätte. „Was", rief ich, „nützen deine Worte! Sich' die umhergestreuten Ruinen an! Nennst du das einen blühenden Zustand? Sich' diese Schutzthürme, welche der Ackersmann gegen die räuberischen Einfälle der Turkomanen errichtet hat, — und das nennst du eine blühende Kultur?" — Der Perser liess sich aber nicht irre machen und blieb taub für meine Bemerkungen. Die Gegenwart von Ruinen ist in dem Auge des Iraniers unentbehrlich zum Bilde der Kultur und trotz aller meiner sarkastischen Einwendungen erzählte er mir dennoch von Tausenden von Dörfern und Wasserleitungen, die sich auf dieser Ebene befinden.

Nicht minder unbedeutend fand ich die Stadt Nischapur selbst. Der Bazar ist ziemlich gefüllt mit europäischen und persischen Waaren, doch umsonst sucht hier der Reisende Spuren jener Reichthümer und Baudenkmäler, welche von den orientalischen Geschichtschreibern so hoch gerühmt werden. Die einzige Merkwürdigkeit der Stadt sind die Schleifwerkstätten der Türkise, deren es hier mehrere gibt. Im rohen Zustande ist dieser Stein von gräulicher Farbe und nur nach oftmaligem Schleifen erhält er jenes gerühmte himmelblaue Kolorit. Je dunkler das Blau, je erhöhter die Form, je glatter die Oberfläche, desto werthvoller ist er. Adern werden als Fehler betrachtet; eine eigenthümliche Erscheinung ist es, dass manche Steine einige Tage nach dem Schliff ihre Farbe verlieren. Der unerfahrene Käufer, der diesen Umstand nicht kennt, wird oft ein Opfer persischer Betrügerei, und vielen Pilgern widerfährt es, dass sie in Nischapur Türkise vom schönsten Azurblau kaufen, die sie später, nach ihrer Ankunft, als welk und farblos wegwerfen können. Heutzutage sind diese Minen bei weitem nicht so einträglich wie früher, da alle zusammen um den geringen Preis von zweitausend Dukaten verpachtet sind; auch der Türkishandel, der früher nach Europa, besonders aber nach Russland, sehr lebhaft betrieben wurde, hat stark abgenommen.

Bevor wir Nischapur verlassen, müssen wir noch zwei hochberühmte Dichter erwähnen, durch deren Gräber sich diese alte Stadt Irans nicht wenig verherrlicht fühlt. Der eine ist *Ferid ed din Attar*, der grosse Mystiker und Philosoph, der das interessante Werk „Mantik et tejr" (die Logik der Vögel) schrieb. Es werden darin alle Gattungen der befiederten Welt vorgeführt, die in quälender Neugierde über die Ursache ihrer Existenz die Quelle der Wahrheit mit lechzenden Lippen suchen. Adler, Geier, Falke und Rabe, Taube, Turteltaube und Nachtigall — Alles ist gleich interessirt um diese wichtige Frage. Hudhud, der Zaubervogel Salomons, der Allwissende, wird als Lehrer aufgesucht und in höchst kuriosen Diskursen über die erwünschte Nachricht ausgefragt. Er spielt den Bescheidenen, gibt weise Rathschläge und führt die Schaar auf jenen Pfad, welcher zu Simurg, dem Phönix der Orientalen, der zugleich Symbol des höchsten Lichtes ist, gelange. Dass die Vögel die Menschheit, Hudhud den Propheten und Simurg die allerhöchste Gottheit vorstellen, ist leicht begreiflich. Das Werk ist durch seinen prächtigen orientalischen Bilderreichthum und durch zahlreiche schöne Einzelheiten ein bedeutendes und sehr interessantes. — — Der zweite Dichter, dessen Gebeine in Nischapur ruhen, ist *Chijam,* der schroffe Antipode des ersteren. Ein Atheist, wie unsere Frommen sagen würden, ein frevelhafter Spötter Mohamed's und des Islams, der das Grösste und Schönste mit Füssen tritt, und über die heiligsten Gesetze und Verordnungen Spott und Hohn schüttet. Und dennoch ist Chijam nicht minder gelesen, als der erstere. Persien ist eben jenes Land Asiens, welches durch Repräsentation aller Extreme seinen orientalischen Charakter am deutlichsten hervorkehrt. Der Atheist und der tiefgebeugte Frömmler berühren sich hier, und zwar ohne besondere leidenschaftliche Anstösse. Ja, Persien ist das treueste Bild orientalischen Lebens.

IV.

Von Nischapur führt die Strasse auf einem drei Tage langen Marsche nach Sebzevar. Die zwischenliegenden Stationsorte sind schon oft beschrieben, auch bieten sie kein besonderes Interesse, eben so wenig als die letztere Stadt selbst, die, mit einer starken Mauer umgeben, in einer ziemlich fruchtbaren Ebene liegt. Von Sebzevar gelangt man in vier Tagen nach Mezinan, welches für einen wichtigen Posten gilt, denn hier beginnen die vier Schreckensstationen Chorasans: Abbasabad, *) Mijandescht, Mejame und Schahrud. Dies sind die vier Schrekkensstationen Persiens, — wer hat nicht schon von ihnen gehört? Sie sind so reich an Gefahren und an bunten, abenteuerlichen Geschichten, sie sind die Scylla und Charybdis des iranischen Volkes; wer von grosser Tapferkeit erzählen will, darf gewiss nicht vergessen, diese

---

*) Freiwillig gewählte Wohnorte könnte man diese Stationen eben nicht nennen, da die Einwohner fortwährend in ihren Mauern eingeschlossen leben, mit dem Feldbau sich nicht zu beschäftigen wagen, und blos zur Unterhaltung der Strassen von der Regierung in diesen vier Orten unterhalten werden. Abbasabad z. B. ist eine Kolonie, welche zu diesem Zwecke sogar angelegt wurde; die Einwohner sind georginischen Ursprungs und haben noch viel von ihrer kaukasischen Physiognomie beibehalten, obwohl, wie mir einer von ihnen sagte, die Schönheit des Volkes deshalb immer mehr und mehr abnimmt, weil hier der berühmte Kachiti-Wein, der Tokayer Kaukasiens, fehlt.

vier Namen in das Tagebuch seiner Abenteuer aufzunehmen. „Aber weshalb?" wird man fragen. Die Antwort ist ganz einfach. Diese Stationen befinden sich am Saume jener grossen Ebene, welche sich nordwärts in die Turkomanensteppe erstreckt. Kein Berg, kein Fluss trennt sie von Persien, und weil die raublustigen Söhne der Steppe politische Grenzen nur wenig beachten, so sind ihre Einfälle sehr häufig und eben diese vier Orte sind beinahe der Tummelplatz derselben geworden. Ihre Ernte ist selten eine magere, denn hier führt die Hauptstrasse nach Chorasan, welche Strasse von schweren, reichbeladenen Karavanen, von reiselustigen, gut equipirten Pilgern so häufig besucht wird. Der Perser wird nie müde, wenn er von Abenteuern mit Turkomanen zu erzählen beginnt. Auf einer dieser Stationen trug sich unter Anderem Folgendes zu: Ein persischer General hatte seine sechstausend Mann starke Truppe vorausgeschickt und war nur einige Minuten zurückgeblieben, um seinen Kallian gemüthlich zu Ende zu rauchen; als er nach Befriedigung seiner Lust, von einigen Dienern begleitet, seinen Leuten nachzog, überrumpelten ihn die Turkomanen auf ihren flüchtigen Rossen. In einigen Minuten war er beraubt und gefangen, in einigen Wochen um 25 Dukaten in Chiva verkauft. — Hier geschah es auch, dass ein Pilger auf seinem Wege zum Grabe Imam Risa's überfallen wurde; er sah den Sturm schon im voraus und hatte eben noch Zeit, sein kleines Vermögen hinter einem Steine zu verbergen; als er nun verkauft und nach Chiva gebracht wurde, schrieb er von hier an seine zärtliche Ehehälfte: „Mein liebes Kind! Dort und dort, unter einem solchen und solchen Stein, habe ich vierzig Dukaten verborgen. Schicke dreissig her, um mich loszukaufen und bewahre die übrigen, bis ich heimkehre aus dem Turkomanenlande, wo ich Sklavendienste thun muss!"

Ursachen zur Furcht und Behutsamkeit wären wohl vorhanden, doch ist die lächerliche Feigheit der Iranier die Hauptschuld ihres Unglückes. Die Karavanen pflegen sich hier in grossen Massen zu versammeln; Kanonen mit brennenden Lunten, Soldaten mit gezogenen Schwertern begleiten sie. Oft sind sie in beträchtlicher Anzahl beisammen; sollten sich aber auch nur einige der verwegenen Räuber zeigen, so verlieren sie sogleich Muth und Besinnung, werfen die Waffen weg, geben all ihre Habe hin und strecken zum Schluss noch die Hände den Fesseln entgegen, um sich in schwere, oft lebenslängliche Gefangenschaft oder Sklaverei fortschleppen zu lassen. Ich durchzog die Stationen ganz allein in Begleitung meines Tartaren - ein Zug, den vor mir noch kein Europäer gemacht hat. Natürlich wurde ich ermahnt, es nicht zu thun, doch was kümmerten mich in meinem turkestanischen Anzuge die Turkomanenräuber! Besonders war es mein Tartar, der sehnsuchtsvoll umherspähte, um einige Landsleute zu entdecken, und wäre ich auch einigen Söhnen der Wüste im schiitischen Lande begegnet, ich meine, sie hätten einen Mollah ihres Glaubens nicht nur nicht misshandelt, sondern für die Fatiha (Segen), die wir ihnen gespendet hätten, auch noch reichlich beschenkt. Vier Tage irrte ich in der Steppe umher, einmal hatte ich auch in der Abenddämmerung meinen Weg verfehlt, doch kam mir kein Turkomane zu Gesichte; ich begegnete nur einigen Häuflein zitternder persischer Reisenden. Mehr als die Furcht vor den Turkomanen quälte mich die schreckliche Länge der

Stationen, besonders die letzte zwischen Mejame und
Schahrud, wo ich sechzehn Stunden im Sattel sitzen
musste. Es ist die grösste Station in Persien, ja, ich
könnte sagen in ganz Asien, und ermüdet Ross und
Reiter in schrecklicher Weise.
Man kann sich daher leicht vorstellen, mit welchem
Späherauge der Reisende die Gärten sucht, welche die
Stadt Schahrud umgeben. Da letztere am Fusse eines
Berges gelegen, so ist sie schon auf meilenweite Strecken
hin sichtbar. Der ermüdete Reiter glaubt schon ganz
nahe zu sein; — doch wie schrecklich ist die Täuschung,
wenn man nach ihrem ersten Anblick noch fünf Meilen
weit reiten muss, bis man endlich in ihre Thore einziehen kann. Der Weg ist so monoton wie möglich, nichts
bietet sich dem Auge dar; im Sommer muss derselbe
durch den gänzlichen Mangel an Wasser ein wahrlich
quälender sein. Zu meinem Unglück hatte ich ein Dorf,
welches in der nahen Umgegend von Schahrud liegt,
für dieses, das in einer Schlucht verborgen liegt, genommen; man kann sich daher meine Wuth vorstellen, als
ich meinen Irrthum inne wurde und zur Riesenstation
nun noch eine gute halbe Stunde hinzufügen musste.
Vor zwölf Uhr Mitternacht bestieg ich mein Pferd und
es war schon über sechs Uhr Abends, als ich über das
schlechte Pflaster Schahrud's hinzog und in einem der
Hauptkaravanserai's abstieg. Das arme Thier war ganz
erschöpft, nicht minder aber auch ich, und als ich mit
matten Augen in dem Vierecke des Karavanserai's herumblickte, entdeckte ich zu meinem grössten Erstaunen
einen Sohn Britannia's, ja, einen leibhaftigen Engländer
mit einer echten Manchestervisage vor der Thüre einer
Zelle sitzen. Ein einzelner Brite, hier in Schahrud, das

ist doch gewiss eine Seltenheit, ein halbes Wunder. Ich starrte ihn an, auch er, in tiefen Gedanken versunken, mass mich mit erstaunten Blicken. Mein buchariotischer Anzug, meine ausserordentliche Mattigkeit hatten ihn in seinem Phlegma gestört, und wer weiss, was er von mir dachte, als ich, trotz meiner Erschöpfung, dem seltenen Zusammentreffen nicht widerstehen konnte, sondern mich ihm mit matten Schritten näherte und mit einem: „How are you, sir?" anredete. Er schien mich nicht verstanden zu haben und ich wiederholte meine Frage. Da sprang er betroffen von seinem Sitze auf, sein Gesicht spielte, wie man sagt, alle Farben und mit einem „Well I" drückte er sein Erstaunen mit stotternder Zunge aus: „Wo haben Sie englisch gelernt? doch nicht in Indien?" frug er mich. Ich wollte seine Neugierde höher schrauben, hätte mir auch leicht einen köstlichen Spass mit ihm machen können, doch die Reisestation hatte mir alle Lust dazu gründlich benommen. Ich gab mich ihm zu erkennen. Seine Freude war unaussprechlich. Zur grossen Verwunderung meines Tartaren, der mich noch immer für einen Rechtgläubigen hielt, umarmte mich der Brite und führte mich in seine Wohnung. Wir verlebten einen famosen Abend und auch den andern Tag vergönnte ich mir ihm zu Liebe einen Rasttag; denn es hat dem armen Manne unendlich wohlgethan, nach sechsmonatlicher Abwesenheit von der europäischen Welt, hier im tiefen Persien von dem theuren Westen sprechen zu können. Der Arme, der einige Monate nach diesem Zusammentreffen auf dem Wege ermordet und beraubt wurde, hiess *Longfield*. Er war von einem grossen Birminghamer Hause hier, um Baumwolleinkäufe zu besorgen, führte immer viel Geld mit sich und vergass, wie leider Viele, dass Persien bei weitem nicht das zivilisirte Land ist, wie man es nach den Aufschneidereien seiner charlatanischen Vertreter in Europa erwarten sollte, und dass man sich auf Pässe und Empfehlungsschreiben des Königs nur wenig verlassen kann.

Schahrud ist ein bedeutender Handelsort zwischen den Provinzen Mazendran und Irak; zu ersterem führt eine sehr romantische, aber auch sehr schlechte Strasse bis an die Ufer des kaspischen Meeres. Die Umgegend ist reich an Wasser, besonders schön ist der Bach Rudi schah (Königsbach), dessen süsses und klares Wasser mit hellem Gebrause durch die Stadt zieht. Karavanserai's gibt es mehrere und in einem derselben befindet sich die Faktorei der grossen russischen Handelskompagnie „Kawkaz", die in neuerer Zeit durch ihren Importhandel von Astrahan Baku über Astrabad den englischen Handel in Chorasan beinahe verdrängt hat. Ja, die Russen haben vom Meerbusen von Kamtschatka bis nach Konstantinopel in ganz Asien einen mächtigen Einfluss und Niemandem ist dieser gefährlicher, als dem britischen Löwen, welchem er schon jetzt fest an den Fersen ist und die Zeit wird nicht ausbleiben, wo er ihn mit seinen scharfen Krallen auch am Felle packen wird!

Von diesem Orte hatte ich noch eilf Tage nach Teheran. Der ganze Weg ist sicher. Station auf Station — nichts von besonderem Interesse, wenn es nicht der eigenthümliche Unterschied ist, der sich zwischen den Bewohnern Irak's und Chorasan's wahrnehmen lässt. Letztere Provinz hat durch ihre Nachbarschaft mit Mittelasien zugleich manche rohe Sitte übernommen, während in Irak die Feinheit iranischer Bildung immer mehr zum Vorschein kommt. Hier wird der Reisende —

natürlich wenn man bei ihm klingende Münze wittert — immer mit grosser Höflichkeit empfangen; man stellt sich, als ob man gar nichts des Geldes wegen thun würde. Der Gast wird als angenehme Erscheinung betrachtet, man reicht ihm Geschenke dar, welche mit einer Quintessenz höflicher Komplimente begleitet werden und — wehe dem Beutel des Unerfahrenen! Ich, der ich bei meiner Reise in Südpersien iranische Etiquette genügend studirt hatte, ich spielte in solchen Fällen immer selbst den Iranier. Auf Komplimente erwiederte ich mit Komplimenten, ja sogar noch um einige Grade erhöht. Ich nahm zwar Geschenke an, forderte aber den Spender in einer Blumensprache auf, selbst an seinen Geschenken theilzunehmen und dieser konnte meinen bombastischen Phrasen, meinen häufigen Zitaten aus Saadi und anderen Lieblingsdichtern nur schwer widerstehen. Er vergass sich, griff hastig zu den Speisen und Früchten, die er selbst auf der Chondscha (hölzerne Tasse) dargereicht hatte, und sehr oft wurde mir unter bedeutungsvollem Kopfschütteln zu verstehen gegeben: „Effendi, du bist iranischer, als der Iranier, du bist zu glatt, um erhascht werden zu können." Und wahrlich, es ist kein kleines Meisterstück, einen Perser zu hintergehen! Jahrhunderte, ja, ich möchte sagen, Jahrtausende alte tief eingewurzelte Sitten haben die Einwohner Persiens in Schlauheit und äusserlicher Feinheit so eingeübt, dass der achtlose Europäer oft von dem schlichtesten Bauer, ja von dem kleinsten Kinde hintergangen wird. Sprache, Geberden, Windungen und Schwingungen des Körpers wirken vereint darauf hin, um den Fremden, in die lokalen Verhältnisse Uneingeweihten zu hintergehen. Besonders ist es der Europäer, der, auf die Superiorität seiner

Zivilisation pochend, den Orientalen geringschätzt, ihn
desavouirt und, wie sich leicht denken lässt, sehr häufig
aufs Eis geführt, schmählich betrogen wird. Je mehr ich mich Teheran näherte, desto rauher
wurde die Jahreszeit; wir waren ohnehin schon gegen
Ende Dezember, und wenn ich gleich in den Niederungen von Kälte und Frost wenig beunruhigt wurde, so
war dies auf den Anhöhen doppelt der Fall, da sich klimatische Unterschiede in Persien schon auf 3—4 Stunden langen Strecken merklich fühlen lassen. Besonders
wurde mir grosser Schrecken eingejagt durch das rauhe
Wetter, welches in den zwei Stationen Gosche und Ahuan
herrscht, beide, nur einzelne Posthäuser, liegen auf einem
Berge und können noch dazu bei der grossen Zahl der
Gäste nur selten genügendes Obdach liefern. In Gosche
hatte ich das Glück, das einsame Tschaparchane (Posthaus) leer anzutreffen; ich machte mir es daher auch
recht bequem in seinen warmen Mauern, denn draussen
herrschte in der That schon eine strenge, grimmige
Kälte. – Auf meinem Wege nach Ahuan traf ich schon
an mehreren Orten Schnee an, der kalte Nordwind zwang
mich mehrere Male vom Pferde abzusteigen und die
Füsse zu erwärmen. Als ich in Ahuan selbst ankam, lag
der Schnee schon mehrere Fuss hoch und war bereits so
fest gefroren, dass der Weg an vielen Orten durch förmliche Schneepässe hinzog. Obdach und Holz — das waren
die Ziele meiner Sehnsucht, welche beim Anblick des
einsam dastehenden Hauses in mir erwachte, und wie
weit ich auch den Blick über das schneebedeckte Hügelland schweifen liess, so konnte ich doch nirgends eine
Behausung oder auch nur eine Ruine entdecken. Wie
gewöhnlich, wurde in das Tschaparchane mit Aufsehen

erregender Hast eingeritten. Der Postmeister war sehr höflich -- ein gutes Prognostikon für Quartier, und als er mir das starkberusste, aber wohlbeschützte Zimmer anwies, war ich höchst erfreut, und hörte nur mit halbem Ohre, was er mit Behagen lang und breit erzählte, dass er nämlich jede Minute die Frau des Sipeh Salar, des persischen Generalissimus und Kriegsministers, erwarte, die auf ihrer Rückreise von Mesched heute noch oder höchstens morgen hier passiren würde. Madame Sipeh Salar reiste, wie man sich leicht denken kann, mit einem Gefolge von 40—50 Dienern; von ihr in der engen Wohnung überrascht zu werden, wäre kein besonderes Vergnügen; doch dachte ich vorläufig wenig an diese fatale Eventualität, sondern machte es mir und meinem Pferde recht bequem. Als das Feuer im Kamin lustig loderte und der heisse Thee in der Schale dampfte, — da vergass ich die erlittene Kälte, dachte nicht mehr an eine etwaige Ueberraschung, und hörte nur dem wilden Pfeifen des Boreas mit Behagen zu, der mich, wie es schien, in meinem warmen Obdache wecken wollte. Nach dem Thee spürte ich endlich wohlthuende Wärme um mich und in mir und entledigte mich daher der Kleider; ich machte mich mit Wohlgefallen über meine Küche her, Pilow und gebratene Henne waren schon beinahe fertig, — doch als ich mich nahe an Mitternacht zur Verzehrung meines lukullischen Mahles anschickte, da hörte ich in dem Heulen des Windes Reitergetrappel und schreiende Stimmen ertönen.

V.

Ich hatte kaum Zeit aufzuspringen, denn schon war der Tross unter Waffengeklirr, mit Flüchen, Toben und Schreien vor meiner Thür, die natürlich verriegelt war, abgestiegen. „Holla, ho! Auf! heraus! Wer ist hier? Die Frau des Sipeh salar, die Prinzessin aus königlichem Geblüte ist angekommen! Alles soll sich sogleich entfernen!" — Dass ich nicht gleich öffnete, wird wohl Jeder begreifen. Die Reiter frugen den Postmeister, wer denn der Insasse wäre, und als sie vernahmen, dass er ein Hadschi und noch dazu ein Sunnite ist, da stürmten sie alle mit Schwertern und Flintenkolben meine Thüre und riefen: „He Hadschi! Packe Dich, oder willst Du, dass wir Deine Beine zu Mehl machen sollen?"

Es war ein kritischer, höchst kritischer Moment. Wenn einem recht gemüthlich ist, nun das einzige Obdach zu verlassen und die Nacht bei grimmiger Kälte im Freien zuzubringen, das ist ein unangenehmer Spass, und vielleicht nicht so sehr die Furcht vor bösen Folgen, als die Ueberraschung und plötzliche Störung waren es, die mich auf den kühnen Gedanken brachten, nicht zu weichen, sondern den Kampf kühn aufzunehmen. Mein Tartar, der mit mir im Zimmer war, erblasste. Ich sprang von meinem Sitze auf, ergriff Flinte und Schwert, und während ich meinem Tartaren die Pistolen einhändigte, mit dem Befehle, aufs erste Zeichen zu feuern, näherte ich mich der Thüre, mit dem festen Entschluss, den ersten Einbrechenden sogleich niederzuschiessen. Mein Vorhaben schien draussen bemerkt zu werden, denn man begann zu verhandeln, ja, ich merkte, dass meine elegante persische Sprache im Laufe der Konversation die Stürmenden bald belehrte, dass sie mich irrthümlich für einen Bucharioten halten. „Wer bist Du denn eigentlich? Rede doch! Du scheinst kein Hadschi zu sein," tönte es von draussen. „Was Hadschi! Wer Hadschi!" rief ich, „weg mit dem Schmachnamen, ich bin weder Buchariot, noch Perser, ich habe die Ehre Europäer zu sein! Man nennt mich Vámbéry Sahib." Auf diese Worte wurde es ein wenig stille. Die Leute schienen betroffen zu sein, aber noch mehr war es mein Tartar, der von seinem Hadschigefährten zum ersten Male diesen Namen hörte, der nun von den eigenen Lippen des frommen Muselmannes die Erklärung hörte, dass er ein Ungläubiger sei. Todtenblass und mit grossen Augen gaffte er mich an. Ich war zwischen zwei Feuer gerathen. Ein scharfer Seitenblick beruhigte jedoch meinen Reisegefährten, auch die Perser wechselten ihren Ton; der Name Europäer, das grosse Schreckenswort der Orientalen wirkt überall elektrisch. Schimpfworte wurden von Höflichkeiten, Drohungen von Bitten abgelöst, und als man endlich flehend in mich drang, doch nur zwei der Hauptreiter in mein Zimmer aufzunehmen, dass die Uebrigen sich gerne mit Stall und Kammer begnügen wollen, da öffnete ich den zitternden Persern die Thüre. Meine Gesichtszüge illustrirten ihnen bald meine Behauptung. Das Gespräch zwischen uns wurde immer lebhafter und freundlicher und in einer halben Stunde lagen meine Perser, von Arak (Branntwein) benebelt, zurückgezogen in einem Winkel und schnarchten wie Pferde. Auch meinem Tartaren musste ich zur Beruhigung einige Aufklärung geben; der gute Bursche fügte sich gerne. Als ich den nächsten Morgen das eisige Hügelland verliess und auf der freundlichen Ebene von Damgan dahinritt, da fiel mir das nächtliche Abenteuer mit Grauen ein und ich werde es nicht sobald vergessen — das Nachtlager zu Ahuan.

Damgan wird für das alte Hekatompyle (die Stadt mit hundert Thoren) gehalten, eine Muthmassung, die unsere Archäologen mit aller Gewalt zur Geltung bringen wollen, obwohl die Umgegend nicht die geringste Spur von den Ruinen einer Stadt aufweist, in welche hundert Thore führten. Natürlich muss man Griechen und Persern, die sich in der edlen Kunst der Aufschneiderei ziemlich gleich sind, nur im Diminutiv glauben. Ich lasse von den hundert Thoren achtzig ab, — doch auch eine zwanzigthorige Stadt wäre in dem unbedeutenden Flecken, den man heute Damgan nennt, schwer zu entdecken. Der Ort mag kaum mehr als tausend Häuser haben und die zwei armseligen Karavanserai's in der Mitte des nackten Bazars beweisen zur Genüge, dass er selbst in kommerzieller Hinsicht nicht so bedeutend ist, als man dies allgemein glaubt.

Der englische Reisende Fraser bedauert, dass ihm Niemand das Räthsel der Tshihl duchteran (vierzig Jungfrauen) oder Tschihl seran (40 Köpfe), die unter einem Grabmale verehrt werden, lösen kann. Die Zahl Vierzig ist eine heilige bei den Muselmanen, besonders aber bei den Persern, und die Tschihlten, die 40 Männer, die Moses nach der mohamedanischen Sage erschlagen und wieder in's Leben gerufen haben soll, sind an unzähligen

Orten anzutreffen. Das Merkwürdige dabei ist, dass hier in Damgan die Damenwelt zum Range der Märtyrer oder Heiligen erhoben wurde, eine Erscheinung, die in Köln nicht so sehr auffällt wie in Damgan, dessen Frauen sich eben durch den Mangel ihrer Keuschheit in der Umgebung einen ziemlichen Ruf erworben haben.

Von Damgan reiste ich in zwei Stationen nach Simnan, das durch seine Baumwolle, noch mehr aber durch seine weissen Theebrode berühmt ist. In Persien hat jede Stadt eine Spezialität, in welcher man sie nicht blos als erste in Persien, sondern auch für unvergleichlich in der ganzen Welt hält. Schiras hat das beste Lämmerne, Isfahan die besten Pfirsiche, Nathenz die besten Birnen u. s. w. und das Eigenthümliche dabei ist, dass man die mit Lob überhäuften Gegenstände in den betreffenden Orten entweder schlecht oder, was noch komischer ist, gar nicht findet. Vom Theebrode Simnans habe ich schon in Mesched, ja sogar in Herat sprechen gehört. Uebrigens hatte ich in dieser Beziehung schon mehrfache Erfahrungen und erwartete daher nicht viel. Als ich im Bazar darüber nachfrug, musste ich lange Zeit umherwandern, bis ich einige verschimmelte Exemplare des berühmten Brodes bekam. „Simnan", sagte der Eine, „ist wirklich berühmt in diesem Artikel, doch ist der Export so gross, dass uns nichts übrig bleibt." Der Andere sagte: „Ja, Simnan war einst berühmt in diesem Artikel, doch die schlechten Zeiten haben auch dies verschlimmert!" Hier gab es also wenigstens Entschuldigungen und Ausflüchte, anderswo aber erscheint die Lüge in ihrer ganzen Nacktheit.

Von hier aus geht die Strasse über Lazgird, Dehnemek und Kischlak über den berühmten Chavar-Pass nach Teheran. Dieser Bergweg wird für die berühmte Caspiae Pylae gehalten und ist wirklich einzig in seiner Art. Der Weg, der zwischen hohen schwarzen Felswänden durchzieht, ist wildromantisch, und die zahlreichen scharfen Krümmungen sind sehr geeignet, Räubern einen vortrefflichen Versteck zu bieten. Wie zu alten Zeiten, so gibt es auch jetzt noch viele Wegelagerer hier; gewisse Felsen heissen Seelenbrenner, Vatermörder u. s. w. Das starke Echo macht diesen Weg noch fürchterlicher und ich sah auch den Eindruck in den Zügen meines Tartaren deutlich ausgeprägt. Ich zog mit den Waffen in der Hand ganz allein durch und begegnete so manchem verdächtigen Gesichte; ich wurde daher auch sogleich viel besser gestimmt, als ich durch die andere Mündung der Schlucht in die grosse, fruchtbare Ebene Veramin hinabstieg. Diese Ebene, an deren nördlichem Rande sich die in alten Zeiten und in der Fabelwelt hochberühmte Stadt Rages erhob, soll mit Dörfern und Städten reich besät bewesen sein; viele Völker, viele Horden aus der Tartarei, aus Nordindien und Arabien haben sich schon auf derselben getummelt. Die Stadt Rages selbst war ein Kleinod im Beginne des Mittelalters, sie war es, die den Seldschucken, Ghazneviten und auch noch den Timuriden zum Rastorte diente. Heute liegt Alles in Trümmern. Der europäische Archäolog sucht Inschriften in dem zerstreuten Steinhaufen, dem Perser ist die Ebene als reiches Jagdgebiet werthvoll, und wären es nicht die zahlreichen unterirdischen Wasserleitungen, welche auf eine vergangene, bedeutende Kultur hinweisen, so könnten uns die Sagen von Veramin nur für eitle Fabeln gelten.

Dieselben Gefühle, die mich vor meiner Ankunft in

Mesched belebten, dieselben, ich möchte sagen noch gewaltigere, bemächtigten sich meiner bei dem Gedanken, dass ich Teheran, den Ausgangspunkt meiner abenteuerlichen Reise, den Ort, wo ich so viele Freunde habe, die mich schon in der Ewigkeit glauben, wiedersehen werde. Um den Marsch zu beschleunigen, wollte ich die zwei letzten Stationen vereinigen. Ein dreizehn Stunden langer Ritt ist wohl sehr ermüdend, dachte ich mir, doch ich komme nun an eine Station, wo ich mich zwei Monate lang erholen kann. So wiegte ich mich in den süssesten Hoffnungen, und ritt vom frühen Morgen bis in den späten Abend immer rüstig darauf los. Als die Sonne ihre letzten Strahlen herabsandte, hatte ich in der Ferne Teheran und die glänzende Kuppel Schah Abdul Azim's erblickt. Ich weiss noch heute nicht, war es die allzugrosse Freude oder der plötzliche Anbruch der Nacht, — denn die Abenddämmerung ist in diesem Lande und in dieser Jahreszeit sehr kurz -- war es die Mattigkeit, welche mich betäubte, genug, ich verirrte mich in der unmittelbaren Nähe der persischen Hauptstadt, und zwar nicht weit von den berühmten Ruinen, die sich in der Nähe jenes Felsens befinden, auf welchem die Gebr's (Feueranbeter) ihre Leichen zum Vogelfrass aussetzen Zwei Stunden lang musste ich umherirren, über Gräben und Sümpfe setzen, wobei mich mein Pferd einmal bis an die Lenden in kaltes Wasser setzte; über Gehege und Gärten musste ich wandern, bis ich endlich in später Nacht meinen Weg fand.

Ist es aber auch nicht sonderbar, dass mir auf dem ganzen Wege nichts zugestossen war, unbeschädigt durchstreifte ich so ferne Regionen, erlebte ich so gefährliche Abenteuer, konnte ich meine Habe ruhig

bewahren, meine Manuskripte, die theure Beute meiner
Reise, immer gut und trocken erhalten, und hier, auf
der Schwelle, am Eingange des sichern Hafens musste
mir ein Unglück zustossen, das mir um so unvergesslicher sein wird, weil ich durch das Nasswerden eines
meiner kostbarsten Manuskripte verlor! Ja, das Schicksal
hat Launen, sagt der Orientale, ihm sich widersetzen,
ist wirklich kindisch!

Als ich zum Thore Teherans gelangte, war es schon
geschlossen. Die Nacht brachte ich in einem neuen Karavanserai zu, und als ich am nächsten Morgen durch
die gewöhnlich verbarrikadirten Bazare unter Flüchen
und Herumschlagen dahinritt, hörte ich so manchen Perser mit Aerger und Verwunderung rufen: „Ist das doch
ein verwegener Buchariote!" Auch einigen Europäern begegnete ich, die mich in meiner Maskerade anfangs nicht
erkannten, dann aber mit süssen Umarmungen mich
begrüssten. Bald gelangte ich auch zum Thore der türkischen Gesandtschaft, und wer kann meine Freude
beschreiben, als ich jene Lokalitäten, jene Freunde wiedersah, die ich vor zehn Monaten unter so vaguen und
abenteuerlichen Plänen zurückgelassen hatte, die mich
damals meinem sichern Verderben entgegengehen sahen
und mich bis heute für ein Opfer mittelasiatischer Arglist und Barbarei hielten.

VI.

Von Teheran nach London.

Gleich beim ersten Anblick erschien mir die persische Hauptstadt als Sitz der Zivilisation und Bildung, als ein Ort, wo europäisches Leben in ganzer Fülle anzutreffen ist. Wenn man in der Richtung von West nach Ost in die Stadt einzieht, kann man freilich nicht Worte finden, um seinen Abscheu über die elenden Lehmhütten, über die krummen und engen Gassen auszudrücken. Ganz anders erscheint die Stadt dem Reisenden, wenn er aus Bochara kommt. Bochara ist von Teheran nur sechzig Tagreisen entfernt, zwischen den sozialen Verhältnissen beider Städte aber gähnt eine Kluft von Jahrhunderten. Als ich nach meiner Ankunft zum ersten Male durch den Bazar ritt, betrachtete ich mit kindischem Wohlgefallen, ja mit einer gewissen Verwunderung, die nicht viel geringer war als das Staunen meines tartarischen Gefährten, — die zahlreichen Luxusartikel europäischer Fabrikation, Stoffe, Tücher, Spielzeug, — besonders aber war es gefärbte böhmische Glaswaare, welche meine Aufmerksamkeit im vollen Masse auf sich zog; die europäische Kunst flösste mir damals einen Respekt ein, der mir heute sehr drollig vorkommt. Damals war es aber nicht anders möglich. Wenn man so reist, wie ich, wenn man sich in das tartarische Wesen so hineinlebt, wie ich dies thun musste,

— dann ist es freilich kein Wunder, wenn man fast selbst zum Tartaren wird. Das eigentliche Inkognito, wo man in der fremden Gestalt sich seines eigenen alten Wesens recht wohl bewusst ist, das dauert nur sehr kurze Zeit; Abgeschlossenheit und stete Umgebung von fremden Elementen verwandeln den Menschen nolens volens. Umsonst wird sich der Reisende gegen diese Veränderung sträuben, denn die Vergangenheit wird durch die frischen Eindrücke der Gegenwart in den Hintergrund gedrängt, und die Pseudoexistenz wird, ohne dass er es wollte, zur wirklichen.

Diese Veränderung in meinem Wesen und Benehmen wurde von meinen europäischen Freunden sogleich bemerkt und gab ihnen Stoff zu vielen Unterhaltungen. Man lachte über meine Begrüssungen, meine Gestikulationen beim Sprechen, über meinen Gang und besonders über meine Anschauungsweise; ja, viele behaupteten sogar, dass meine Gesichtszüge einen tartarischen Typus angenommen hätten und meine Augen um einige Linien schiefer stünden, als es früher der Fall war. Diese Wahrnehmungen waren oft sehr launig und belustigten selbst mich; doch kann ich nicht umhin, die Bemerkung zu machen, welch sonderbares Gefühl mich bei der Idee beschlich, auf's Neue mich in die europäische Lebensweise hineinzufinden. Abgesehen davon, dass ein wochenlanges, ruhiges Verbleiben an einem Orte mir höchst seltsam vorkam, war es noch so manche europäische Sitte, in die ich mich nur mit Mühe fügen konnte.

Vorzüglich die Kleider schienen mir alle zu eng und drückend, das Kopfhaar, das ich nun wachsen zu lassen anfing, däuchte mir eine Last auf dem Haupte, und wenn ich mehrere Europäer im Zimmer einander gegenüberstehend lebhaft gestikulirend disputiren hörte, kam es mir immer vor, als ob sie alle so aufgebracht wären, dass sie im nächsten Momente einander sich gegenseitig in die Haare fahren würden. Und gar die steife, militärische Haltung und der feste Tritt der in persischen Diensten stehenden französischen Offiziere, wie spassig mir das vorkam! Wohl hatte ich innerlich meine Freude über das stolze, stramme Wesen meiner europäischen Landsleute, doch war der Kontrast mit dem schleppenden, gekrümmten Gang der Mittelasiaten, an den mein Auge so gewöhnt war und den ich selbst angenommen hatte, zu auffallend, um unbemerkt zu bleiben. Die ganze Reihe aller jener Eindrücke zu verzeichnen, welche die Haupstadt Irans in mir hervorrief, wäre zu gross. Wer den Unterschied zwischen dem Leben in Ost und West kennt, dem brauche ich es kaum zu sagen, dass mir Teheran im Vergleich zu Bochara wie ein Paris vorkam. Gross war die Verwunderung der persischen Welt in Teheran, als das glückliche Ende meines Abenteuers bekannt wurde. Takije (die vom Islam erlaubte Verstellungskunst) ist zwar bei den Orientalen eine wohlbekannte und gut eingeübte Wissenschaft, doch war es ihnen unbegreiflich, dass auch ein Frengi hierin excelliren könnte. Sie hätten auch gewiss mich nicht so sehr um meinen Erfolg beneidet, wenn ihnen der Spass nicht so gefallen hätte, den ich mir mit ihren Erzfeinden, den sunnitischen Tartaren, erlaubt hatte. Persien ist zwar der nächste Nachbar der turkestanischen Steppenländer, doch hat man dort nur sehr verwirrte und fabelhafte Begriffe über dieselben Alles kam, sich bei mir zu erkundigen. Ich wurde von einigen Ministern geladen, und hatte später sogar das hohe Glück, Sr. Majestät dem König, dem Wendepunkt der ganzen Welt, dem hocherhabenen Herrscher des ganzen Weltalls, wie ihn die Perser nennen, vorgestellt zu werden. Ich hatte langwierige Zeremonien zu überstehen, bis ich im Garten des Palastes dem jugendlichen Nasser eddin Schah mich gegenüber befand, und die leutselige Aufforderung erhielt, die Erlebnisse meiner Reise zu schildern. Ich entledigte mich meiner Aufgabe mit vielem Feuer, und die umstehenden Minister machten grosse Augen, da sie, wie mir später bemerkt wurde, sich nicht genug verwundern konnten, dass ich so ganz ohne das mindeste Zittern vor dem Könige stand, dessen majestätischer Anblick doch selbst den Tapfersten erschüttern müsse. Der König selbst schien übrigens Wohlgefallen an meinen Worten gefunden zu haben, da er mir einen Orden und, was noch werthvoller ist, einen persischen Shawl zu geben befahl. Den erstern, ein einfaches Stück Silber, erhielt ich wohl, den letztern jedoch der wenigstens einen Werth von 50 Dukaten hatte, glaubte der Minister besser für sich selbst behalten zu dürfen, was am Hofe zu Teheran gar nichts Erstaunliches ist. Seine Majestät der König belügt und betrügt seine Minister, was Ihre Exzellenzen dann mit gleicher Münze, leider am unrechten Orte, zurückzahlen. Subalterne Beamte hintergehen das Volk, das Volk wieder diese. Alles lügt, betrügt und schwindelt in diesem Lande, und dabei wird dies als die natürlichste Handlungsweise von der Welt angesehen und jeder redlich Handelnde als Narr oder Wahnsinniger erklärt.

Um eine fernere Illustration zu dem eben Gesagten zu geben, will ich ein nettes Histörchen mittheilen, das sich in Teheran zutrug. Der König ist, wie bekannt, ein grosser Liebhaber der Jagd, und auch ein tüchtiger Schütze und verbringt beinahe zwei Drittel des Jahres mit seinen Ausflügen. Bei der Rückkehr pflegt er auch den europäischen Gesandten von der Jagdbeute einen Antheil als Präsent zu machen, was als Zeichen grosser Gewogenheit betrachtet wird. Doch müssen unsere Gesandten für die von königlicher Hand erlegten Hasen, Rebhühner und sonstiges Wild, ein schweres enam (Trinkgeld) an den Ueberbringer bezahlen. Man liess sich anfangs diese Unannehmlichkeit gefallen, doch da diese königlichen Sendungen gar zu häufig vorkamen, gelangte man bald zur Ueberzeugung, dass die Diener des Königs, blos der fetten Trinkgelder wegen, ohne von ihrem Herrn geschickt zu sein, die Geschenke vom Markte überbrachten. So ersuchte man denn den Minister des Aeussern, künftighin, der Authentizität halber, die königlichen Gnadengeschenke mit einigen Zeilen begleiten zu wollen. Das nützte wohl einige Zeit, doch nicht lange darauf wurden die Geschenke wieder häufiger. Man forschte genau nach, und es stellte sich bald heraus, dass Se. Exzellenz, der Minister, mit den Dienern des Königs unter einer Decke steckte, zu dem auf dem Markt gekauften Wild die offiziellen Zeilen schrieb, und den Gewinn dann mit ihnen theilte. Es wurde dies als köstlicher Spass betrachtet, mit dem die Frengis hintergangen wurden, und selbst der König lachte herzlich, als er Kunde davon erhielt.

 Um den herannahenden Frühling zu erwarten, musste ich zwei Monate lang in Teheran zubringen. Die Zeit verfloss in der kleinen europäischen Kolonie recht angenehm. Man hatte eine ungeheuchelte Freude an meiner Rückkunft und Alles wetteiferte, mir zu gratuliren und durch allerlei Zuvorkommenheiten meinen Aufenthalt zu versüssen. Die betreffenden Gesandtschaften unterliessen es nicht, ihre Regierungen von meinen sonderbaren Abenteuern zu unterrichten. Mir schien das Ganze drollig genug; ich wusste nicht, was in der eben durchgeführten Derwischrolle denn so Ausserordentliches wäre, und war nicht wenig erstaunt, bei meiner Abreise mit Empfehlungsschreiben an die bedeutendsten Regierungsmänner Frankreichs und Englands versehen zu sein. Besonders gerührt war ich von der Theilnahme meines ungarischen Landsmannes, Herrn Szántó, der in der persischen Hauptstadt das bescheidene Metier eines Schneiders betrieb. Der sonderbare Mann, geboren in einem Dorfe am Ufer der Theiss, hatte sich, um der Rekrutirung zu entgehen, geflüchtet, da es ihm mit der leichten Nadel bequemer zu manövriren schien, als mit der schweren Muskete. Er ging erst nach Konstantinopel, von da über Kleinasien nach Arabien, und von dort über Südpersien nach Indien, und zwar grösstentheils zu Fuss. Schon war er im Begriff, sich nach der Hauptstadt China's zu begeben, als er von den revolutionären Vorgängen des Jahres 1848 in seinem Vaterlande hörte. Diese Nachricht begeisterte den patriotischen Schneider derart, dass er heimzueilen beschloss, um unter der Fahne der Freiheit zu kämpfen. Doch ist Indien von Europa zu weit entfernt, wenn man nicht mehr Mittel hat, als die Reise mittelst Segelschiff zu machen, und so traf ihn denn schon in Stambul die Nachricht von der Katastrophe bei Világos. Enttäuscht griff er aufs Neue zum Wanderstab und zur Nadel und reiste über Tebris nach Teheran, wo ich ihm begegnete. Höchst sonderbar war an ihm die Sprache, die ein Gemisch aller

Dialekte repräsentirte, die er in den verschiedenen Ländern sich angeeignet hatte. Am Anfang der Konversation ging es noch ziemlich gut, aber sobald er in Feuer gerieth, hörte man einige Worte deutsch, französich oder ungarisch mit türkisch, arabisch, persich, kurdisch und hindostanisch untermischt, dass einem der Kopf ganz wüst wurde und man seine ganze Sprachwissenschaft aufbieten musste, um ihn zu verstehen. Sein biederes Herz war über die glückliche Rettung des Landsmannes hoch erfreut und trotz seiner beschränkten Mittel wollte er mir durchaus ein Paar Beinkleider zum Präsent machen, und da ich deren Annahme verweigerte, so überredete er meinen Tartaren, dieselben anzunehmen. Der Mittelasiate lachte lange über das ihm komisch erscheinende Kleidungsstück, und als er es aus Neugierde anlegte, war der gute Szántó ausser sich vor Freude und Stolz, den ersten Tartaren in Pantalons gesteckt zu haben.

VII.

Unter den Europäern, die ich in Teheran antraf, muss ich des Herrn v. Bloqueville erwähnen, dieses allerkostspieligsten Photographen, der im Dienste des Schahs an einem Feldzuge gegen die Turkomanen theilnahm, dabei aber in Gefangenschaft gerieth und später für die enorme Summe von 10,000 Dukaten losgekauft werden musste. Herr v. Bloqueville, durch und durch französischer Edelmann, dabei ein braver, redlicher Junge, hatte, seinem Hang nach Abenteuern folgend, einen Abstecher zur belle Perse gemacht. Doktor zu sein, was fast ausschliesslich der Beruf der Europäer im Orient ist, schien ihm zu profan. Er suchte und fand endlich in der Photographie eine dort seltener ausgebeutete Kunst. Der König engagirte ihn sofort und in der Eigenschaft als Schlachtenmaler wurde er dem Armeekorps von Chorasan beigegeben. Wie mochte sich der König schon gefreut haben bei dem Gedanken, die Heldenthaten seiner glorreichen Armee verewigt zu sehen, deren jeder Einzelne als ein Rustem geschildert wurde. Leider hatte es das Schicksal anders beschlossen. Die 25,000 Rustems wurden von 5000 turkomanischen Räubern überfallen und vollständig geschlagen. Ein grosser Theil wurde in Gefangenschaft fortgeführt, und da die enorme Menge der Sklaven den Preis verringerte, so konnte man viele für das Lösegeld von 5 bis 6 Dukaten wieder zurückkaufen. Herr v. Bloqueville wäre auch beinahe für diese Summe freigelassen worden, doch die Turkomanen witterten an dem blondhaarigen Jüngling, dass er ein exotisches Gewächs sei. Es wurde mehr verlangt, und da mit jeder Weigerung von persischer Seite die Forderung der Turkomanen wuchs, so musste der Hof von Teheran sich es schliesslich gefallen lassen, 10,000 Dukaten für den französischen Unterthan auszuzahlen, was man gewiss nicht gethan hätte, wenn der grosse Schah am Ufer der Seine nicht die Drohungsworte: „Wenn ihr keine Dukaten habt, so werde ich euch Bajonnete leihen" durch seinen Gesandten Bellaunay hätte verkünden lassen. Während der Unterhandlungen, die anderthalb Jahre dauerten, hatte Herr v. Bloqueville, der ehemalige Gardeoffizier, einen schweren Stand und Musse genug, um den Kontrast zu studiren zwischen dem Leben eines Gentilhommes in den Champs elysées und dem eines mit schweren Hals- und Fusseisen gefesselten turkomanischen Gefangenen. Wie oft muss der arme Franzose an das schöne Paris gedacht haben, als er, in Lumpen gehüllt, in einem ärmlichen turkomanischen Zelte, vor Kälte zitternd, sein Pferdefleischkotelet verzehren musste. Ja, er hatte viel gelitten, und als er mich, seinen Leidensgefährten, wieder sah, weinte er vor Freude. Er hat das Leben in Mittelasien genau kennen gelernt und war am besten im Stande, sich von den Qualen, die ich ausgestanden, einen Begriff zu machen.

Da wir eben von den Turkomanen sprechen, will ich nicht unerwähnt lassen, wie einige Söhne der Wüste, von meiner Ankunft in Teheran benachrichtigt, von

Astrabad, wo sie sich in Geschäftsangelegenheiten aufhielten, mich aufzusuchen kamen und sonderbarerweise von mir Fatiha (Segen) erbaten. Wie man mir versicherte, hätten alle meine Fatihas eine glückliche Wirkung und in Gömüschtepe brannte man vor Begierde, mich wieder zu sehen. Obwohl ich in europäische Tracht gekleidet war, hockten die Kinder der Wüste ehrfurchtsvoll vor mir nieder; ich ertheilte ihnen den Segen, zitirte einige Koranverse und ganz erbaut gingen sie von dannen. Es war dies das letzte Formelwesen, das ich in Anwendung brachte, und die Idee meiner religiösen Zelebrität erweckte in mir aufs Neue phantastische Schwärmereien. Mit ein wenig grösserem Hang nach Abenteuern und etwas mehr Kühnheit, was hätte man da unter den abergläubischen Nomaden nicht alles ausrichten können. Das ist der gewöhnliche Anfang der Karriere orientalischer Helden. Man hüllt sich in ein mysteriöses, zauberisches Dunkel, und viele Hunderte folgen einem blindlings, und man braucht es blos zu wollen, um sich zu ihrem allmächtigen Gebieter aufzuschwingen.

Mit dem ersten Wehen der Frühlingswinde sagte ich der Hauptstadt Persiens, dem Sitze echt orientalischer Zivilisation, Lebewohl und nahm die gewöhnliche Poststrasse über Tebris, Erzerum und Trapezunt zum schwarzen Meere. War ich auf der Reise von Mesched bis Teheran für einen orientalischen Reisenden gut equipirt, so hatte ich von hier weiter allen Komfort eines europäischen Touristen zu meiner Verfügung. Bessere Pferde und Waffen, mehr Geld und, wie sich leicht denken lässt, auch mehr Achtung und Ehrerbietung. Spielend und scherzend erreichte ich beim schönsten Frühlingswetter die persische Grenze. Die ausserordentlich freundliche Aufnahme in der europäischen Kolonie zu Tebris, besonders das Klirren der Champagnergläser am gastfreundlichen Tische des englischen Konsuls waren mir Vorzeichen jener Freuden, die im Abendlande meiner warteten. Die Einbildungskraft malte mir in den schönsten Farben froher Hoffnung die lieblichsten Bilder vor, die gleich den bunten Figuren des Kaleidoskops vor meinen trunkenen Augen gaukelten. und so sehr die Wirklichkeit auch später meine Erwartungen übertraf, glücklicher war ich doch damals, als die Phantasie mir rosig und zauberisch die Zukunft ahnend malte.

Als ich auf der östlichen Grenze Azerbajdschans jenes Hügelland überschritt, welches in das türkische Kurdistan führt, konnte ich nicht umhin, mich umzuwenden, um noch einen letzten Blick des Abschiedes auf Irans Boden zu werfen. Iran, mit all' seinen Fehlern und Auswüchsen orientalischer Zivilisation, ist immerhin ein Land von hohem Interesse für den europäischen Reisenden. Heuchelei und Verstellungskunst, die hier eine alte und dauernde tyrannische Verfassung geschaffen haben, kommen uns zwar verächtlich vor und drängen die höfliche Manier und die auffallenden Geistesfähigkeiten des iranischen Volkes in den Hintergrund, und dennoch findet man im ganzen Orient blos in Iran jene geistigen Anlagen und jenes Streben nach höherer Bildung, welches hier den Bauern wie den Fürsten in gleichem Masse beseelt. Die rohen und wilden Sitten, die in den östlich angrenzenden Provinzen herrschen, sind auch an der westlichen Grenze, wenn auch mit einiger Verschiedenheit, bemerkbar genug. Die Kurden und Osmanen Kleinasiens stehen weit hinter den Persern zurück, als ob sie aus einem ganz anderen Stoff gemacht wären. Ja, unbestritten ist Iran der Quell und bis heute auch der fast einzige Sitz altasiatischer Kultur.

Als ich nahe an Trapezunt, auf dem Sommerwege von Erzerum, jenen steilen Abhang des pontischen Gebirges erreichte, wo das schwarze Meer zuerst sichtbar ward, jene Stelle, die Xenophon in der Beschreibung seines Zuges der 10,000 so begeistert schildert, da hatte ich in den dunkelblauen Fluthen des Euxinus meine letzten Träumereien zu Grabe getragen. Mit welch beklommenem Herzen hatte ich vor zwei Jahren diesem Punkte den Rücken gewendet, wie schwer mich von dem Schiffe der Lloydgesellschaft getrennt, dessen Flagge mir noch weithin freundlich grüssend zuwehte. Heute sah ich sie wieder, dieselbe Flagge im selben Hafen, ja sogar im selben Monate. — Wie verschiedenartig waren die Gefühle, die mein Inneres bei diesem Anblick bestürmten! Die Küste erreicht zu haben, wo ein Dampfer zur Abfahrt bereit vor Anker liegt, heisst ja beinahe schon so viel, als sich inmitten Europas befinden. Und wenn man noch dazu das Glück hat, in einer eigenen Kabine der prächtig und bequem ausgestatteten Lloydschiffe die Fahrt anzutreten, so fällt es einem vollends leicht, sich in's europäische Leben hineinzudenken, wenn man auch noch einige Tagereisen vom Bestimmungsorte entfernt ist. Nur zwei Tage verweilte ich in der alten Hauptstadt des Mithridates, und nachdem ich fast alle meine Reiserequisiten mit Ausnahme einiger Gegenstände, die ich als theuere Reliquien bei mir behielt, verkauft hatte, bestieg ich gegen Mitte Mai den Dampfer „Il Progresso". Die Fluthen rasch durchschneidend fuhr das Schiff gegen den südlichen Bosporus hin; immer mehr und mehr wuchs die Entfernung, die mich vom Gestade des Pontus trennte, und lange und wehmüthig hafteten meine Blicke an denselben. Hier hatte ich meine Wanderungen bis zur fernen Hauptstadt Timurs begonnen, hier endeten sie auch. Die Bilder der Vergangenheit zogen nochmals an meinem Geiste vorüber, heitere und ernste, wie sie in Wirklichkeit waren. Doch bald raffte ich mich aus meinen Träumereien auf und wandte den Blick weg von der Vergangenheit und Asien, und richtete sie dahin, wo meine Zukunft blüht — nach Europa.